DU MÊME AUTEUR

SORTIR DU CHAOS. Les crises en Méditerranée et au Moyen-Orient. *Gallimard, 2018. Repris dans « Folio actuel », n° 179, 2021.*

LA LAÏCITÉ CONTRE LA FRACTURE ? *Éd. Privat, 2017.*

LA FRACTURE. *Gallimard, coédition avec France Culture, 2016.*

TERREUR DANS L'HEXAGONE, Genèse du djihad français (avec Antoine Jardin). *Gallimard, 2015. Repris dans « Folio actuel », n° 169, 2015.*

PASSION ARABE – PASSION FRANÇAISE, *augmenté de* PASSION EN KABYLIE. *Gallimard, 2014.*

PASSION FRANÇAISE. Les voix des cités. *Gallimard, 2014.*

PASSION ARABE. Journal, 2011-2013. *Gallimard, 2013. Repris dans « Folio actuel », n° 164, 2016.*

BANLIEUE DE LA RÉPUBLIQUE. *Gallimard, 2012.*

QUATRE-VINGT-TREIZE. *Gallimard, 2012. Repris dans « Folio actuel », n° 157, 2012.*

TERREUR ET MARTYRE. Relever le défi de civilisation. *Flammarion, 2008. Repris dans « Champs », 2009.*

DU JIHAD À LA FITNA, *Bayard, 2005.*

FITNA. Guerre au cœur de l'islam. *Gallimard, 2004. Repris dans « Folio actuel », n° 126, 2007 ; rééd. 2015.*

CHRONIQUE D'UNE GUERRE D'ORIENT (automne 2001), *suivi de* BRÈVE CHRONIQUE D'ISRAËL ET DE PALESTINE (avril-mai 2001), *2002.*

JIHAD. Expansion et déclin de l'islamisme. *Gallimard, 2000. Repris dans « Folio actuel », n° 90, nouvelle édition refondue et mise à jour, 2002 ; rééd. 2015.*

À L'OUEST D'ALLAH. *Éd. du Seuil, 1994. Repris dans « Points Seuil », 1995.*

LA REVANCHE DE DIEU. Chrétiens, juifs et musulmans à la reconquête du monde. *Éd. du Seuil, 1991. Repris dans « Points Seuil », 1991 ; rééd. 2014.*

LES BANLIEUES DE L'ISLAM. Naissance d'une religion en France. *Éd. du Seuil, 1987. Repris dans « Points Seuil », 1991 ; rééd. 2014.*

LE PROPHÈTE ET PHARAON. Les mouvements islamistes dans l'Égypte contemporaine. *La Découverte, 1984. Repris dans « Folio histoire », n° 194, 2012.*

Direction d'ouvrage

AL-QAIDA DANS LE TEXTE. *PUF, 2005. Repris dans « Quadrige », 2006.*

EXILS ET ROYAUMES. Les appartenances au monde musulman. *Presses de Sciences-Po, 1994.*

LES POLITIQUES DE DIEU. *Éd. du Seuil, 1992.*

INTELLECTUELS ET MILITANTS DE L'ISLAM CONTEMPORAIN, *en collaboration avec Yann Richard. Éd. du Seuil, 1990.*

Espritsdu**Monde**

GILLES KEPEL

Le Prophète et la pandémie

DU MOYEN-ORIENT AU JIHADISME D'ATMOSPHÈRE

Cartes inédites de Fabrice Balanche

EspritsduMonde
Gallimard

Collection dirigée par Gilles Kepel

À la mémoire de mon père
Milan Kepel
Prague, 8 janvier 1928 – Paris, 3 mars 2019

Contempsit caros, dum nos amat ille, parentes,
Hanc patriam reputans esse, Ravenna, suam.

Apud J. L. BORGES,
« Histoire du guerrier et de la captive »,
L'Aleph (Gallimard, 1967).

LISTE DES CARTES, PHOTOGRAPHIE ET CROQUIS

Premier rabat

[CARTE 1] Le pacte d'Abraham face à la triplice fréro-chiite
[PHOTOGRAPHIE] Documents de migrants / Alpes-Maritimes

Cahier

[CARTE 2] L'expansion turque en Méditerranée : néo-ottomanisme et islamisme
[CARTE 3] Arabes et Européens face à Erdogan
[CARTE 4] L'impact sanitaire de l'épidémie de Covid-19
[CARTE 5] L'effondrement de la croissance économique dans la région Afrique du Nord – Moyen-Orient en 2020
[CARTE 6] L'Arabie saoudite et la vision 2030
[CARTE 7] Qatar résiste au blocus
[CARTE 8] L'Irak disputé
[CARTE 9] L'axe iranien entre idéologie et géopolitique
[CARTE 10] Les stratégies russes au Levant : projection militaire et hydrocarbures
[CARTE 11] La Syrie divisée et occupée
[CARTE 12] La réduction de la poche d'Idlib (Syrie)
[CARTE 13] Le Liban fragmenté

[CARTE 14] Israël : la coopération régionale ne supprime pas les menaces
[CARTE 15] Le Maghreb : une fausse digue pour l'Europe
[CARTE 16] Les rapports de force en Libye
[CARTE 17] L'offensive chinoise : les nouvelles routes de la soie

Second rabat

[CARTE 18] Attentats et combattants jihadistes en Europe (2012-2020)
[CROQUIS] Croquis ottoman du siège de Vienne, 1683

EXORDE

L'an 2020 : la pandémie, le pétrole et le Prophète

La Méditerranée et son environnement sont devenus en 2020 la région la plus explosive de la planète. La pandémie de la Covid-19 puis l'effondrement des cours du pétrole ont précipité des bouleversements inédits, portant des coups fatals à l'ordre géopolitique instauré un siècle plus tôt par les traités qui suivirent la Première Guerre mondiale. Ils avaient créé une forme de sécurité favorable à l'Europe, évoluant après 1945 au bénéfice des États-Unis. La VIe flotte américaine basée à Naples dans le cadre de l'OTAN assurait la stabilité, en dépit des succès temporairement remportés par l'URSS dans certains pays arabes. Et Washington avait su coopter les pétromonarchies de la péninsule Arabique après la hausse vertigineuse des cours consécutive à la guerre d'octobre 1973, recyclant leurs profits dans l'économie du « monde libre » d'alors et s'efforçant de combiner éthique islamique et esprit du capitalisme.

Pourtant cette date, qui va faire de l'islam politique un enjeu-clef au Moyen-Orient et en Afrique du Nord, enclenche un processus chaotique sous-jacent dont l'hégémonie occidentale sur la région devient graduellement la cible. La proclamation de la République islamique en Iran par Khomeyni en 1979 agrège à cette doctrine le tiers-mondisme et l'anti-impérialisme d'antan, et ouvre une faille belligène entre chiisme et sunnisme. Le jihad en Afghanistan contre l'invasion de ce pays par l'Armée rouge, qui commence dans la foulée et bénéficie de l'appui décisif de la CIA, amènera la chute de l'URSS dix ans plus tard, mais aussi la fatwa de l'ayatollah Khomeyni du 14 février 1989 contre le romancier Salman Rushdie pour avoir « blasphémé le Prophète » – dont l'ombre portée se projettera universellement jusqu'à l'automne 2020, avec les assassinats en France liés aux caricatures de *Charlie Hebdo*. La radicalisation jihadiste sunnite se retournera quant à elle contre son parrain américain : al-Qaida puis Daesh en constituent le prolongement. Ces deux organisations porteront le terrorisme au nom d'Allah à New York et Washington d'abord – le 11 septembre 2001 –, puis de Paris à Nice et de Berlin à Londres durant la décennie suivante, jusqu'à l'émergence en 2020 d'une nouvelle phase, le « jihadisme d'atmosphère ».

Les soulèvements à aspiration démocratique dans plusieurs pays arabes au printemps 2011, qui avaient déclenché tant d'enthousiasme, s'avéreront pour la plupart, avec dix ans de recul, un épisode catastrophique, notamment pour les populations de Syrie, du Yémen et de Libye. Elles subissent depuis lors des guerres civiles dévastatrices, dans lesquelles l'ingérence de puissances régionales et internationales prolonge indéfiniment le conflit, devenu otage des stratégies de chacune. Dans ce contexte, une fenêtre de déstabilisation exceptionnelle s'ouvre avec le désengagement américain de la région, enclenché dès la présidence de Barack Obama et affermi par Donald Trump.

Les États-Unis sont à la fois échaudés par les médiocres résultats de leurs interventions armées en Afghanistan depuis 2001 et en Irak à partir de 2003 – au regard du coût humain, électoral et financier de celles-ci – et d'autant moins motivés pour ces sacrifices que, de l'automne 2018 au printemps 2020, ils sont redevenus le premier producteur de pétrole de la planète.

Ce laisser-faire de Washington crée un vide que l'Union européenne, dont huit États sur vingt-sept sont pourtant riverains de la Méditerranée, s'avère incapable de combler, faute de stratégie commune de défense. Plus encore, son aspiration idéelle à la promotion de la démocratie se trouve en porte-à-faux avec des enjeux sécuritaires immédiats afin de protéger ses frontières. L'impéritie qui en résulte et les bisbilles entre ses membres sont exploitées par certains régimes autoritaires [CARTE 3] qui menacent de chantage aux flux migratoires clandestins, à l'approvisionnement en gaz, à la manipulation électorale des communautés musulmanes européennes, voire à la diffusion du terrorisme jihadiste sur le sol de l'Union. C'est dans ce contexte géopolitique branlant que fait irruption l'an 2020. Il y connaît au Moyen-Orient les bouleversements inouïs causés par la Covid-19, comme partout dans le monde – mais ils sont portés au paroxysme par l'effondrement simultané des prix du pétrole.

Au premier semestre, la pandémie venue de Wuhan épargne relativement les pays des rives Sud et Est, dont la pyramide des âges a une large base, alors qu'elle multiplie les décès parmi les populations plus âgées de l'Europe, en commençant par deux riverains importants de la Méditerranée, l'Italie, porte d'entrée de la Chine en Europe par la Vénétie et la Lombardie, terminal des « nouvelles routes de la soie » [CARTE 17], puis l'Espagne, à la suite d'une compétition de football entre Valence et le FC Atalanta (Bergame) le 19 février. Au Moyen-Orient, l'Iran se singularise pour son incidence précoce du virus du fait de ses étroites relations avec la Chine (dont les techniciens et ouvriers sont nombreux sur place) pour tourner les sanctions américaines. Le relais contagieux n'y sera pas pris par le football mais par l'islam : la théocratie au pouvoir répugne à réguler les pèlerinages aux tombeaux des saints du chiisme sur lesquels elle assoit sa légitimité – alors que les foules ferventes qui touchent, lèchent et embrassent les mausolées dans l'attente de la *baraka* divine constituent un facteur de diffusion fulgurante. Ailleurs, en monde sunnite, la moindre présence chinoise et la prophylaxie religieuse rapidement mise en place au vu du contre-exemple iranien, l'interdiction des prières en congrégation, la réduction du *hajj* à La Mecque et Médine fin juillet à un nombre symbolique de participants, conjuguées à la jeunesse de la population, maintiennent le bilan assez bas dans un premier temps. Mais dès l'été, la saturation des structures de santé, l'épuisement des soignants et le trépas de nombre d'entre eux, combinés à la promiscuité pathogène dans les quartiers populaires surpeuplés, contraignent à des mesures de reconfinement qui aggravent crise économique et précarité sociale, tandis que les contaminations s'accroissent exponentiellement [CARTE 4].

Alors que l'impact du virus n'avait pas encore été complètement appréhendé, l'« OPEP + » se réunit le 6 mars à Vienne. Le cartel a ajouté le signe d'addition à son sigle en s'adjoignant la Russie, afin que Riyad et Moscou, deuxième et troisième producteurs mondiaux, puissent lutter de conserve contre l'hégémonie qu'ont retrouvée les États-

Unis sur le marché, avec 15 % des 100 millions de barils produits chaque jour dans le monde contre 12 à 13 % pour ceux-là. Surtout, l'Amérique détermine les prix et a ainsi émoussé l'« arme » du pétrole – même si l'ensemble des exportateurs bénéficient d'un cours assez élevé (le *Brent* se vend 63,65 dollars en janvier 2020), car la rentabilité de l'« huile de schiste » qui compose l'essentiel de la production d'outre-Atlantique en dépend. Le représentant russe annonce à Vienne la décision du Kremlin d'augmenter significativement la production de son pays, afin de faire baisser le baril au-dessous du taux de rentabilité du schiste et donc de ruiner les compagnies qui forent du Texas à l'Alaska, puis de les expulser du marché – pour réduire ultérieurement le pompage une fois que celles-ci seront hors circuit. L'Arabie saoudite est contrainte à suivre le mouvement pour compenser la baisse du prix par une exploitation plus abondante. Le cours chute ainsi de 50 % en mars, tombant à 32,03 dollars, puis cette spirale baissière s'emballe en avril (18,38 dollars) avec la mise à l'arrêt du commerce mondial, des transports, des industries, causée par les mesures de précaution contre la pandémie. Sans préjuger des effets politiques à moyen terme, les conséquences économiques et financières à brève échéance sont catastrophiques pour une région à laquelle la rente des hydrocarbures assurait une grande partie des revenus et procurait sa place singulière dans le système du monde au cours du demi-siècle écoulé depuis la guerre d'octobre 1973. Le baril dévisse jusqu'au taux négatif inouï de – 38,94 dollars le 20 avril 2020, les capacités de stockage mondiales étant saturées. Même si les cours ont remonté et se stabilisent en juin autour d'une quarantaine de dollars, dans l'attente d'une reprise conditionnée par une seconde vague de contamination et de nouvelles mesures de confinement à l'automne, le manque à gagner pour les pays exportateurs du Moyen-Orient et d'Afrique du Nord en 2020 est estimé par le FMI en juillet à 270 milliards de dollars. Mais à 40 dollars, le pétrole de schiste américain n'est plus rentable, et les États-Unis vont redevenir importateurs en fin d'année, perdant leur première place mondiale dans la foulée. De ce point de vue, Poutine a réussi son opération – mais à un coût économique et social qui impacte considérablement le Moyen-Orient et l'Afrique du Nord.

Ainsi, la combinaison de la pandémie et du crash des hydrocarbures affecte spécifiquement la région à la manière d'un cataclysme, la déstabilisant en profondeur et en obérant l'avenir. Elle menace des sociétés civiles que la dégringolade des bénéfices de la rente pétrolière et gazière fragilise d'autant plus que celle-ci avait retardé le développement d'un entreprenariat productif, elle affaiblit davantage certains États fragiles et crée des créneaux d'opportunité pour d'autres qui recourent à la provocation militaire et à la surenchère idéologique, et en s'efforçant de rafler la mise en profitant du désarroi, chambardent la zone méditerranéenne tout entière, par-delà le seul Moyen-Orient [CARTE 5].

Illustration emblématique de ce processus déstabilisateur, la Turquie de M. Erdogan pousse son avantage dans pareil contexte pour tenter de reconquérir une hégémonie régionale, réminiscence contemporaine du califat ottoman. On commencera par donner un aperçu de la façon dont elle pactise à cet effet avec une puissance autrefois globale, la Russie qui a retrouvé elle aussi une influence sur les affaires mondiales – grâce à son intervention décisive dans le conflit syrien – et un État quasi paria, la République islamique d'Iran. Ces trois régimes autoritaires partagent une volonté de revanche face à l'Occident et l'Europe « impérialistes » d'hier et d'aujourd'hui, que nourrit plus encore le rejet viscéral du modèle démocratique libéral dont ces derniers portent les valeurs [CARTE 2].

LA RÉISLAMISATION DE SAINTE-SOPHIE

Le 24 juillet 2020, Recep Tayyip Erdogan inaugure solennellement la prière du vendredi dans l'antique basilique byzantine Sainte-Sophie, qu'il vient de rendre au culte musulman. Quatre-vingt-cinq ans auparavant, Atatürk avait fait un musée de la mosquée instaurée dans ses murs lors de la conquête turque de Constantinople en 1453, désacralisant le lieu pour « l'offrir à l'humanité ». Ce geste hautement symbolique, par lequel le président Erdogan, lui-même imam de formation, réalise son rêve de jeunesse lorsqu'il étudiait dans un lycée pour prédicateurs, enterrant la laïcité kémaliste et exhumant le califat ottoman, se déroule le jour du 97e anniversaire du traité de Lausanne. Celui-ci dessina les frontières de la jeune République après que les armées victorieuses du Gazi Kemal Atatürk eurent défait les puissances européennes qui se partageaient les dépouilles de l'Empire islamique vaincu au terme de la Première Guerre mondiale. Ce sursaut militaire avait permis d'annuler le traité léonin de Sèvres en 1920 qui dépeçait l'Anatolie selon un plan « impérialiste », et dont le centenaire (qui passera inaperçu) échoit deux semaines plus tard, le 10 août de ce même été 2020.

Les soldats de M. Erdogan ont désormais pris pied en Libye et exercent leur tutelle sur la Tripolitaine. Sa marine prospecte le gaz sous-marin dans les eaux grecques et cypriotes, ses forces spéciales et leurs supplétifs occupent une partie du nord de la Syrie et effectuent des incursions dans le Kurdistan irakien. Sa DCA s'est équipée de missiles russes S-400 alors que son pays est toujours membre de l'OTAN. Et il contrôle les deux principales routes des migrations clandestines depuis l'Asie et de l'Afrique vers l'Europe – via la mer Égée et les Balkans d'une part, le littoral libyen de l'autre [CARTE 2]. Pareille alliance du sabre et du turban lui fournit l'occasion d'exprimer ses propres prétentions néo-impériales du XXIe siècle au Moyen-Orient et en Méditerranée. Il profite du désengagement de la lointaine Amérique de Donald Trump, entravé par sa gestion calamiteuse de la Covid-19 et fragilisé à l'approche de l'échéance présidentielle du mois de novembre, exploite la pusillanimité de l'Union européenne et les contradictions entre ses membres. Il partage avec la Russie de Vladimir Poutine (et jusqu'à un certain point avec l'Iran de Khamenei) une stratégie d'éviction des Occidentaux de la région – surmontant à cette fin les conflits tactiques qui opposent aujourd'hui comme hier le successeur du tsar moscovite, celui du sultan stambouliote, et l'héritier enturbanné du chah de Perse.

Mais la réaffectation à l'islam de la « mosquée Ayasofia » (*Haghia Sophia* en grec, *i. e.* « Sainte Sagesse ») est aussi un coup de force emblématique pour exercer l'hégémonie de l'islamisme turc sur le sunnisme, qui regroupe quelque 85 % du milliard et demi de musulmans de la planète. Le président a l'ambition de refaire d'Istanbul la capitale mondiale de la Communauté des croyants, ou *Oumma* – une ressource qu'avait délaissée Atatürk, abolissant le califat en 1924 car il était convaincu alors que la survie de sa nation recréée passerait par une sécularisation autoritaire, rompant avec la superstition rétrograde par l'adoption de l'alphabet latin et la substitution d'un vocabulaire décalqué phonétiquement du français, alors langue universelle de la modernité, aux concepts islamiques arabes structurant la pensée turque : « laïque » y devenait *laïk,* « autobus » *otobüs,* et « lycée » *lise.* Rétrospectivement, pareille identification originelle de la laïcité haïe à la culture française, dans le milieu islamiste local, n'est pas sans incidence sur l'anathème que M. Erdogan fulmine obsessionnellement sur son homologue Emmanuel Macron durant cet an 2020…

Dans ce contexte, le coup de force de Sainte-Sophie, tout en pourfendant la laïcité, vise du même coup de yatagan à éradiquer la domination saoudienne sur l'islam sunnite, qu'avait assurée la richesse faramineuse de la plus puissante des dynasties de l'or noir. Celle-ci avait déjà été mise au défi car la rente pétrolière ne parvenait plus, dès avant la conjoncture baissière exceptionnelle de l'an 2020, à assurer le développement face à l'explosion de la démographie régionale. Les dirigeants de Riyad comme d'Abou Dhabi eux-mêmes élaboraient des stratégies de diversification à brève échéance de leur économie. Ils avaient aussi anticipé que l'humanité rechercherait une moindre dépendance envers l'énergie fossile, dont la combustion engendre le réchauffement global menaçant la pérennité de la vie sur terre. L'urgence environnementale, telle que stipulée par l'accord de Paris sur le climat en décembre 2015, auquel Joe Biden annonce qu'il reviendra « au premier jour de son mandat », est un processus qu'ils savent inéluctable et auquel les pétromonarchies doivent se préparer sous peine de disparaître.

À cette fin, le prince héritier Mohammed Ben Salman a, depuis sa prise de contrôle en juin 2017, considérablement réduit l'ubiquité du salafisme conservateur sur la « terre des deux Lieux saints » (La Mecque et Médine), favorisant en contrepartie une certaine modernité culturellement occidentale dont la jeunesse de la Péninsule s'avère friande. L'objectif proclamé fut de substituer à la classe oisive des rentiers du pétrole, légitimés par cette doctrine religieuse mais fossoyeurs programmés du royaume, une génération dynamique d'entrepreneurs dûment stimulée et tournée vers le futur [CARTE 6]. Ce faisant, l'emprise globale du wahhabisme saoudien sur le sunnisme s'est atténuée. Mais en délaissant, fût-ce partiellement, pareille ressource symbolique, la monarchie de Riyad a par contrecoup ouvert un vide que s'empressa de combler sa principale rivale au sein de l'islam politique, la nébuleuse transnationale des Frères musulmans. Défaits dans leur bastion égyptien depuis l'été 2013 par le maréchal Sissi après que l'un des leurs, Mohamed Morsi, eut remporté l'élection présidentielle en juillet 2012, réfugiés nombreux en Turquie, ceux-ci bénéficient de l'appui résolu de M. Erdogan – lui-même adepte de leur idéologie – et des largesses de l'émirat gazier de Qatar, meilleur ennemi de la monarchie saoudienne.

C'est dans pareil contexte que la pandémie contraint à réduire en juillet 2020 le *hajj* – le grand pèlerinage annuel à La Mecque – qui rassemblait les années précédentes jusqu'à 2,5 millions de participants – à sa plus simple expression, quelques milliers de résidents du royaume dûment éloignés les uns des autres par la « distanciation physique » sanitaire. Quant à la célébration de l'Aïd-el-Kébir, démonstration paroxystique de piété collective islamique à l'échelle planétaire, elle advient le vendredi 31 juillet mais se déroule dans la plupart des cas à domicile pour éviter la contamination. Tandis que Riyad fait prévaloir la prophylaxie sur le prosélytisme – mais fournit cette année-là peu d'images et de représentations de La Mecque exaltant la puissance de la religion de Mahomet, car on y voit l'esplanade de la Ka'ba quasi déserte alors qu'elle est habituellement bondée –, les clichés triomphalistes de M. Erdogan coiffé d'un bonnet de prière effectuant ses dévotions au même moment dans la mosquée Ayasofia tout juste reconquise diffusent un Grand Récit autrement mobilisateur. Ils représentent le président turc en nouveau sultan Mehmet II le Conquérant. L'imam dirigeant la prière dans l'ex-musée s'était du reste muni en chaire, sous les mosaïques byzantines restaurées mais désormais occultées aux regards pieux des fidèles par des voiles et tentures, d'un yatagan ottoman, à l'instar du sultan dès la prise de Constantinople le 29 mai 1453. Message : ce qui avait été subjugué par le cimeterre du jihad ne serait jamais rendu, sauf à être vaincu par un sabre adverse – selon l'adage turc *kiliç hakkı* (« le droit de l'épée »).

Pareil coup d'éclat visait à chambouler les équilibres au sein de l'islam mondial. M. Erdogan s'assura rapidement le soutien enthousiaste de Téhéran : « félicitant le peuple turc pour cet important succès islamique », Ali Akbar Velayati, principal conseiller du Guide suprême

Khamenei et ancien ministre iranien des Affaires étrangères, prédit que « Ayasofia demeurera[it] une mosquée jusqu'à l'Apocalypse ». La théocratie des ayatollahs, en conflit vital avec Riyad (outre Washington), apporte ainsi sa caution à Ankara, ennemi sunnite de son propre ennemi sunnite, et voit dans la Turquie et Qatar, champions de l'islam politique des Frères musulmans (auquel se sont nourris les dirigeants chiites iraniens), de précieux alliés de revers contre l'Arabie saoudite – qui donnera naissance à un « axe fréro-chiite », l'une des principales alliances qui marquent l'an 2020 [CARTE 1]. Outre qu'elle s'efforce d'occulter par l'invocation religieuse commune l'antagonisme irano-turc en Syrie (les premiers ayant appuyé militairement le régime d'Assad, les seconds la rébellion), la République islamique est terriblement impactée par les sanctions économiques américaines depuis que le président Trump s'est retiré en mai 2018 du JCPOA – *Joint Comprehensive Plan of Action* –, l'accord international signé à Vienne le 14 juillet 2015 et qui permettait à ce pays de commercer en échange de sa renonciation à enrichir l'uranium pour fabriquer l'arme nucléaire.

Le 3 janvier, l'an 2020 a commencé au Moyen-Orient avec la liquidation par un drone du général Qassem Solaymani, stratège de l'expansion régionale persane depuis deux décennies [CARTES 8, 9]. Il est tué au sortir de l'aéroport de Bagdad, en rétorsion à une attaque de missiles attribuée aux pasdarans contre une base de l'US Army à Kirkouk la semaine précédente, où un ressortissant américain avait trouvé la mort. Plus encore, il est considéré comme le concepteur des tirs de missiles qui, le 14 septembre 2019, ont ravagé les raffineries saoudiennes d'Abqaïq et Khurais, réduisant pendant quelques jours de moitié les exportations de brut du royaume. Or le général venait d'atterrir dans l'urgence pour superviser la répression des foules chiites qui paralysaient les principales villes d'Irak en réclamant la chute d'un régime inféodé à Téhéran – phénomène inédit que ce satrape voulait noyer dans le sang. La République islamique, aidée par des groupes paramilitaires locaux affidés – dont le principal leader, qui avait accueilli Solaymani sur le tarmac, fut « vaporisé » avec lui –, pillait en effet les revenus pétroliers de son voisin et vassal afin de compenser l'effet délétère des sanctions économiques que lui avait imposées Washington. Ce faisant, elle précipitait la Mésopotamie dans la misère : le 27 novembre 2019, les manifestants avaient incendié le consulat iranien dans la ville sainte de Nadjaf, le « Vatican » du chiisme, aux cris inouïs de : « Dehors l'Iran ! » En conséquence, Téhéran dut accepter à contrecœur la nomination le 7 mai suivant d'un Premier ministre réputé « proche des États-Unis », Moustafa al-Kadhimi.

À ces vicissitudes politico-militaires s'ajoute que l'Iran constitue l'État du Moyen-Orient le plus ravagé par la pandémie [CARTE 4], dont le premier foyer infectieux fut la ville sainte de Qom dès le mois de février 2020. En août, on estime que 18 millions de personnes (près de 20 % des habitants) ont déjà été contaminées, que le nombre des décès, officiellement établi à 18 000, dépasse en réalité 40 000 – un chiffre proche de celui des grands États européens à la population comparable mais significativement plus âgée – tandis que les soignants sont fauchés par le virus par centaines et menacés de châtiments s'ils révèlent des données non officielles sur l'ampleur de la contamination.

Quant à la Turquie, la pandémie y porte au paroxysme les contradictions que le gouvernement nationalo-islamiste cherche à surmonter par la surenchère militaro-religieuse. Le relâchement de la distanciation physique à l'occasion des prières de masse organisées partout lors de la « reconversion » de Sainte-Sophie en mosquée a fait repartir les contaminations à la hausse, tandis que la lira (TL) s'effondre face au dollar et plus encore à l'euro dans lequel sont libellés les principaux échanges, et que le taux de chômage a atteint officiellement 25 % dès avril 2020 – plus de 50 % selon la principale centrale syndicale. Les touristes de l'Union européenne ont été dissuadés par Bruxelles de se rendre en vacances en Turquie durant le plus clair de l'été pour raisons sanitaires, précipitant un effondrement du secteur, principal pourvoyeur de devises au pays. La « génération Z », quant à elle, se refuse à la mise au pas conservatrice et bigote dans un pays où le nombre de journalistes et d'universitaires emprisonnés reste très élevé depuis le coup d'État manqué de juillet 2016 attribué à l'ancien partenaire du président, le prédicateur Fethullah Gülen, où la pratique de la torture dans les prisons est redevenue monnaie courante, et les réseaux sociaux sont depuis 2020 sous surveillance étroite. Elle manifeste, tant à travers les sondages que par l'émigration de la jeunesse éduquée, sa défiance face à l'orientation d'un pouvoir en place depuis dix-huit ans et qui lui paraît s'engager dans une fuite en avant en forme de retour en arrière – que l'affaire d'Ayasofia porte au pinacle.

LE PROCESSUS D'ASTANA

Cette affaire constitue un révélateur symbolique des nouveaux rapports de force régionaux qui s'ébauchent durant cette année-bascule en s'émancipant des équilibres du siècle écoulé. Le « processus d'Astana » en représente le précurseur par excellence [CARTE 10]. L'expression désigne le partenariat régional créé entre la Russie, la Turquie et l'Iran (en associé mineur) lors des accords signés dans la capitale kazakhe le 4 mai 2017. Cet instrument inédit et paradoxal des relations internationales avait pour objet de mettre en œuvre la désescalade de la guerre civile syrienne sur le terrain, à travers des « zones de déconfliction » (selon le terme anglais) où les rebelles combattant Bachar al-Assad trouveraient refuge sous la garantie des trois signataires, au fur et à mesure de la réduction de leurs poches insurrectionnelles par les troupes loyalistes, appuyées par l'aviation de la Russie et les supplétifs chiites encadrés par Qassem Solaymani. La région d'Idlib, dans le nord-ouest du pays, le long de la frontière syro-turque, en demeure en 2020 le point de cristallisation par excellence. Outre sa logique proprement militaire, le processus d'Astana symbolise la conjonction de trois puissances – l'une globale, la Russie, les deux autres régionales – qui, par-delà leurs divergences tactiques, ont pour objectif commun de profiter du désengagement de Donald Trump du Moyen-Orient pour marginaliser les États occidentaux démocratiques, au premier chef l'Europe pourtant riveraine et mitoyenne.

Originellement conçue pour pallier l'impéritie de l'ONU

en Syrie, la formation Astana est devenue un modèle opératoire, dupliqué de manière spectaculaire en 2020 en Libye. Turcs et Russes s'y partagent un territoire où ils poussent, tels des pions sur un échiquier, des troupes auxiliaires mercenaires, qui s'affrontent selon des engagements calibrés. Ces derniers proviennent en grande partie de combattants prélevés dans chacun des camps opposés de la guerre civile syrienne. Côté turc, il s'agit de rebelles qui sont évacués de la « zone de déconfliction » d'Idlib, puis transportés de Turquie à Misrata ; côté russe, de miliciens pro-Assad démobilisés et transférés à Benghazi. Ils maillent un État pétrolier à proximité immédiate du marché européen, dont l'Italie et la France avaient fait le champ clos de leurs rivalités après la chute de Kadhafi en 2011.

Dans cet imbroglio méditerranéen, Vladimir Poutine joue le rôle du protagoniste. Ce judoka accompli a reconquis méthodiquement une place pour la Russie sur le tatami planétaire en usant du conflit syrien pour sauver *in extremis* son allié Bachar al-Assad – tandis que l'Occident n'avait d'autre choix que de concentrer ses forces militaires sur l'élimination de Daesh du territoire de son « État islamique » à cheval sur la Syrie et l'Irak sous la houlette du « calife » Abou Bakr al-Baghdadi, et à partir duquel étaient conçus les attentats qui ravageaient l'Europe. Le maître du Kremlin a ainsi fait du Moyen-Orient une zone d'action privilégiée pour conforter son statut international, y déployant une stratégie qui prend à contre-pied les États-Unis et l'Union européenne, et déployant une toile d'araignée tissée d'accords tous azimuts. Outre l'alliance avec l'Iran, bête noire de Washington et avec lequel il dispose d'une capacité exceptionnelle tant d'incitation que de contrainte, il y a élaboré des relations particulières avec la plupart des associés traditionnels de l'Occident. À commencer par Israël où la diaspora russe est extrêmement influente : l'État hébreu n'a pas voté les sanctions contre l'annexion de la Crimée par Moscou en 2014, et Benyamin Netanyahou est l'hôte récurrent du Kremlin. L'Arabie saoudite, quant à elle, est devenue son partenaire par excellence pour codiriger l'« OPEP + », le cartel qui regroupe à partir de 2016 vingt-quatre producteurs contrôlant 55 % des approvisionnements mondiaux, afin de faire pièce à la production outre-Atlantique de pétrole de schiste. Mais Moscou entretient aussi des relations de complémentarité avec Doha (par ailleurs ennemi juré de Riyad), car les deux capitales exercent sur les exportations mondiales de gaz un duopole autrefois fructueux, mais que menace l'inondation du marché par le gaz américain bradé, sous-produit du pétrole de schiste. Cette approche qui met le Kremlin en position d'arbitre entre des adversaires régionaux vaut aussi pour les relations avec Turcs et Kurdes : en 2020 les soldats russes participent aux patrouilles communes avec l'armée d'Ankara sur la frontière avec le Rojava du Nord-Est syrien – de nombreux dirigeants kurdes de l'ancienne génération ont été formés en URSS à l'école du KGB, dont Poutine lui-même est issu. Lorsque Donald Trump « lâche » en octobre 2019 les Kurdes de Syrie qui ont pourtant combattu Daesh sur le terrain au prix de lourdes pertes et repris en octobre 2017 Raqqa, l'éphémère « capitale du califat islamique » – en retirant les forces spéciales des États-Unis et livrant ceux-ci en pâture aux troupes de M. Erdogan –, c'est Moscou qui offre sa protection pour empêcher leur liquidation.

Une armée peu onéreuse par rapport aux standards

occidentaux, appuyée sur des supplétifs d'infanterie iraniens et chiites dont le Hezbollah libanais constituait la colonne vertébrale, a permis en 2020 au Kremlin de maximiser politiquement ses engagements militaires, appuyés sur une diplomatie habile formée d'excellents connaisseurs de la région – là où l'expertise occidentale, et notamment française, s'est effondrée faute d'investissements dans l'Université pour y former des arabisants.

Pour la Turquie comme pour Israël ou l'Arabie, le rapprochement avec Moscou, même s'il n'atteint pas l'intensité de la *Special Relationship* avec Washington, constitue un moyen de pression sur les États-Unis. On l'a observé aux lendemains de l'assassinat du journaliste critique et ancien confident de la dynastie Jamal Khashoggi dans les locaux du consulat saoudien à Istanbul, le 2 octobre 2018, lorsque certains médias du Royaume ont réagi aux virulentes mises en cause venues d'outre-Atlantique en proposant – au moins de manière rhétorique – de substituer une liaison russe à l'alliance américaine. Et tandis qu'Erdogan vitupérait le rival saoudien pour sa barbarie, utilisant, une fois n'est pas coutume, le registre des droits de l'homme, ce membre majeur de l'OTAN avait acquis auprès de la Russie des batteries de missiles anti-aériens S-400, au risque de mettre en danger toute l'infrastructure militaire de l'organisation de la défense occidentale – qu'Emmanuel Macron avait diagnostiquée « en mort cérébrale » dans un entretien donné à l'hebdomadaire britannique *The Economist* en novembre 2019.

Poutine et Erdogan ont su articuler avec maestria des enjeux stratégiques sur le moyen terme avec des concessions ou des conflits tactiques. À cette résurgence contemporaine de l'histoire longue des relations entre le tsar et le sultan s'est ajoutée l'appétence mutuelle entre *strong leaders* contemporains faisant prévaloir dans un système international dérégulé les arrangements personnels, voire familiaux, sur les instruments traditionnels de la diplomatie. Donald Trump lui aussi s'est engouffré dans cette brèche – et non exclusivement au Moyen-Orient comme l'a montré son pas de deux avec le dirigeant nord-coréen Kim Jong-un. Il n'est pas établi que l'erratique dirigeant de la première puissance mondiale l'eût emporté sur ces autocrates madrés, dont certains sembleraient plutôt l'avoir pris dans leurs filets. Quant au mélange des affaires de l'État avec les relations de business entre les présidents des États-Unis et de la Turquie, gérées par leurs gendres respectifs le conseiller spécial Jared Kushner et le ministre des Finances Berat Albayrak, elles ont été documentées de l'intérieur et sans aménité par l'ancien conseiller national de Sécurité John Bolton en 2018-2019, après qu'il eut été remercié, dans son livre vengeur paru en juin 2020, *The Room Where It Happened* (« La pièce où cela a eu lieu »). En attendant que les historiens aient accès aux archives, il est à tout le moins notable que la dérégulation internationale, incarnée par le désengagement de Washington, est mise à profit en 2020 au Moyen-Orient par les adversaires autocrates de l'Europe et de l'Occident démocratiques. En septembre 2020, Richard Haass, président du Council on Foreign Relations de New York et ancien diplomate de haut rang américain proche des présidents républicains, publie dans la revue *Foreign Affairs* un article intitulé « Présent lors de la dislocation » (*Present at the Disruption*). Il considère que Donald Trump a profondément disloqué la politique étrangère américaine comme aucun président avant lui, et que, au Moyen-Orient en particulier, il a « sapé les objectifs des États-Unis et accru la probabilité de déstabilisation » de la région.

LE PARADOXE LIBYEN

L'an 2020 voit aussi une transformation en profondeur de la donne dans la guerre civile libyenne [CARTE 16]. Après moult vicissitudes suivant la chute puis la mort de l'ancien dictateur Kadhafi le 20 octobre 2011 dans des circonstances mal élucidées, des élections peu concluantes, des conflits entre tribus articulés autour du contrôle des gisements de pétrole, des oléoducs et des ports, d'une émergence particulièrement meurtrière de Daesh en 2015, la situation s'était cristallisée en 2019 autour de l'affrontement de deux camps basés respectivement en Tripolitaine et en Cyrénaïque. À Tripoli, le GAN (Gouvernement d'Accord national) dirigé par Fayez el-Sarraj et reconnu par l'ONU, notamment soutenu en interne par les Frères musulmans locaux et de l'extérieur par les deux États parrains de la confrérie, la Turquie et Qatar. À Benghazi, l'ANL (Armée nationale libyenne) dirigée par le maréchal Haftar, ancien général de Kadhafi exilé aux États-Unis, ennemi juré des Frères, et appuyé à l'étranger par l'alliance des États sunnites hostile à ceux-ci, Émirats arabes unis, Égypte et Arabie saoudite, ainsi que la Russie. La plus grande partie des champs d'hydrocarbures sont situés à l'est, en Cyrénaïque, tandis que les ports d'embarcation des migrants africains clandestins vers l'Italie et l'Europe se trouvent à l'ouest, près de la frontière tunisienne. L'Italie et la France, à travers leur compagnie pétrolière nationale respective, ENI et Total, inclinaient respectivement pour Tripoli et Benghazi. L'année 2019 avait vu les troupes du maréchal Haftar passer à l'offensive en avril et assiéger Tripoli, dont la chute était donnée pour probable.

Or le 27 novembre 2019, MM. Sarraj et Erdogan paraphent un double accord qui constitue un coup de théâtre et va changer la donne en leur faveur, au détriment du maréchal Haftar et de ses soutiens [CARTE 2]. Le premier document délimite une zone économique exclusive turco-libyenne en Méditerranée – qui permet à Ankara de nourrir la prétention d'explorer les fonds marins à la recherche de gaz, et surtout de contrer le projet de gazoduc sous-marin « EastMed », reliant les gisements égyptiens, israéliens et cypriotes à l'Europe via la Grèce. Cet accord de démarcation, qui n'est reconnu par aucun autre État, ignore notamment l'existence de l'île hellénique de Crète. Mais il est emblématique des opérations « au culot » que multipliera M. Erdogan en 2020. Le second texte prévoit un soutien militaire d'Ankara à Tripoli. Le 2 janvier, le Parlement turc approuve l'envoi de troupes en Libye, qui sont déployées quatre jours plus tard, sans que les protestations du secrétaire général de l'ONU comme des dirigeants de l'UE, des États-Unis ou de la Russie aient un quelconque effet. La surprise ne s'arrête pas là : en effet, si les armements et l'encadrement sont turcs, la troupe est faite de… rebelles syriens islamistes, devenus les mercenaires d'Ankara en Libye – selon le même principe qui avait vu des insurgés syriens transformés en supplétifs de l'armée turque lors de l'invasion de la région kurdo-syrienne d'Afrin au début 2018, préalable à l'épuration ethnique des habitants kurdes substitués par des familles de rebelles arabes déplacés, ou ces mêmes mercenaires envahir le Rojava syrien au prix de nombreuses exactions en décembre 2019 après que Donald Trump eut ordonné le retrait des forces spéciales de ces territoires [CARTE 11]. Ce *swap* de combattants islamistes, prélevés dans la poche d'Idlib et transférés en Tripolitaine – qui évoque le déploiement des bachi-bouzouks à travers l'Empire ottoman d'antan –, crée aussi la version « Frères musulmans » d'un jihadisme transnational contemporain dont le calife ne serait plus Abou Bakr al-Baghdadi mais Tayyip Erdogan… C'est du reste en s'emparant du consulat de Turquie à Mossoul en juin 2014, amenant le drapeau rouge d'Atatürk pour y substituer la bannière noire et blanche de son propre « califat », que Daesh avait exprimé sa prétention à diriger l'islam universel, en reprenant la main là où la République turque laïque avait aboli celui-ci huit décennies auparavant…

Le détachement syrien encadré par les officiers turcs, estimé à 7 000 soldats, aguerris par leur participation à l'insurrection armée au Shâm, constitue une force de frappe qui fait la différence dès les premières semaines, et met en déroute les mercenaires du maréchal Haftar, consistant surtout alors en recrues africaines hâtivement entraînées – dans la foulée des *murtaziqa* (mercenaires) noirs qui formaient le gros de l'armée sous Kadhafi. La solde des Syriens, qui se monte à 2 000 dollars mensuels, probablement réglée par Qatar, est élevée et alimente par transferts l'économie des familles de rebelles à Idlib, Afrin ou dans les camps turcs de réfugiés – qui hébergent trois millions de personnes. Moscou, afin d'éviter une hécatombe parmi les paramilitaires russes du « groupe Wagner » qui assuraient la tête de pont de l'offensive du maréchal Haftar en Tripolitaine, a replié ceux-ci vers l'arrière et les a remplacés par... d'autres combattants syriens, miliciens pro-régime démobilisés, moins nombreux à l'été 2020 que leurs compatriotes du camp opposé (approximativement 2 000 hommes), mais surtout moins généreusement soldés – 1 000 dollars par mois seulement. Le paradoxe libyen voit donc les anciens adversaires de la guerre civile syrienne continuer le combat, pour les mêmes sponsors – à défaut des mêmes causes, réminiscence dans l'histoire européenne des « grandes compagnies » médiévales de sinistre mémoire... Comme celles-ci, les supplétifs syriens d'Ankara et de Moscou sont instrumentalisés afin de servir de variables d'ajustement entre Idlib et Syrte. Ainsi, rapporte le meilleur site d'information sur la région, *Al-Monitor,* la prise par les troupes d'Assad d'une cote stratégique dans un massif au sud de la « zone de déconfliction » est négociée entre Russes et Turcs en échange d'un recul des Syriens d'Haftar cédant leur position près de la ville natale de Kadhafi à ceux de Sarraj...

Ce troc cynique entre soldats de fortune qui sont autant de pions sur le trictrac régional illustre le partenariat entre Erdogan et Poutine – lesquels ne sacrifient ni sang turc ni sang russe – et celui-ci conforte mutuellement chacun des deux joueurs dans leur volonté d'exclure Européens et Américains de ce jacquet oriental. Mais pareille stratégie se heurte, nous le verrons, à une limite. Du côté turc, la multiplication des provocations contre certains États membres de l'UE suscite la mise en place d'une riposte – comme on le verra plus loin, notamment avec les accrochages sur mer. La Sublime Porte avait fait alliance avec le royaume de France contre l'empire d'Autriche, elle jouait les républiques de Gênes et de Venise l'une contre l'autre, mais le Grand Seigneur ne dépendait en rien de l'Europe d'alors, et envoyait sa flotte ravager les rivages de celle-ci chaque printemps par un jihad maritime. L'avatar contemporain du sultan, intronisé tel par la prière ostentatoire à Ayasofia le 24 juillet 2020, compte l'Union européenne comme principal partenaire économique, et, dans une conjoncture désastreuse pour l'économie turque, ne peut s'engager trop loin dans son bluff d'autant que sa marine, dépourvue de porte-avions, n'a plus la formidable puissance de la flotte ottomane. Côté russe, les États-Unis s'inquiètent que Moscou partage des codes militaires avec Émiratis et Égyptiens. À tel point que Donald Trump en personne a fini par décrocher son téléphone pour s'entretenir avec les chefs des États concernés par un conflit « où il n'y a pas de vainqueur » et où Washington se veut « un participant actif mais neutre » – d'autant que le maréchal Haftar en position délicate a fermé les terminaux pétroliers, dont la plupart demeurent sous son contrôle, afin de conforter sa position de négociation. Face aux contradictions que révèle le paradoxe libyen, le désengagement américain et la pusillanimité européenne seront contraints de se renverser.

Cette dernière tâche est ardue, comme le montre à l'été 2020 l'affaire de Malte. Le plus petit membre de l'UE fut anciennement la citadelle des chevaliers catholiques de l'ordre de Saint-Jean-de-Jérusalem qui verrouillaient du haut de leur inexpugnable rocher la Méditerranée occidentale contre les razzias maritimes ottomanes. En 1565, lors du « Grand Siège » ordonné par Soliman le Magnifique, la flotte du sultan fut défaite par le Grand Maître français Jean de Valette (qui put ainsi donner son nom, issu d'un toponyme du Rouergue, à la future capitale), suscitant un écho considérable dans toute l'Europe (six ans avant la bataille de Lépante de 1571 qu'elle prépara). Or le 20 juillet 2020, quatre jours avant que Tayyip Erdogan ne réislamise en grand arroi Sainte-Sophie, une rencontre a lieu à Ankara entre les ministres de la Défense turc et maltais, ainsi que le ministre de l'Intérieur du gouvernement de Tripoli, afin d'examiner des projets trilatéraux de coopération militaire. Elle est prolongée par un entretien des deux chefs de la diplomatie, dans la capitale libyenne, avec le président du GAN, Fayez el-Sarraj. Pour Malte, submergée par le flot des immigrés clandestins africains arrivant de Libye en rafiots de fortune, et frustrée par le soutien insuffisant de Bruxelles, il n'y a plus d'alternative à l'allégeance à la Turquie, qui par sa présence militaire en Tripolitaine dispose désormais des moyens de contrôler les appareillages de *boat people*. En contrepartie, La Valette peut fournir à Ankara les pistes qui permettraient à ses avions de contrôler le ciel libyen. Pareil appui serait précieux tant que les aérodromes locaux sont à la merci des Rafale égyptiens ou émiratis – comme l'a montré une frappe destructrice attribuée à Abou Dhabi sur la base d'Al-Watiya, dans les environs de Tripoli, que venaient d'occuper les forces du GAN, le 4 juillet, pendant que le ministre de la Défense turc paradait en tournée d'inspection dans la capitale. L'éloignement des côtes anatoliennes interdit en effet à Ankara de projeter ses aéronefs. En attendant que l'on découvre si ce grand jeu peut prendre forme concrète ou s'il s'agit d'une posture, on ne sait si le Grand Maître éponyme de La Valette s'est retourné dans sa tombe en la crypte de la co-cathédrale Saint-Jean de

Malte, tandis que ses lointains successeurs, cinq siècles et demi après l'échec du Grand Siège, baisaient la babouche au nouveau sultan…

APOCALYPSE À BEYROUTH

Le 4 août 2020 vers 18 heures une double déflagration se produit dans le port de la capitale libanaise : 2 750 tonnes de nitrate d'ammonium, stockées depuis 2013 dans un silo et abandonnées là du fait de l'incurie des autorités, explosent, causant 204 morts et 6 500 blessés [CARTE 13]. Les quartiers alentour, majoritairement habités par des chrétiens et incarnation de la survie menacée du cosmopolitisme levantin, sont soufflés par l'explosion – laissant quelque trois cent mille personnes sans abri. Le blast est ressenti à plus de 200 km à la ronde – jusqu'à Chypre, en Israël et en Syrie. Cette apocalypse est aussi celle du Liban tel que l'avait créé dans ses frontières actuelles la puissance mandataire française sous l'égide de la Société des Nations, un siècle auparavant à quelques jours près, le 1er septembre 1920. Premier chef d'État à se rendre sur place dès le surlendemain, Emmanuel Macron, qui coordonne le 8 une conférence internationale des donateurs pour acheminer l'aide humanitaire, met les dirigeants du pays devant leurs responsabilités – et s'engage à revenir à l'occasion de la commémoration du centenaire trois semaines plus tard pour dresser un bilan et établir des perspectives communes.

Ce cataclysme dont le déclenchement reste obscur – et

nourrit la prolifération de théories complotistes sur la Toile – advient dans un contexte où le pays du Cèdre connaît les pires drames de son siècle d'existence, dont la seconde moitié n'avait pourtant point été avare, entre invasions israéliennes et implantation palestinienne, guerre civile, occupation syrienne, pour finir en tutelle iranienne par Hezbollah interposé. La prolifération de la Covid-19, originellement ramenée de Qom en début d'année par les pèlerins chiites, a fait dérailler un système hospitalier privé motivé principalement par le profit, et qui s'avère dépassé par l'ampleur de la pandémie faute de capacité à gérer la santé publique. Cela dans un contexte où l'économie est en récession depuis 2018 – l'année où le Hezbollah et ses alliés l'emportent en juin aux élections parlementaires et contrôlent l'exécutif, ce qui se traduit en rétorsion par le relâchement des liens financiers avec l'Arabie saoudite, d'où les immigrés libanais envoyaient au pays natal de précieuses remises. (Le Premier ministre sunnite Hariri avait, à titre prémonitoire, été retenu contre son gré à Riyad en octobre 2017.) Face à une corruption endémique, et à la déliquescence de l'ensemble des services publics – de la fourniture d'électricité à la collecte et l'incinération des ordures ménagères –, où un tiers des quatre millions de Libanais vivent avec moins de 4 dollars par jour, et où la livre (LL) s'effondre, des manifestations qui débutent le 17 octobre 2019 contre la hausse des impôts et la création d'une emblématique taxe sur les appels téléphoniques par WhatsApp se transforment en un mouvement massif de révolte – ou *thaoura* (« révolution ») – contre la corruption et une caste politique de prébendiers de toutes les confessions qui s'entendent pour mettre le pays en coupe réglée. Elle incrimine directement le Hezbollah qui exerce à travers ceux-ci l'effectivité du pouvoir. Ses nervis et ceux de son allié chiite le mouvement Amal harcèlent les cortèges de protestataires dans un premier temps, avant de se retirer de la rue pour éviter de cristalliser l'impopularité – dans un contexte régional tendu pour les intérêts iraniens où les clients de Téhéran à Bagdad sont simultanément l'objet de la fureur de la jeunesse irakienne chiite. Le 29 octobre, Saad Hariri, le président du Conseil des ministres et visage sunnite d'une fonction à laquelle les accords de Taëf mettant fin à la guerre civile en 1989 avaient, sous incidence saoudienne, donné la réalité de l'exécutif sanctionnant ainsi la défaite chrétienne, mais qui n'est plus désormais que l'otage du Hezbollah, démissionne – un an presque jour pour jour avant d'être de nouveau désigné Premier ministre, le 22 octobre 2020, comme nous le verrons. Le président maronite, le général Michel Aoun, client du Parti de Dieu, se cramponne quant à lui à son fauteuil en dépit des appels à son départ.

Le nouveau chef du gouvernement Hassan Diab, sunnite comme le veut la logique « consociative » de la Constitution, mais dans la main du Hezbollah, assistera durant le premier semestre 2020 au dévissage abyssal de la monnaie nationale, qui perd en juin 70 % de sa valeur face au billet vert, tandis que le montant de la dette cumule à 68 milliards de dollars – ruinant la population, y compris la classe moyenne éduquée dont le dynamisme faisait la spécificité du Liban au Moyen-Orient arabe, mais qui ne pourra plus même retirer le montant de ses dépôts bancaires. Cette situation dramatique, qu'accroît la prolifération de la Covid-19, se traduit par un regain de manifestations contre la prévarication des dirigeants – auxquelles le Hezbollah s'emploie à donner une dimension de conflit interconfessionnel afin de reprendre le contrôle de sa base chiite et d'éviter une conjonction des protestations qui dépasserait les clivages religieux et le mettrait en difficulté. En parallèle, les clients de Téhéran au Levant relancent les escarmouches contre Israël, considérablement ralenties depuis que le Parti de Dieu avait engagé l'essentiel de ses forces militaires en Syrie pour y sauver le régime de Bachar al-Assad depuis 2012. La réactivation de l'antisionisme, qui voit simultanément Hamas envoyer des ballons enflammés pour déclencher des incendies au nord de la bande de Gaza et le Hezbollah tester les défenses de Tsahal sur la frontière pendant l'été, est destinée à redorer le blason de Téhéran et de ses clients aux yeux de la masse sunnite.

Tel est l'environnement délétère où survient la déflagration de Beyrouth, le 4 août, et qui lui confère aux yeux de tant de Libanais, notamment ses premières victimes directes, parmi lesquelles les chrétiens résidents des quartiers les plus proches du port sont surreprésentés, une dimension proprement apocalyptique. Sans préjuger du caractère accidentel ou intentionnel du déclenchement de l'explosion du stock de nitrate – dans l'attente d'une improbable enquête –, cette catastrophe présente de fortes congruences avec la pandémie dans le contexte duquel elle se situe : par-delà les interprétations messianiques qui voient dans les deux événements la manifestation commune du « fléau de Dieu », l'un et l'autre sont l'expression d'une mondialisation incontrôlée et destructrice qui frappe de manière inédite et massive des individus qui n'en peuvent plus. Les stocks de nitrate, provenant de Russie, ont été abandonnés par un navire moldave en route pour l'Angola, dont l'armateur a disparu. Le « virus chinois », dont l'origine est soumise à des doutes plus sérieux encore que celle de l'explosion libanaise, s'est répandu partout grâce à l'ubiquité du transport aérien et a commencé par cibler les populations âgées d'Europe et des États-Unis, déstabilisant les systèmes de santé publique et l'organisation économique d'un Occident qui se trouve ainsi affaibli. Il constitue, *de facto* à tout le moins, une « arme bactériologique » (imparable en attendant la vaccination) permettant de déclencher une sorte de troisième guerre mondiale anti-occidentale, et, dans un premier temps, a mis à profit les politiques sanitaires ineptes de Donald Trump pour saper sa réélection. Après avoir assisté aux interférences russes dans le scrutin présidentiel de 2016, on doit ainsi compter avec la gestion calamiteuse d'une pandémie originaire de Wuhan comme l'un des facteurs décisifs de celui de 2020, cheval de Troie viral pour l'affrontement homérique du XXIe siècle, où les descendants des « barbares » prennent leur revanche sur ceux des « Hellènes ».

L'apocalypse de Beyrouth intervient également dans un contexte où le nouvel ennemi paroxystique des Grecs d'aujourd'hui et descendant des envahisseurs asiates d'antan, le président Erdogan, en réislamisant Sainte-Sophie dix jours auparavant, vient de signifier son extinction symbolique au christianisme oriental. Tandis que sa flotte, comme celle du sultan autrefois, multiplie les incursions dans les eaux territoriales grecques et cypriotes, fait la jonction avec celles de la Libye, l'idéologue eurasiatique de la doctrine de l'expansion maritime turque, la *Mavi vatan* (« patrie bleue »), l'amiral à la retraite Cem Gürdeniz écrit dans le quotidien *Aydinlik :* « Que la Grèce vive dans le monde chimérique de son passé… Mais maintenant il est temps de s'asseoir à la table des négociations pour résoudre les problèmes chroniques de la mer Égée. » En d'autres termes, il n'est exigé d'Athènes rien de moins que la renégociation du traité de Lausanne du 24 juillet 1923, qui donnait le contrôle de l'Égée à la Grèce en contrepartie de l'évacuation de l'Asie Mineure par ses populations helléniques et chrétiennes originelles. Deux mois plus tard, un autre État chrétien d'Orient, l'Arménie, est l'objet d'une offensive militaire victorieuse de l'Azerbaïdjan à laquelle M. Erdogan apporte « tout son soutien » [CARTE 2].

Dans la foulée de la visite d'Emmanuel Macron à Beyrouth le 6 août, après qu'il a rencontré la population désespérée des quartiers dévastés autour du port, une pétition en ligne (en anglais) réclame le retour du Liban sous mandat français… elle recueille en quelques jours près de 75 000 signatures sur le site spécialisé Avaaz.org. Le patronyme des signataires n'est désigné que par leur initiale, mais le prénom figure au complet. L'immense majorité est chrétienne. Dans ce contexte l'activisme du président français n'est guère goûté à Ankara, où son homologue vilipende le 13 août la visite à Beyrouth : « Ce que Macron et compagnie veulent c'est rétablir l'ordre colonial au Liban », la qualifiant de « spectacle ». Mais le souvenir de la Sublime Porte n'est pas particulièrement exalté dans le pays du Cèdre, qui a nommé le principal carrefour de sa capitale « place des Martyrs » en souvenir des six nationalistes libanais qu'y avait fait pendre le 6 mai 1916 le général jeune-turc Djemal Pacha, et qui célèbre sa fête nationale à cette même date, en commémoration de la lutte fondatrice contre l'occupant colonial… ottoman.

L'activisme turc se heurte en effet à deux obstacles, par-delà les rodomontades et effets d'annonce de son leader : un isolement croissant dans son environnement arabe, qu'inquiète la volonté hégémonique néo-ottomane de M. Erdogan, et aussi le raidissement contre Ankara de l'ensemble des ennemis régionaux des Frères musulmans [CARTE 1]. De plus, ces derniers ne sont plus particulièrement populaires dans les sociétés civiles arabes, une décennie après avoir tenté de récupérer à leur profit les printemps de 2011.

Ankara est lié à Qatar, banquier des Frères et de leur cause à travers la planète, mais les ressources financières de l'émirat, bienvenues pour renflouer une économie turque fort mal en point, sont elles-mêmes négativement affectées par des prix du gaz naturel (il est le premier exportateur mondial de gaz naturel liquéfié) historiquement bas du fait de l'inondation du marché par le gaz de schiste américain, et par les dépenses énormes qu'il doit affronter pour contrer le blocus de l'Arabie saoudite et des Émirats depuis 2017. Doha est en 2020 plus chiche de sa générosité. La contrepartie pour la Turquie de cet alignement idéologique est un antagonisme croissant avec le bloc anti-fririste émirato-saoudo-égyptien, auquel il s'affronte directement sur le terrain libyen, par mercenaires syriens interposés – comme on l'a évoqué plus haut. Or le 13 août, l'annonce « surprise » d'une reconnaissance diplomatique mutuelle des Émirats arabes unis et d'Israël sous les auspices de Donald Trump inclut l'État hébreu plus avant dans une coalition hostile à l'Iran et à ses alliés sunnites, les Frères musulmans et leurs sponsors turco-qataris. L'isolement croissant d'Ankara s'est aussi accru d'un antagonisme renforcé avec l'Irak, pourtant vassal de l'Iran jusqu'à l'arrivée au pouvoir de M. Kadhimi le 7 mai. Une frappe de drones turcs sur le territoire irakien le 11 août, qui visait des membres du PKK – le Parti des travailleurs du Kurdistan, parti kurde irrédentiste de Turquie – réfugiés dans la région montagneuse frontalière de Sidekan, ayant tué deux hauts gradés irakiens de la police des frontières, Bagdad a annulé la visite prévue le surlendemain du ministre turc de la Défense. Quant à l'État hébreu, déjà en délicatesse avec M. Erdogan du fait de son appui à Hamas, il a ressenti les prétentions turques à régenter la Méditerranée orientale comme un empêchement dirimant au projet de gazoduc EastMed entre l'Europe et les gisements sous-marins israéliens, égyptiens et cypriotes via le Péloponèse. Le chef de la diplomatie grecque est ainsi reçu en fanfare par M. Netanyahou à Jérusalem ce 13 août – le jour même où son collègue turc s'est fait claquer la porte au nez à Bagdad, tandis que Paris effectue des manœuvres maritimes communes avec la marine hellénique au large de l'île de Kastellorizo pour y décourager la perspective d'un débarquement turc, et envoie deux chasseurs-bombardiers Rafale en Crète.

Outre cette montée des tensions géopolitiques en Méditerranée orientale dont la réislamisation de Sainte-Sophie a constitué la métaphore inaugurale, la situation des équilibres idéologiques au Moyen-Orient et en Afrique du Nord est un enjeu majeur pour l'avenir immédiat de la région, des détroits d'Ormuz et de Bab el-Mandeb jusqu'à celui de Gibraltar. Pour les dirigeants, de Paris à Ankara, de Beyrouth ou Damas et Bagdad à Rome ou Bruxelles, de Riyad à Jérusalem, comme à Rabat, Alger ou Tunis, il est crucial de mobiliser des soutiens dans la nouvelle génération, entre les appétits démocratiques d'une partie de la jeunesse aspirant à une société libérale de type européen, l'islam politique militant dont se font l'écho d'autres jeunes sur un spectre allant des Frères musulmans à l'Iran, et les tentations autoritaires croissantes comme rempart au chaos et aux guerres civiles qui étendent leur paysage de désolation de la Libye au Yémen et au Levant.

Contrairement au propos volontiers triomphaliste de M. Erdogan, et à la résignation d'un certain nombre de politiciens européens qui voient dans la victoire de l'islam politique une fatalité, depuis Beyrouth jusqu'aux banlieues et quartiers populaires de l'Europe, et cherchent des accommodements avec ses représentants, le bilan des principaux soulèvements et des révoltes dans les mois qui ont précédé l'année 2020 n'est pas particulièrement enthousiasmant pour les Frères et leurs compagnons de route. On en jugera avec le bilan assez sombre que publie en ligne en août 2020 le centre de recherches stratégiques du « Forum Al Sharq » [« L'Orient »], fondé en 2012 par le Palestinien Wadah Khanfar, charismatique ancien directeur général de la chaîne qatarie Al Jazeera, qui avait fait de celle-ci un média international popularisant la vision fériste du monde avec beaucoup de succès. Basé à Istanbul, ayant noué des partenariats avec de nombreux think-tanks arabes et occidentaux, celui-ci vise à rendre audible et acceptable le discours de l'islam politique dans un dialogue avec les milieux intellectuels et les réseaux d'influence ciblés afin d'étendre le rayonnement de cette idéologie [CARTE 2].

Intitulé « L'islam politique dans la seconde vague des soulèvements arabes », le rapport revient de façon détaillée sur les mobilisations qu'ont connues en 2019 l'Algérie et le Soudan – deux États sunnites – ainsi que l'Irak et le Liban, sur lesquels l'Iran exerce une forte influence à travers leur population chiite, majoritaire dans le premier cas et représentant la première communauté confessionnelle du pays dans le second. Cette seconde vague, est-il précisé d'emblée, « semble approfondir la crise des mouvements de l'islam politique dans la région Afrique du Nord et Moyen-Orient – la plupart des régimes contestés et renversés par la rue étant soit islamistes eux-mêmes, soit soutenus par les partis en question », une situation que rend plus inflammable encore l'opposition virulente entre activistes sunnites et chiites dans les deux derniers pays mentionnés. Émanant d'un milieu sympathisant avec cette cause, ce constat assez lucide – certainement destiné à tirer les leçons d'un insuccès afin de construire les victoires de l'avenir – vaut d'être restitué avant d'analyser de manière plus systématique comment s'articulent les tensions de l'année 2020 dans les trois entités constitutives de la région – respectivement le Golfe, le Proche-Orient, l'Afrique du Nord et son prolongement dans les « banlieues de l'islam » européennes [CARTE 18].

À l'inverse des printemps de 2011-2012, qui avaient pour cible des pouvoirs établis liés à l'Occident – les présidents Ben Ali en Tunisie, Moubarak en Égypte et Ali Saleh au Yémen, la dynastie des Khalifa au Bahreïn – ainsi qu'à la Russie – Assad en Syrie et Kadhafi en Libye –, les insurrections de 2019 visent en effet des gouvernements dans lesquels l'islam politique, sunnite ou chiite, est fortement imbriqué avec des dictatures ou des partis dominants « anti-impérialistes ». Les deux premiers États concernés sont sunnites. Au Soudan le général Omar al-Bachir, au pouvoir depuis trente ans à la suite d'un coup d'État militaro-islamiste sous les auspices du charismatique Frère musulman Hassan al-Tourabi, offrit l'asile à Ben Laden et hébergea Carlos, avant de se résoudre à la partition du pays en 2011, conséquence d'une guerre civile meurtrière avec le Sud animiste, chrétien et pétrolier, et prélude à la ruine de l'économie. En Algérie Abdelaziz Bouteflika, élu en 1999 sous la houlette de l'état-major, avait affermé durant ses quatre mandats successifs les questions sociales et culturelles à des islamistes bénéficiaires de grasses prébendes en échange de leur renoncement à la violence jihadiste, scellant par ce pacte faustien dit « concorde civile » la fin des années noires 1992-1997. Quant aux deux autres pays ayant connu des soulèvements en 2019, ils avaient basculé graduellement sous l'emprise iranienne. En Irak, après l'insurrection armée de la minorité sunnite consécutive à l'invasion américaine de 2003, les partis et milices issus de la majorité chiite et satellisés par Téhéran tinrent le haut du pavé, mettant en œuvre un islam politique incantatoire vitupérant les Satans impérialiste et sioniste, et combattant au quotidien les sunnites. Enfin au Liban le Hezbollah contrôlait, depuis son succès aux élections parlementaires de juin 2018, l'agenda du gouvernement pluriconfessionnel.

Des régimes aussi bien sunnites que chiites qui ont fait de l'islamisme la base ou l'adjuvant de leur mainmise sur l'État, dont l'économie s'effondre et la société se délite, sont ainsi l'objet en 2019 d'une vindicte populaire qui se traduit d'autant moins en slogans religieux – contrairement à ce qui advint quelques mois après l'éclosion des « printemps arabes » de 2011 – que les barbus de tout poil ont été cooptés au pouvoir par des gouvernants conspués. Les gérontocrates Bachir et Bouteflika doivent céder la place. Le premier est remplacé par une coalition de civils et de militaires, contrainte sous la pression de la rue d'épurer champions de l'instauration de la charia, vrais et faux dévots inspirateurs de trois décennies d'exactions et de corruption. Le second, paralysé et aphasique, est troqué au bout de vingt ans de loyaux services, lors d'un scrutin largement boycotté le 12 décembre 2019, contre un successeur issu comme lui de l'État-parti FLN contrôlé par l'armée, au prix de l'emprisonnement de quelques ministres-fusibles « voleurs », victimes expiatoires emprisonnées pour donner le change au bon peuple. Mais le *hirak* – le « mouvement » – qui a fait descendre dans la rue chaque vendredi depuis le 22 février 2019 des millions d'Algériens ne relâche pas la pression pour se débarrasser du « système » haï. Seule l'épidémie de la Covid-19 aura raison de la mobilisation : par crainte de la contamination, la cinquante-sixième et dernière marche se tient le 13 mars 2020, accordant un sursis « médical » au pouvoir, qui met à profit la crise sanitaire pour incarcérer à tour de bras les opposants.

Au Liban, le déclenchement du soulèvement populaire contre la faillite de l'économie et le népotisme d'une élite dont les familles issues de chaque communauté religieuse se partagent les deniers publics – sous le contrôle du Hezbollah depuis l'été 2018 – sape la rhétorique islamo-populiste de celui-ci. Fer de lance de la « Résistance » contre le sionisme et l'impérialisme, le Parti de Dieu, qui maintenait une tension permanente sur la frontière israélienne depuis la décennie 1980, et justifiait ainsi son surarmement, a réorienté à partir de 2012 son activité militaire sur le territoire syrien, sauvant le régime de Bachar al-Assad, ennemi juré des islamistes et appartenant lui-même à la « secte hérétique » des Alaouites.

Mais ce changement de focalisation du parti chiite libanais a brouillé les cartes idéologiques et redessiné les lignes de faille au Moyen-Orient. Hamas, mouvement islamiste sunnite palestinien, au pouvoir dans la bande de Gaza depuis juin 2007 et ci-devant client de Téhéran, a dû se distancier en 2012-2013 du Hezbollah et de son mentor iranien par solidarité avec l'opposition syrienne, avant de se rabibocher par pragmatisme, sans que le cœur y soit. En visite à Beyrouth le 15 août 2020 pour témoigner de la solidarité du parrain persan au Liban dominé par le Hezbollah, le ministre des Affaires étrangères Mohammed Javad Zarif s'y est entretenu avec le chef de l'Organisation du Jihad islamique de la bande de Gaza, avant de converser au téléphone avec le « Premier ministre » de Hamas Ismaïl Haniyeh, pour « coordonner » la réplique à l'accord israélo-émirati tout juste révélé l'avant-veille. Le 14, il avait envoyé des messages à son collègue le chef de la diplomatie libanaise et au secrétaire général du Hezbollah Hassan Nasrallah pour les congratuler à l'occasion de « l'anniversaire de la victoire de ce pays dans la guerre des Trente-Trois-Jours contre l'agression israélienne » (12 juillet – 14 août 2006), qui avait fait alors du parti chiite le héraut et le champion de l'ensemble des musulmans et des Arabes contre l'État hébreu. Pour Téhéran, l'heure est à diluer le soutien à Assad dans une tentative de remobiliser la cause islamique et antisioniste derrière l'Iran et ses alliés sunnites turcs et qataris – car l'affrontement entre sunnites et chiites qu'a cristallisé la guerre civile interconfessionnelle au Levant s'est ainsi superposé au conflit israélo-arabe… pour le plus grand profit de l'État hébreu. Et le Grand Récit d'un Islamisme global redresseur des torts infligés aux musulmans opprimés par l'Occident impie judéo-croisé est moins clairement audible aux oreilles arabes qu'il ne le fut dans la grande époque de l'enthousiasme pour le jihad entre le cataclysme du 11 septembre 2001 et l'anéantissement du territoire de Daesh à la fin de 2019. Au lendemain de la dénonciation par Téhéran de la « normalisation des relations diplomatiques mutuelles des Émirats arabes unis et du régime sioniste comme une stupidité stratégique », l'Iran a fort à faire pour renverser en sa faveur une opération menée sous les auspices de Washington et qui a pour but d'accroître son isolement. Même si M. Erdogan, interrogé par la presse « après avoir accompli ses dévotions lors de la prière du vendredi (14 août) à la mosquée Ayasofia », annonce que « si la Palestine ferme son ambassade à Abou Dhabi, [il] agira à l'identique, car nous, nous serons toujours aux côtés du peuple palestinien ».

Cette situation complexe pour l'islam politique en général a été aggravée par la fracture à l'intérieur du camp sunnite lui-même entre les Frères musulmans, flanqués de leurs parrains turcs et leurs financiers qataris, d'un côté, et le bloc de leurs ennemis mené par l'Arabie saoudite, les Émirats arabes unis et l'Égypte de l'autre. Cette fragmentation de la mouvance islamiste en entités antagoniques a donc rendu plus difficile l'identification des masses populaires arabes, mais aussi turques ou persanes, à celle-ci, contrairement aux décennies précédentes. En outre, la déprise envers cette idéologie à prétention universelle a été aggravée par la saga sanglante de Daesh, d'autant que la terreur tous azimuts pratiquée par la secte s'est exercée aussi sur de nombreux sunnites, jusqu'aux jihadistes de toute autre obédience – par-delà les attentats spectaculaires prenant pour cible l'Europe, et la France en particulier, en 2015-2016, ainsi que les massacres de yézidis et de chiites en Irak de 2014 à 2017. Les groupuscules et les individus inspirés par cette lecture littérale du Coran perdurent en 2020, éparpillés à travers la planète, des camps d'internement du Kurdistan aux prisons du Vieux Continent, et démultipliés virtuellement par les réseaux sociaux à travers lesquels ils maintiennent le contact. Néanmoins les coups infligés par l'offensive militaire occidentale, qui a eu raison de l'« État islamique » après la chute de Mossoul en juillet 2017 avec le soutien au sol des chiites irakiens, celle de Raqqa en octobre grâce à l'appui terrestre des milices kurdes, puis la liquidation de l'ultime poche syrienne de l'EI dans la bourgade de Baghouz en mars 2019 et enfin l'exécution du « calife » Abou Bakr al-Baghdadi près de la frontière turco-syrienne le 27 octobre de cette même année par un commando américain ont fortement entamé l'efficience opérationnelle de cette entité terroriste internationale.

C'est sans doute aussi en réaction à ces « leçons » tirées des difficultés rencontrées par cette idéologie et ses parrains en 2019 que M. Erdogan a joué le tout pour le tout et s'est lancé dans le *Blitzkrieg* religieux et nationaliste de l'an 2020 – tentant ainsi par la même occasion de surmonter les difficultés intérieures que lui valent l'usure de son pouvoir, une catastrophe économique annoncée et la progression de la pandémie. Et c'est afin de parachever cette fuite en avant qu'il prendra prétexte de la republication des caricatures du Prophète par *Charlie Hebdo* à l'occasion de l'ouverture du procès des attentats de janvier 2015, le 3 septembre à Paris, pour coordonner une campagne panislamique anti-française censée conforter son rôle de héraut et de héros des musulmans indignés – reprenant du même souffle la posture du sultan Mehmet II le Conquérant de Constantinople en mai 1453 et celle de l'ayatollah Khomeyni fulminant l'anathème universel contre le « blasphémateur » Salman Rushdie le 14 février 1989. Pour comprendre comment se situe cette offensive dans l'ensemble du cadre régional, dénouer ses alliances et ruptures complexes, nous allons en examiner les logiques tour à tour dans le Golfe, au Levant, puis en Afrique du Nord et jusqu'en Europe.

I

La fracturation du Golfe

Le 13 août 2020 au soir, après que Benyamin Netanyahou a reçu le chef de la diplomatie grecque, dont le pays vit une crise ouverte avec la Turquie, ce même jour où le ministre des Affaires étrangères d'Ankara a été « désinvité » de Bagdad après qu'un général des gardes-frontières irakien a été tué sur le territoire national par un drone turc, la Maison-Blanche révèle qu'un accord entre les Émirats arabes unis et Israël vient d'être signé sous les auspices de Donald Trump [CARTE 1]. La richissime pétromonarchie de la péninsule Arabique, poumon économique du Golfe, et l'État hébreu vont établir des relations diplomatiques. Les bons rapports mutuels et la complémentarité des objectifs ne constituaient plus un secret depuis une bonne décennie : lors du colloque annuel dit de « Sir Bani Yas », organisé dans un palace du désert par le ministre émirati des Affaires étrangères cheikh Abdallah, frère germain du prince héritier cheikh Mohammed Ben Zayed, et auquel l'auteur a plusieurs fois participé au début des années 2010, un haut responsable israélien apparaissait rituellement pour une intervention depuis Jérusalem en visioconférence. Il soulignait avec constance que les différends opposant les Émirats et royaumes sunnites du Golfe à l'État juif étaient négociables, contrairement à l'antagonisme insurmontable qui les dressait les uns comme l'autre face à la République islamique d'Iran.

Celle-ci était vilipendée par le chorus des *kippa* et des *ghutra* comme État voyou et menace structurelle – depuis l'écran ou la salle de conférences. Après le 13 août 2020, et malgré les gestes barrière que la Covid-19 a imposés sur toute la planète, il n'y a plus lieu pour les intéressés de se réunir exclusivement en « distanciel », aucun obstacle à ce que les descendants des Bédouins et ceux des kibboutzniks se frottent les coudes pour de bon. Le 18 août, le charismatique chef du Mossad Yossi Cohen, qui a joué un rôle clef pour mener à son terme l'accord grâce de nombreux échanges discrets, est reçu en grande pompe à Abou Dhabi par cheikh Tahnoun, conseiller national de Sécurité de son frère utérin cheikh Mohammed. Le processus de normalisation est voué à s'étendre, selon des modalités qui seront fixées au vu des résultats de l'élection présidentielle américaine en novembre : le royaume du Bahreïn et le sultanat d'Oman ont fait initialement état de leur volonté d'emboîter le pas aux Émirats – et rien n'aurait pu advenir sans le discret *nihil obstat* saoudien. C'est chose faite pour Manama le 11 septembre : au lendemain du refus de la Ligue arabe, en dépit des efforts de la diplomatie palestinienne, de condamner l'accord entre Israël et les Émirats, le plus petit État membre, vassal *de facto* de Riyad, dont la population est en large majorité chiite, et dont la participation au printemps arabe a été écrasée le 14 mars 2011 par l'intervention armée des autres États du Conseil de coopération des États arabes du Golfe, annonce qu'il sera le quatrième pays arabe à reconnaître Israël. La dynastie sunnite au pouvoir y nourrit une hostilité structurelle à l'égard de Téhéran, accusé de manipuler les partis chiites afin de la renverser. Et le petit royaume avait nommé ambassadrice à Washington un membre de sa modique communauté juive de 2008 à 2013 – cas unique dans le monde arabe. Même le Soudan dont le soulèvement en 2019 a chassé le dictateur Omar al-Bachir, autrefois bastion de l'islamiste Hassan al-Tourabi, havre d'Oussama Ben Laden, et toujours inscrit sur la liste des États soutenant le terrorisme par le gouvernement américain, a signalé son intérêt à surfer sur la vague… d'abord et avant tout pour effacer cette flétrissure qui inhibe son accès aux prêts bancaires internationaux. Et en effet, un rapprochement entre les deux pays, toujours sous l'égide du président Trump, a finalement été acté le 23 octobre 2020, dans le Bureau ovale où MM. Benyamin Netanyahou et Abdallah Hamdok ont décidé, lors d'une conversation téléphonique sur haut-parleurs à laquelle ont pu assister les journalistes conviés à la conférence de presse, de la normalisation de leurs relations diplomatiques. Le Soudan a du même coup été retiré de la liste des États considérés par les États-Unis comme soutenant le terrorisme. Cet accord, qui intervient opportunément deux semaines avant l'échéance présidentielle américaine, tourne la page de la résolution de Khartoum dont les signataires, au lendemain de la guerre de 1967, s'engageaient, selon la règle des « trois non », à refuser à Israël toute paix, reconnaissance ou négociation. Ce « formidable revirement » selon les mots de Benyamin Netanyahou a aussitôt été fustigé par Hamas dont le porte-parole Hazem Qassem a déploré un « péché politique qui nuit au peuple palestinien ». Les suivants de liste potentiels ont prudemment multiplié les déclarations de soutien à la cause palestinienne et une « solution à deux États », mais celle-ci est pour la forme, car il existe d'ores et déjà trois États : Israël, la Cisjordanie de l'OLP et Gaza de Hamas. Le Maroc, qui cultive sa distanciation avec les clivages du Moyen-Orient, constitue le deuxième partenaire commercial d'Israël dans le monde arabe après l'Égypte. L'hébreu y est considéré comme langue patrimoniale de l'ancienne et considérable population séfarade, qui comptait environ 250 000 personnes en 1946. Le royaume se décide à sauter le pas de la normalisation le 10 décembre 2020. Un tweet de Donald Trump salue ce jour-là « une autre avancée HISTORIQUE aujourd'hui », qualifiée de « grand pas pour la paix au Moyen-Orient », et ajoute : « Le Maroc a reconnu les États-Unis en 1777. Il est donc approprié que nous reconnaissions leur souveraineté sur le Sahara occidental » (où l'Algérie, par le truchement du Front Polisario, soutient l'organisation d'un référendum d'autodétermination sous les auspices de l'ONU). Y répond un communiqué du cabinet du roi Mohamed VI rapportant l'entretien téléphonique entre les deux chefs d'État. Celui-ci se félicite d'abord longuement « de la décision des États-Unis d'Amérique de reconnaître, pour la première fois de leur histoire, la pleine souveraineté du royaume du Maroc sur l'ensemble de la région du Sahara marocain » [occidental], qui se traduira par l'ouverture d'un consulat dans la ville côtière de Dakhla. Il rappelle ensuite l'engagement du monarque chérifien, président du comité Al-Qods [« la Sainte » : Jérusalem] créé par l'Organisation de la conférence islamique pour « œuvrer à la préservation du patrimoine religieux, culturel et urbanistique de la Ville sainte », ainsi que son soutien à la « solution à deux États » dans la « Question palestinienne ». Enfin, il annonce que seront autorisés « les vols directs pour le transport des membres de la communauté juive marocaine [environ 3 000 membres] et des touristes israéliens en provenance et à destination du Maroc », la reprise des contacts officiels en vue de relations diplomatiques dans les meilleurs délais, et la promotion de la coopération économique et technologique. Le communiqué – dont la rédaction suit l'ordre inverse du tweet du président américain – exprime de la prudence dans le contexte politique difficile de la gestion de la Covid-19, caractérisée par une relation tendue avec l'islamisme politique local, consécutive à la fermeture des mosquées pour raisons prophylactiques. L'État hébreu n'y est pas mentionné comme tel.

De fait, le souverain chérifien conserve des relations étroites avec les juifs marocains émigrés, considérés comme des sujets du royaume, dont ils conservent la nationalité au même titre que l'ensemble de leurs compatriotes résidents à l'étranger. Le monarque a financé la construction de synagogues de style mauresque en Israël – ainsi dans la ville majoritairement séfarade de Netivot, face à la bande de Gaza – et une cinquantaine de milliers d'Israéliens de souche marocaine (pour un total estimé à 800 000 personnes) se rendent chaque année dans leur pays d'origine, en transitant par Paris.

La normalisation – conduite exclusivement par le canal américain – advient dans les dernières semaines de la présidence Trump, et crée un fait accompli, prenant précaution contre l'équipe de Joe Biden, *a priori* moins allante quant à la marocanité du Sahara occidental mais qui ne pourra guère revenir en arrière. Elle tire également parti de la crise profonde que subit à l'automne 2020 l'Algérie, soutien du Polisario, qui inhibe ses capacités de réaction, après un référendum désastreux, une vacance de gouvernance et l'effondrement des recettes pétrolières et gazières (voir ci-dessous, p. 222).

Quant à Qatar, sa relation particulière bien établie avec l'État hébreu est d'une nature plus complexe, à travers le financement de Hamas et de la survie économique de la bande de Gaza, sous les auspices israéliens – dont nous analyserons plus loin le paradoxe.

Abou Dhabi a constitué la troisième capitale arabe à établir des relations diplomatiques – après Le Caire en 1979 et Amman en 1994. Mais l'Égypte et la Jordanie sont limitrophes de l'État juif, auquel plusieurs guerres les ont opposées depuis 1947, et les échanges d'ambassadeurs avaient une fonction sécuritaire en premier lieu, éliminant le risque belligène entre les armées conventionnelles sur les frontières du Jourdain et du Sinaï, dans le cadre régional restreint du Levant. C'était aussi l'occasion pour leurs dirigeants de faire voter par les sénateurs et représentants des États-Unis une aide civile et militaire massive en échange de la renonciation pérenne au conflit. Il en va tout autrement de ce troisième accord annoncé, un quart de siècle après le précédent, avec les opulents Émirats – qui n'ont que faire des dollars du Congrès – subventionnant généreusement bien plutôt divers think-tanks et instituts de recherches sur le Moyen-Orient à Washington devenus leurs relais d'influence à l'imitation – encore modeste… – des lobbies pro-sionistes omniprésents à l'intérieur de la *Beltway*.

DU *GRAND JEU* AU *MONOPOLY* : AXE FRÉRO-CHIITE CONTRE ENTENTE D'ABRAHAM

Cette normalisation dessine le Grand Jeu en cours qui place en son centre le devenir des conflits syrien, libyen, voire yéménite, et s'emploie à en anticiper les conséquences en restructurant les rapports de force dans la zone. Ce vaste Monopoly, dont la Covid et l'effondrement du prix des hydrocarbures constituent la mauvaise pioche, englobe l'ensemble de la région Moyen-Orient Méditerranée, en y incluant désormais Israël comme un joueur de plein droit. Cela signe l'acte de décès du « plan de paix arabe » proclamé à Beyrouth le 28 mars 2002 – dit « plan Abdallah » du nom du prince héritier et futur monarque saoudien qui en fut l'inspirateur – lequel proposait, pour la première fois, la reconnaissance explicite d'Israël, mais la conditionnait à son retrait de l'ensemble des territoires occupés lors de la guerre des Six-Jours de juin 1967. Cette initiative de « terre contre la paix » est abandonnée, à cause de la fissuration irréparable du « camp arabe » et du basculement des équilibres de puissance, au profit d'une approche de « paix contre la paix » – qui avait été pensée dès la fin du mandat de Bill Clinton par les néo-conservateurs américains, en lien avec les stratèges du Likoud israélien, en réaction au plan Abdallah. En cette année où la pandémie et le crash du baril ravagent l'environnement régional de l'État juif, celui-ci n'éprouve plus aucun besoin de faire des concessions territoriales pour imposer sa reconnaissance.

Le lien privilégié établi avec les Émirats arabes unis positionne Israël au cœur de l'espace Moyen-Orient Méditerranée global, et l'extrait du seul contexte levantin, lui permettant de « passer par-dessus » l'obstacle palestinien d'antan – d'autant plus aisément qu'il existe depuis la prise de Gaza par Hamas en 2007 au détriment de l'OLP deux entités antagoniques. Le lien organique qu'établit l'accord crée un continuum économique et stratégique entre les pétromonarchies de la péninsule Arabique alliées à Abou Dhabi et un Levant au cœur duquel s'inscrit l'État hébreu. Il se dresse en rempart à celui qu'avait mis en œuvre le défunt stratège iranien Qassem Solaymani en pétrissant un « croissant chiite » militarisé de Téhéran à Beyrouth, grâce auquel la République islamique pouvait toucher Haïfa ou Tel-Aviv par des missiles tirés depuis le sud du Liban ou de la Syrie et acheminés à travers ou par-dessus l'Irak. Désormais, la logique offensive de ces champs de bataille parallèles a vocation à se retourner : Téhéran, à partir de la rive septentrionale du golfe Persique et vers la côte orientale de la Méditerranée s'était positionné en tireur faisant de l'État juif son papegai. Après l'accord israélo-émirati, la ligne de mire se retourne : les armes sont pointées depuis la Judée et la péninsule Arabique, et l'Iran sert de quintaine. La menace dont il constitue la cible est autrement destructrice que les « missiles balistiques du *shahid hajj* (martyr et pèlerin aux Lieux saints) Qassem Solaymani », d'une portée de 870 miles, dévoilés le 20 août par le régime des mollahs, ou que les ballons enflammés au gaz que Hamas confie au vent depuis la bande de Gaza pour incendier les récoltes entre Ashkelon et Netivot. Les bombardiers furtifs F-35 israéliens et les Rafale émiratis n'ont aucun rival dans les cieux du Golfe – et la combinaison de leurs forces représente un obstacle dirimant dans la course iranienne vers l'arme nucléaire.

Enfin, par-delà l'antagonisme avec Téhéran, l'accord annoncé le 13 août à la Maison-Blanche fait de l'État juif la charnière d'une entente opposée à l'axe tripartite fréro-chiite, qui s'est structuré durant la deuxième décennie du XXIe siècle entre Turquie, Qatar et Iran, conjuguant les objectifs politico-militaires, par-delà l'arabisme autrefois à la mode, de trois États respectivement turcophone, arabophone et persanophone.

Face à cette triplice, dont la surenchère à l'agressivité durant l'été 2020 sert à occulter les contradictions internes, et que pousse au paroxysme la fuite en avant de M. Erdogan (dont la réplique à l'accord israélo-émirati consiste le 21 août à retransformer en mosquée, après Sainte-Sophie, le musée stambouliote de Saint-Sauveur-en-Chora, joyau suprême de l'art byzantin), la coalition antagonique couvre un spectre plus large mais s'avère plus ductile encore. Son baptême le 13 août sous le nom d'« accord d'Abraham » le patriarche biblique est mobilisé à dessein pour légitimer la « triple entente » entre juifs, chrétiens et musulmans – vise à la raffermir, la mettre en ordre de bataille pour conquérir l'hégémonie régionale face à ses rivaux et, par-delà, peser dans un monde en plein bouleversement dont Moyen-Orient et Méditerranée constituent respectivement le boutefeu et le détonateur. Outre Abou Dhabi et ses alliés du « bloc saoudien » – incluant Le Caire, également en paix avec Israël – elle s'appuie sur Jérusalem (la cité biblique fonctionnant comme capitale *de jure* de l'État juif depuis le transfert de l'ambassade américaine de Tel-Aviv le 14 mai 2018, son nom vaut ici comme métonymie d'Israël) et s'étend indirectement aux adversaires méditerranéens, de culture chrétienne, d'Ankara avec qui M. Erdogan a engagé une escalade rhétorique et militaire : Athènes, Nicosie et Paris – mais aussi dans le Caucase, l'arménienne et orthodoxe Erevan qui s'affronte à Bakou (même si Israël a armé ce dernier État, adversaire de l'Iran). Dans l'Azerbaïdjan postsoviétique et de souche turcique, dont l'armée a été formée dans les académies militaires d'Anatolie, sont dépêchés en 2020 des supplétifs et ex-rebelles syriens sous égide turque, qui ouvrent le 27 septembre dans l'enclave arménienne du Haut-Karabakh un nouveau front pantouranique et panislamiste auquel le successeur exalté d'Atatürk et de Mehmet le Conquérant promet « tout son appui ».

À cet activisme tous azimuts de la triplice, la puissance technologique de la *start-up nation* hébraïque conjuguée, sous la bénédiction américaine, avec les capacités d'investissement de la pétromonarchie de l'ancienne côte des Pirates a vocation à opposer un dynamisme économique *win-win*. L'objectif est d'agréger à l'entente abrahamique le maximum d'États de la région neutres ou sous contrainte de l'axe fréro-chiite, mais que les conséquences dramatiques de la pandémie et du crash pétrolier rendent attentifs à toute lueur d'espérance permettant d'améliorer leur précarité et d'éviter ou retarder la catastrophe annoncée.

EFFETS INDUITS ET EFFETS PERVERS DE L'ENTENTE D'ABRAHAM

L'une des clefs de cette stratégie de bascule est l'Irak [CARTE 8], libéré de Saddam Hussein à la suite de l'intervention militaire américaine déclenchée en mars 2003, et ultérieurement vassalisé par Téhéran. La liquidation par un drone américain du stratège iranien Qassem Solaymani à Bagdad le 3 janvier 2020 constitue le point de départ de cette offensive de Washington – revendiquée comme telle par le secrétaire d'État Mike Pompeo lors de son adresse depuis Jérusalem le 24 août à la convention du Parti républicain intronisant Donald Trump en candidat à la réélection. Cet assassinat ciblé a encouragé les manifestations populaires en Mésopotamie contre Téhéran, et a abouti à un basculement politique majeur dont l'accès à la primature le 7 mai de M. Moustafa al-Kadhimi, considéré comme compatible avec les États-Unis, est l'expression. Le successeur du général Solaymani, Esmaïl Qaani, dépourvu du charisme et de l'autorité de son prédécesseur, était en effet venu à Bagdad le 6 avril pour tenter d'unifier les milices chiites autour d'un Premier ministre affidé de la République islamique mais, face aux manifestations massives contre l'ingérence iranienne, il a échoué [CARTE 9]. Dans le même temps, à la frontière septentrionale, des accrochages militaires récurrents ont lieu avec les troupes d'Ankara, qui multiplient les incursions à la poursuite des combattants du parti kurde irrédentiste d'Anatolie, le PKK, réfugiés dans les montagnes. M. Erdogan est allié de Téhéran au sein de la triplice fréro-chiite : tandis que l'Iran s'efforce de maintenir l'Irak dans la vassalité, la Turquie cherche à entraver la réémergence comme puissance régionale du deuxième producteur de l'OPEP en qui elle appréhende un rival. Ce dernier cherchait, grâce à sa richesse pétrolière retrouvée avec la relance de la production et des exportations, à surmonter les ravages de la guerre civile depuis 2003, l'épisode catastrophique du contrôle de Mossoul et de la région sunnite par l'« émirat islamique » de Daesh entre 2014 et 2017, et la mise en coupe réglée des institutions et des ressources de l'État par la corruption et la confessionnalisation. À cela s'est ajouté – depuis les sanctions économiques américaines contre l'Iran consécutives au retrait des États-Unis du JCPOA le 8 mai 2018 – le pillage des revenus des exportations pétrolières irakiennes par Téhéran, grâce aux milices chiites affidées qui contrôlent la plupart des postes douaniers avec la République islamique et facilitent ce trafic à grande échelle dans le cadre d'une contrebande généralisée.

La visite à Washington du Premier ministre Kadhimi le 20 août s'inscrit ainsi directement dans la foulée de l'accord d'Abraham tout juste annoncé la semaine précédente. À cette occasion ont été signés pour huit milliards de dollars de contrats énergétiques avec Chevron, ainsi qu'avec d'autres compagnies, comme General Electric, pour remettre en état le réseau électrique local, gangrené par la corruption issue du confessionnalisme comme au Liban, et source de virulentes protestations populaires lors des étés torrides de la Mésopotamie, menaçant tout pouvoir en place. Qualifié par le locataire de la Maison-Blanche de « Monsieur très respecté dans tout le Moyen-Orient ainsi que par notre pays », M. Kadhimi, ancien patron du renseignement qui joua un rôle clef dans la lutte contre Daesh et personnalité indépendante des partis et milices, a été traité en hôte de marque, décrit au terme de la visite comme un « ami » grâce auquel la relation avec l'Irak est désormais « meilleure que jamais ». Ce dernier a fait de Washington le point culminant d'une tournée internationale qui l'a auparavant conduit à Téhéran (l'étape prévue à Riyad a été reportée à cause de la santé du roi Salman nonagénaire), puis à Amman sur le chemin du retour. Le président des États-Unis lui a même proposé sa médiation pour régler le différend avec son homologue le *strong leader* d'Ankara après que des hauts gradés irakiens ont été tués sur leur propre territoire par des drones turcs le 11 août 2020. Les engagements américains manifestent avec force la volonté d'aider l'Irak à s'émanciper de la suzeraineté iranienne – et de le positionner dans le sillage de l'entente d'Abraham. Le ministre saoudien des Affaires étrangères s'est, dans cette perspective, rendu à Bagdad à peine M. Kadhimi était-il arrivé d'Amman, pour explorer les options de financement des contrats conclus à Washington, brancher l'Irak sur le réseau électrique efficient des États du Golfe à la place de celui, dysfonctionnel, de l'Iran, et inviter le Premier ministre à Riyad. Nous examinerons plus loin combien cette ambition est complexe, eu égard à l'ubiquité de la République islamique, tout affaiblie qu'elle fût, en Mésopotamie où elle conserve toutefois la clientèle de nombreuses milices chiites surarmées appartenant aux Unités de la mobilisation populaire (*al-Hashd ash-Sha'abi*). Lors de l'escale d'Amman, hôte du souverain hachémite qu'a rejoint depuis Le Caire le maréchal Sissi – pilier de l'entente anti-fériste que championne Abou Dhabi –, M. Kadhimi a fait la jonction avec le principal poids lourd démographique arabe de l'entente abrahamique.

Si la Jordanie, prise, selon le jeu de mots favori de son monarque Abdallah II, entre « *a rock* (prononcé "Irak") *and a hard place* » (*i. e.* entre le marteau irakien et l'enclume israélienne), constituera le trait d'union géographique par excellence de cette entente dès lors que l'Irak s'y inscrira pour de bon, le principal enjeu levantin de celle-ci est le destin de la Syrie et du Liban, deux États autrefois créés puis gouvernés de conserve sous la houlette du mandat français de la Société des Nations en 1920, où l'influence iranienne demeure majeure à l'été 2020. Ankara et Téhéran, désormais partenaires au sein de la triplice fréro-chiite, y ont toutefois soutenu au cours presque décennal de la guerre civile syrienne des camps antagoniques dont l'affrontement sanglant a causé près d'un demi-million de morts et huit millions de déplacés internes ou externes. Malgré leur « accommodement raisonnable » depuis 2017 dans le processus d'Astana sous les auspices de Moscou pour enclencher la « désescalade », la Turquie d'un côté, l'Iran et la Russie de l'autre ont extrait des « ressources » humaines comme politiques opposées de ce conflit aussi épouvantable et traumatique que son issue est déterminante pour le Levant de demain. D'un côté la rébellion et ses soldats perdus, phagocytés par la mouvance islamiste sunnite sur un spectre qui s'étend du jihadisme violemment anti-chiite de Daesh jusqu'aux Frères musulmans domestiqués par M. Erdogan ; de l'autre les miliciens pro-régime et autres mercenaires chiites étrangers instrumentalisés par la force al-Qods des Gardiens de la Révolution iraniens, que dirigeait feu Qassem Solaymani.

Or, ces zones dévastées par les massacres, les bombardements, les exactions de toute nature, l'épuration ethnico-confessionnelle, où Moscou a fait prévaloir sa solution militaire au profit du régime de Damas, représentent le principal vecteur de l'influence militaire de la République islamique sur les rives orientales de la Méditerranée. Y sont positionnées les bases qu'a implantées Téhéran pour envoyer des missiles sur l'État hébreu – des villages frontaliers chiites du Sud-Liban sous la coupe du Hezbollah jusqu'aux rampes de lancement disséminées parmi les positions de l'armée d'Assad dans les territoires proches du Golan reconquis sur les insurgés. Les populations locales sont engluées dans un insondable marasme économique approfondi d'un délitement social transformé en catastrophe abyssale par le coronavirus. L'extension de l'épidémie est occultée par les autorités, mais un rapport de la London School of Economics du 4 août 2020 estime que quelque deux millions de personnes seraient contaminées dans l'ensemble de la Syrie à la fin de ce mois. Le nouvel axe de prospérité israélo-émirati, en attendant les investissements d'une Union européenne plus frileuse et qui a fort à faire pour surmonter les effets de la pandémie à domicile, constitue bien évidemment un pôle de salut hors de ce gouffre sans fin – permettant même à Moscou (qui a applaudi à l'accord d'Abraham) de minimiser le coût de sa présence en Syrie comme on le verra ci-dessous. Mais le basculement, après celui de l'Irak, de la Syrie et du Liban hors de l'emprise iranienne représenterait une débâcle géostratégique pour le régime de Téhéran qui verrait sapé son principal moyen de chantage sur le système international, à savoir sa capacité militaire de nuisance envers l'État juif.

Pour les Émirats arabes unis eux-mêmes, l'accord avec

Israël – outre ses effets induits à moyen et long terme – est particulièrement bienvenu conjoncturellement, car la Covid-19 a eu pour effet d'entraver la *supply chain* européenne, africaine et arabe avec la Chine, dont la cité marchande planétaire de Dubaï a constitué depuis le début du siècle l'une des principales plaques tournantes. À l'été 2020 le spectre de la faillite menace celle-ci, les conjoncturistes économiques estimant que 70 % des entreprises devraient y fermer leurs portes – tandis que les travailleurs immigrés asiatiques sont renvoyés dans leur pays d'origine par vols nolisés, ruinés par le non-paiement de plusieurs mois d'arriérés de salaire. Les compagnies aériennes phares Emirates et Etihad Airways, symboles orgueilleux de l'inscription du pavillon national au cœur de la mondialisation sinisée de demain, ont dû multiplier les licenciements, contraignant à des congés sans solde à l'automne leur personnel au sol et navigant pour tenter de limiter les pertes, alors qu'elles se faisaient fort dans un passé récent de ruiner leurs concurrentes européennes – recapitalisées quant à elles par les gouvernements de l'UE. Le 31 août, la première liaison aérienne entre l'aéroport Ben-Gourion et Abou Dhabi entend conjurer ce destin néfaste, une importante délégation israélienne à son bord, ainsi qu'une brochette d'envoyés américains au Moyen-Orient, sous la houlette du gendre présidentiel Jared Kushner. La presse émiratie fait à cette occasion l'éloge de l'État hébreu qui a su survivre à tous les dangers émanant de son voisinage depuis sept décennies et prospérer, grâce à un investissement précoce dans les technologies de l'information et de la communication – et souhaite en tirer les leçons pour le développement du pays, après le pétrole et face à l'Iran. Si l'entente abrahamique prend corps, la sous-traitance à

Dubaï de la high-tech israélienne pourrait même constituer (en y rapatriant la main-d'œuvre asiatique qui en a été expulsée sans ménagement au deuxième trimestre 2020...) un substitut manufacturier à la production électronique chinoise, considérée aujourd'hui avec suspicion par les États occidentaux qui s'inquiètent de leur dépendance politique envers l'empire post-maoïste de Huawei engagé dans la course à la suprématie numérique comme bactériologique sur la planète.

Quant à Abou Dhabi, l'émirat où sont situées les plus importantes ressources pétrolières, même s'il a enclenché la transition post-hydrocarbures, et si ses dépenses budgétaires restreintes du fait de la faible population (3 millions d'habitants, dont environ 75 % d'expatriés) ont permis d'engranger des ressources considérables dans son fonds souverain ADIA (Abu Dhabi Investment Authority), le plus important du monde avec une capitalisation estimée avant la crise de 2020 à 875 milliards de dollars, il n'en demeure pas moins relativement fragilisé par le crash du baril, et d'autant plus disponible à investir dans la haute technologie israélienne.

Face aux critiques arabes qui accusent de « trahison » le prince héritier cheikh Mohammed – dont le père cheikh Zayed (décédé en novembre 2004), fondateur et premier président de la fédération des Émirats arabes unis fut – en les temps révolus du nationalisme arabe – un soutien indéfectible de la cause palestinienne, on répond à Abou Dhabi qu'en contrepartie de l'accord, l'État hébreu a renoncé au projet d'annexion partielle de la Cisjordanie (ce que conteste M. Netanyahou, soucieux de ménager le vote des colons qui constituent le cœur de son électorat). On y argue également que Jérusalem ne mettra plus obstacle à la commande par la pétromonarchie de chasseurs-bombardiers américains furtifs Lockheed Martin F-35 – concurrents du Rafale de Dassault pour la suprématie dans les cieux. « Bibi » a démenti dans un premier temps avec véhémence que cela figurât dans l'accord, tant le maintien d'un avantage qualitatif militaire régional est crucial pour la sécurité de l'État hébreu – et pareille concession risquerait de lui aliéner de nombreux suffrages. Après quelques lueurs d'espoir en ce sens aux États-Unis, où l'industrie aéronautique se réjouissait de la perspective de contrats faramineux, tant l'entourage des candidats républicains que celui des démocrates à l'élection présidentielle de novembre ont réfuté tout reniement sur cet engagement envers Israël, de crainte de perdre – là aussi – le vote juif et le soutien polyvalent des lobbies sionistes ou évangélistes. Finalement, on le verra plus loin, c'est le financement par Abou Dhabi d'une dette du Soudan envers les États-Unis, pour compenser les attaques d'al-Qaida contre les ambassades américaines en Tanzanie et au Kenya en août 1998, et permettant le ralliement du Soudan à l'entente abrahamique, qui lèvera les préventions.

Pour le partenaire israélien de l'accord d'Abraham, englué au moment de la signature dans une crise socio-sanitaire due à la seconde vague de la pandémie, non anticipée et mal gérée par le gouvernement, et confronté aux péripéties judiciaires étendant leur ombre sur le Premier ministre, menaçant son maintien à ce poste s'il devait consacrer le plus clair de son agenda à se défendre face à ses juges, l'opération apparaît salvatrice. Ce dernier, en cas d'une quatrième élection anticipée successive à la Knesset, se trouvait face à ses promesses d'annexion d'une partie de la Cisjordanie afin de bénéficier du suffrage des colons mais menacé par les risques de déflagration régionale qui en auraient été la conséquence probable. L'accord, dont il revendique à juste titre la paternité pour ce qui concerne l'État hébreu (il en a conduit en secret avec le chef du Mossad les pourparlers à l'insu de ses rivaux et des ministères concernés qu'ils dirigent, MM. Gantz à la Défense et Ashkenazi aux Affaires étrangères), lui procure un répit politique, et redonne un statut international d'homme d'État visionnaire au justiciable en sursis finassant pour retarder sa comparution devant les tribunaux. De plus, il doit affronter la catastrophe sociale due à la Covid-19, l'astreignant à desserrer les contraintes budgétaires en menaçant les équilibres économiques : le 2 août, M. Netanyahou, chantre jusqu'alors de l'hyperlibéralisme à la Milton Friedman, mais confronté à de violentes manifestations de personnes ayant perdu leur emploi à cause de la pandémie et hanté par le spectre de proches élections, se convertit du jour au lendemain à un keynésianisme social-démocrate et engage 1,76 milliard de dollars pour des subsides de 800 dollars mensuels par famille – plus généreux encore pour la progéniture abondante des *haredim*, les ultraorthodoxes juifs dont les suffrages lui sont précieux. Cela lui vaut les hurlements des gardiens de l'orthodoxie… budgétaire, affolés par l'anticipation de la réaction des marchés. La *bonanza* attendue des investissements émiratis dans la technologie israélienne est désormais propre à engendrer l'optimiste de ces derniers.

Par-delà le cas personnel de « Bibi », l'accord enterre le « conflit israélo-arabe » comme facteur structurant du Moyen-Orient, inaugurant à sa place l'affrontement entre l'entente abrahamique et la triplice de l'axe fréro-chiite. Toutefois, Jérusalem conserve plusieurs fers au feu, à commencer par ses relations diplomatiques anciennes avec la Turquie, doublées de flux commerciaux significatifs, quelles qu'en soient les vicissitudes : les rodomontades de M. Erdogan menaçant de rappeler son ambassadeur des Émirats y ont été moquées sur place, où l'on rappelle qu'Ankara a reconnu l'État juif depuis les lendemains de sa création en 1949/50. Quant à Qatar, le même patron du Mossad reçu en grande pompe à Abou Dhabi au lendemain de l'accord historique s'y était rendu plus discrètement un petit semestre auparavant, le 5 février 2020, en compagnie du commandant du front sud (face à Gaza) le général Herz Levi. Yossi Cohen avait pressé l'émir Tamim afin qu'il continue à transférer des fonds à… Hamas – vilipendé pourtant à Tel-Aviv comme entité terroriste et *proxy* de l'Iran. Une explosion sociale dans la bande assiégée contraindrait en effet Tsahal à une répression coûteuse et défavorable à l'image de l'État juif dans les médias et sur les réseaux sociaux. Les subsides de Doha à Gaza avaient déjà dépassé le milliard de dollars depuis le soulèvement de 2014 et les destructions causées par la riposte israélienne, dite opération « Bordure protectrice ». L'émirat gazier, jouant son rôle de banquier des Frères musulmans (dont Hamas constitue la branche palestinienne) à travers le monde, sert ainsi du même souffle de variable d'ajustement rocambolesque à la politique israélienne… Simultanément, il héberge à Al-Udeid la principale base aérienne américaine du monde hors États-Unis, dont les avions peuvent décoller à tout moment pour vitrifier l'Iran, allié de Doha dans l'axe tripartite fréro-chiite…

LES PUISSANCES GLOBALES AU CHEVET DE *MARE NOSTRUM*

Aux États-Unis, où Donald Trump a dû essuyer des critiques récurrentes du « désengagement américain » au Moyen-Orient ouvrant un vide stratégique propice aux ennemis de l'Occident (voir l'article de Richard Haass dans la revue *Foreign Affairs* mentionné précédemment, p. 33), l'initiative est comme il se doit inscrite dans le bilan flatteur que le président brosse de son mandat dans la perspective du scrutin du 3 novembre. Il se fend même d'une plaisanterie immodeste indiquant qu'il aurait apprécié que celle-ci se nommât « l'accord de Donald » (plutôt que « d'Abraham »…), et la dépeint en aboutissement grandiose d'une stratégie d'affaiblissement de l'Iran initiée par le retrait américain de l'accord nucléaire (JCPOA) le 8 mai 2018, et des sanctions qui ont profondément impacté la République islamique depuis lors. Intervenant à la veille de la convention démocrate qui intronise Joe Biden comme son adversaire à l'élection présidentielle, et où s'exprime l'ancien secrétaire d'État du président Obama John Kerry, lequel ratiocine sur le JCPOA dont il a été l'un des concepteurs, il contraint même la presse libérale qui d'ordinaire ne le ménage pas à tresser des louanges à l'accord. Il escompte de la sorte aliéner au nominé démocrate le soutien d'une bonne part de l'électorat juif bluffé par l'initiative, espoir qui s'avérera vain.

Cela permet au 45e président d'obnubiler opportunément les fructueuses relations d'affaires entre sa famille et celle du *strong leader* d'Ankara – le lâchage des Kurdes bien utiles en 2017 quand il fallait mourir au sol face aux jihadistes de Daesh à Raqqa, l'abandon de l'Afghanistan aux talibans – et de montrer aux votants que sa volonté de « punir l'Iran » est partagée par des acteurs régionaux. Il peut leur déléguer les opérations militaires sans risquer la vie de jeunes Américains dont la famille déposera un bulletin crucial dans l'urne. Ce fut déjà le cas en 2016, quand les États démocrates de la « ceinture de rouille » – le Wisconsin, le Michigan et la Pennsylvanie où de nombreux *boys* engagés dans l'armée et les compagnies de sécurité au Moyen-Orient avaient laissé la vie ou dont ils revinrent handicapés – assurèrent sa victoire au collège des grands électeurs et lui offrirent la présidence, grâce à son plaidoyer pour le retrait des troupes de la région, face à une Hillary Clinton plus explicitement belliciste.

Pour les démocrates, ce succès remporté par « l'accord de Donald », ressenti dans l'opinion bien au-delà des soutiens traditionnels du Grand Old Party, a posé un problème de positionnement. Barack Obama, dont le candidat Biden fut le vice-président durant les deux mandats, avait prolongé son appui aux « soulèvements arabes » démocratiques de 2011 par un *engagement* auprès des Frères musulmans, perçus alors à la Maison-Blanche comme la synthèse idéale entre éthique islamique et esprit du capitalisme – dont Erdogan représentait en ces jours d'enthousiasme occidental naïf le souriant parangon. Même si les sympathies du 46e président, élu depuis trois décennies de la Nouvelle-Angleterre, vont plutôt aux Grecs dont les descendants immigrés sont efficacement organisés en lobby dans le Nord-Est américain, il lui faudra rendre des arbitrages complexes par rapport au bilan de son prédécesseur dans la région. Or la *big tent* du parti, rassemblée sur son nom et contre Trump, est tiraillée entre un électorat juif activiste ancien et des populations récentes issues du monde musulman, à l'instar de la représentante du Minnesota Ilhan Omar, née à Mogadiscio en 1982, siégeant voilée et fervent soutien outre-Atlantique de l'islamo-gauchisme transnational.

Dans l'affrontement qui s'installe entre axe fréro-chiite d'un côté et accord d'Abraham de l'autre, deux alliances aux frontières évolutives et aux obligations mutuelles informelles, les puissances globales – les États-Unis, l'UE, la Russie et la Chine – s'efforcent plus ou moins de ménager la chèvre et le chou en fonction de leurs intérêts propres, évitant un engagement univoque qui pourrait déboucher par voie de suite sur un conflit mondial. L'Union européenne, comme à l'accoutumée, manifeste son impuissance et sa pusillanimité : sous la présidence de la chancelière allemande durant le second semestre 2020, elle mesure chichement dans un premier temps son empathie à ses États membres la Grèce et Chypre face aux incursions militaires d'Ankara et n'a exprimé – pas davantage que l'OTAN – aucun soutien à la France lors d'un incident opposant le 10 juin la frégate *Courbet*, qui souhaitait inspecter dans le cadre de l'opération « Sea Guardian » de l'OTAN, le cargo turc *Cerkin*, soupçonné de transporter des armes vers le port libyen de Misrata, à la frégate de construction allemande *Oruç Reis* (nom turc du fameux corsaire musulman « Barberousse »), qui a « illuminé » le navire français – préalable habituel à un tir.

La chancelière se trouve en situation de faiblesse par rapport à M. Erdogan, qui menace d'ouvrir les vannes aux millions de Syriens et autres Irakiens et Afghans installés dans son pays afin qu'ils se précipitent en Allemagne. Leur afflux favoriserait le vote pour le parti d'extrême droite xénophobe Alternative für Deutschland dont la poussée électorale en 2019, en réaction au *Wir schaffen das* (« On va y arriver ») de Frau Merkel accueillant un million et demi de réfugiés en 2015, a fragilisé la coalition des partis de gouvernement au Bundestag. De plus, le président turc a dépêché à plusieurs reprises depuis 2017, lors d'échéances électorales, ses ministres en Europe afin d'y faire campagne pour son parti islamiste AKP parmi les expatriés binationaux, tout en incitant ceux-ci, lorsqu'ils mettaient leur autre bulletin, européen, dans l'urne de leur pays d'accueil, à sanctionner tout politicien jugé hostile ou insuffisamment complaisant envers Ankara. Fin août, alors que l'escalade en Méditerranée orientale frôle le *casus belli*, le ministre allemand des Affaires étrangères, Heiko Maas, s'essaie à une navette guère fructueuse entre Athènes et Ankara – alors que Paris a envoyé trois Rafale sur la base aérienne crétoise de Souda, bientôt suivis de quatre F-16 émiratis, dissuadant ainsi la marine turque de tenter un coup de force contre l'île grecque de Kastellorizo. En l'occurrence, le rapprochement de la France avec l'entente abrahamique – que Paris a approuvée et saluée – s'est manifesté concrètement par le déploiement conjoint de ses aéronefs et de ceux d'Abou Dhabi.

Quant au gouvernement italien, en dépêchant son ministre des Affaires étrangères auprès de son homologue Mevlüt Çavuşoglu le 19 juin, une semaine après l'incident maritime franco-turc, afin de « poursuivre les efforts communs pour une paix durable en Libye », il a commencé par se dissocier *de facto* clairement de la France (où le même Luigi Di Maio avait effectué une visite non annoncée en soutien aux « Gilets jaunes » le 5 février 2019, entraînant le rappel inouï à Paris de l'ambassadeur au Quirinal), à la joie de son hôte qui a loué « le rôle équilibré de l'Italie contrairement à certains pays de l'UE qui soutiennent le général renégat (libyen) Khalifa Haftar ». Pour Rome, la Turquie, qui détient la clef de l'approvisionnement de la Péninsule en gaz naturel via le gazoduc TurkStream, est un allié d'autant plus vital que l'on a abandonné tout espoir sur les bords du Tibre dans la réalisation du gazoduc EastMed, entre Israël, l'Égypte et Chypre via la Grèce, eu égard à l'obstruction turque et aux prix trop faibles du gaz mondial pour en assurer la rentabilité. Si les 26-28 août, la marine de la Péninsule, qui est la deuxième en puissance des riverains de la Méditerranée après la France (elles seules possèdent un porte-avions, respectivement le *Cavour* et le *Charles de Gaulle*, d'où peuvent décoller des F-35 et des Rafale), s'est jointe à la France, la Grèce et Chypre pour des manœuvres navales conjointes, elle en a par la suite effectué d'autres avec la Turquie. L'« État profond » transalpin hésite entre la solidarité européenne face à la menace croissante turque envers l'UE et une diplomatie commerciale héritée de ses anciennes républiques maritimes qui lui fait rechercher une stratégie de niches économiques [CARTE 3].

Pour Moscou, l'alliance israélo-émiratie met en difficulté sa stratégie de « zéro ennemi » au Moyen-Orient [CARTE 10]. En effet, les relations avec Tel-Aviv comme Abou Dhabi sont très bonnes, mais tel est également le cas envers Téhéran et Ankara, partenaires avec la Russie du mécanisme d'Astana de mai 2017 – instrument diplomatico-militaire destiné à tenir à l'écart les États-Unis et l'Union européenne de la résolution du conflit syrien. Or l'entente abrahamique creuse et réifie *ipso facto* son antagonisme avec la triplice fréro-chiite. Elle contraint le maître du Kremlin à agir sous la contrainte dictée par cette opposition, alors que Vladimir Poutine, depuis sa décision de stationner une escadrille sur la base aérienne syrienne de Hmeimim en septembre 2015, avait pris la main sur les Occidentaux, s'imposant comme protagoniste en Méditerranée et au Moyen-Orient grâce à l'impéritie et aux erreurs de l'administration Obama et à la pusillanimité de Bruxelles. Cela avait permis à la Russie de revenir, grâce à son efficacité en *realpolitik* (quel que soit le jugement moral que l'on porte sur celle-ci), comme acteur majeur sur la scène internationale, après l'effondrement traumatique suivant la chute de l'URSS. Même si l'accord annoncé le 13 août gêne Moscou de par le parrainage ostentatoire de Washington, les relations nouées avec Jérusalem et Abou Dhabi sont trop importantes pour que le Kremlin puisse faire grise mine. Mais ses deux autres alliés d'Ankara et Téhéran et partenaires des accords d'Astana ont dénoncé en termes virulents la « trahison » et la « stupidité » d'une entente immédiatement perçue comme hostile à leur encontre. Vladimir Poutine se trouve donc dans une situation qui le contraint à sortir de la logique discrétionnaire, voire arbitrale, qu'il adoptait jusqu'alors avec ses alliés régionaux antagoniques les uns aux autres. La fourniture éventuelle d'armes russes à l'Iran – à la suite de la levée de l'embargo par le Conseil de sécurité de l'ONU à compter du 18 octobre – est un élément propice au contentieux entre Moscou d'une part, et de l'autre Jérusalem, Abou Dhabi et Riyad désormais sur la même ligne.

La conflictualité russo-américaine – par-delà la relation personnelle entre les deux *strong leaders* dont l'un a contribué à favoriser la victoire de l'autre à l'élection présidentielle de novembre 2016 – demeure en l'an 2020 un clivage qui est structurant pour l'« État profond » des deux nations, en particulier pour leurs communautés du renseignement – comme le rapport Mueller sur les interférences des services de Moscou durant la campagne l'a montré, avant que sa majorité politique ne protège Donald Trump contre les conséquences de l'enquête. Les empoisonnements d'opposants à Vladimir Poutine passés à l'Ouest ou restés sur place – comme le rappelle celui du dissident Alexeï Navalny soigné à Berlin à compter du 22 août, dont l'une des conséquences serait le gel par Mme Merkel du gazoduc Nord Stream 2 –, l'asile accordé à Moscou au « lanceur d'alerte » américain Edward Snowden ont un parfum suranné mais persistant de guerre froide. On verra comment, dans un Moyen-Orient assez désinhibé par rapport aux Grandes Puissances ou à ce qu'il en reste, chaque État tire parti de la situation pour favoriser ses intérêts particuliers en négociant avec une marge de manœuvre croissante. On a observé comment la Turquie, mais aussi l'Égypte et même les Émirats achetaient, ou exprimaient la velléité d'acquérir des équipements militaires russes au grand dam des États-Unis sans que ceux-ci aient les moyens de les en empêcher. La nouvelle guerre froide ne se joue plus tant avec Moscou qu'avec Pékin.

LE GRAND BOND EN AVANT CHINOIS

La lutte de la Chine contre les États-Unis pour l'hégémonie planétaire a pris en 2020 une dimension paroxystique dont la Covid-19, ou « virus chinois » dans les mots de Donald Trump – car issu peut-être d'un laboratoire bactériologique de Wuhan –, constitue la métaphore par excellence. Elle se déroule aussi sur le théâtre du Moyen-Orient, où Pékin s'est désormais engagé dans une stratégie d'influence politique, et bientôt militaire inédite, car sa manufacture planétaire est extrêmement gourmande de pétrole abondant et à bas prix sans lequel elle ne pourrait tourner à son rythme endiablé : elle en est le premier importateur mondial, avec 10 millions de barils par jour en 2019, avant la pandémie [CARTE 17]. Durant les deux décennies écoulées, son action régionale se limitait au domaine économique, profitant de l'ordre bénéfique aux flux permanents des tankers que faisait régner la Ve flotte américaine basée au Bahreïn, dans le Golfe. Selon une logique globale de dumping favorisée par les économies d'échelle dans un pays de près d'un milliard et demi d'habitants, l'empire post-maoïste du Milieu exportait en contrepartie, comme partout ailleurs dans le monde, des produits de grande consommation bon marché. Financiers et industriels occidentaux s'y étaient rués pour investir à tout-va, multipliant les bénéfices à court terme avant de se faire graduellement éjecter – vérifiant après l'obsolescence du marxisme la véridicité du fameux adage de Lénine selon lequel « les capitalistes nous vendront la corde avec laquelle nous les pendrons ».

Dans la foulée, la Chine exporta, au Moyen-Orient et en Afrique du Nord comme partout, sa main-d'œuvre banale, pléthorique, compétitive, affamée puis disciplinée par un demi-siècle de léninisme confucéen, depuis les travailleuses du sexe jusqu'aux ouvriers du bâtiment en passant par les boutiquiers. Cela lui permit d'obtenir la concession d'immenses chantiers d'infrastructures sans être entravée à domicile par une quelconque législation anti-corruption contrairement aux États de droit, et de « tenir » ainsi des élites prévaricatrices locales sans avoir à gérer sur place une main-d'œuvre indigène rendue souvent inefficiente par son « biberonnage » à la rente pétrolière et ses retombées.

Ainsi au Soudan, au Yémen, à Djibouti, puis surtout en Algérie, et désormais partout dans la région, les entreprises de BTP arrivent avec leurs capitaux et leurs propres travailleurs, se faisant d'abord rémunérer en énergie fossile troquée à prix compétitif. L'immigration d'un prolétariat issu des campagnes surpeuplées de l'empire du Milieu – dont beaucoup de membres feront souche après achèvement des chantiers en reprenant les réseaux de boutiques traditionnelles (*hanout* au Maghreb) qui écoulent ainsi des produits chinois – est paradoxale dans un pays frappé par le chômage comme l'Algérie, et touché par un phénomène d'émigration de masse de sa jeunesse… vers la France et l'Europe. Tels sont les effets induits de la désagrégation des sociétés par la rente des hydrocarbures. Marquée par la concussion généralisée et la recherche effrénée du profit immédiat, cette coopération sino-arabe se traduit fréquemment par des projets mal finis, des ponts et des immeubles qui s'effondrent, des voies de circulation sous-dimensionnées et perpétuellement engorgées, des couches d'asphalte trop fines qui disparaissent en un an et rendent les routes à leur état originel de piste, etc. – les exemples abondent. Certains cas spectaculaires – ainsi de « l'autoroute est-ouest » en Algérie – donneront lieu à de retentissants procès de responsables corrompus lorsque le scandale public menace de virer à l'émeute. Au cours des années, des produits technologiques de plus en plus élaborés ont été diffusés grâce à cette diaspora. Le point d'aboutissement emblématique est la téléphonie 5G de Huawei, répandue un peu avant la pandémie de Covid en fin 2019, qui défraie la chronique et fait prendre conscience simultanément des dangers de l'irrésistible sinisation mondiale car elle est soupçonnée de donner au Big Brother de Pékin le contrôle des données de ses utilisateurs à travers la planète… dont ses frères jumeaux les GAFA des États-Unis possédaient auparavant le monopole.

Mais le principal « grand bond en avant » de la Chine au Moyen-Orient et en Afrique du Nord au tournant de cette décennie est l'établissement de têtes de pont des « nouvelles routes de la soie » – plus connues sous leur acronyme américain de OBOR (*One Belt One Road*) – destinées à installer irrémédiablement les exportations de l'Empire du Milieu en situation dominante voire monopolistique. L'un des plus importants enjeux est le contrôle des ports où arrivent les porte-containers chargés de tous les produits de consommation standardisés ainsi que les machines, les automobiles, les matériaux informatiques, etc., produits ou assemblés entre Shanghai et Wuhan. Dans la région, ce rôle de plate-forme était quasiment contrôlé par Dubaï dont l'organisme gestionnaire DP World, créé en 2005, a racheté 49 terminaux portuaires à travers le monde – la plupart sur la route maritime de la *supply chain* entre la Chine et l'Europe via la péninsule Arabique d'une part, la Chine et l'Australie et les Amériques d'autre part (les ports aux États-Unis ont dû être revendus par cette compagnie du Golfe après les attentats du 11 Septembre, sur pression du Congrès – deux ressortissants émiratis faisant partie des dix-neuf kamikazes). Or la Chine se trouve désormais engagée dans une compétition sans merci avec les Émirats pour le contrôle de ces voies commerciales, et cette concurrence prend une tournure politique accrue dans le cadre de l'affrontement entre l'entente abrahamique et la triplice fréro-chiite – au moment où Pékin fait de Téhéran, ennemi existentiel d'Abou Dhabi et de Jérusalem, un point d'entrée majeur au Moyen-Orient.

Les tensions étaient déjà perceptibles entre les deux pays lorsque le port de Djibouti, situé dans le détroit stratégique de Bab el-Mandeb, au débouché de la mer Rouge sur l'océan Indien et l'une des pénétrantes principales vers l'Afrique de l'Est à travers l'immense Éthiopie, était tombé dans l'escarcelle chinoise alors que les autorités locales avaient auparavant contracté en l'an 2000 pour cinquante ans avec DP World. En résulta un lourd contentieux sur fond de corruption, un jugement défavorable à Djibouti rendu par la Cour internationale d'arbitrage le 21 février 2017, et des ruptures récurrentes des relations diplomatiques. La mainmise chinoise désormais bien ancrée sur les facilités portuaires de l'ancienne colonie française s'est traduite par la vassalisation économique subséquente de l'Éthiopie à la Chine – dont l'une des conséquences aussi spectaculaire qu'imprévue a été la déférence extrême du directeur éthiopien de l'Organisation mondiale de la santé (OMS), le docteur Tedros Adhanom Ghebreyesus, ancien ministre des Affaires étrangères de son pays, et militant communiste dans sa jeunesse, envers le président Xi Jinping – la photographie de la génuflexion qu'il a effectuée lors de leur rencontre le 28 janvier a fait le tour du monde. En substance, le directeur général a été accusé d'avoir « salué la transparence de la Chine lors de ses efforts de réponse au coronavirus » – alors que Pékin en avait initialement dissimulé tant les causes que l'ampleur – déclarant même en février 2020 qu'il n'était « pas nécessaire que le monde prenne des mesures qui interfèrent inutilement avec les voyages et le commerce internationaux » – reprenant les éléments de langage chinois. En rétorsion, Donald Trump a annoncé en juillet le retrait des États-Unis de l'OMS.

Pour Pékin, désormais engagé dans une compétition planétaire exacerbée contre Washington, la conclusion avec Téhéran en 2020 d'accords léonins afin de faire de l'Iran une tête de pont des « nouvelles routes de la soie » au Moyen-Orient s'inscrit dans une logique similaire à son implantation à Djibouti – et en Éthiopie. Mais elle heurte de front également les ambitions d'un puissant acteur régional, Abou Dhabi, avec lequel le conflit dans la corne de l'Afrique joue de la sorte un rôle précurseur. Or, cheikh Mohammed Ben Zayed dispose, après la conclusion de l'entente abrahamique, d'un très fort soutien de Bibi Netanyahou et Donald Trump, dès lors que l'appui de Xi Jinping à Khamenei est perçu comme le ballon d'oxygène qui permettrait à ce dernier de tourner les sanctions économiques américaines.

LE RANCISSEMENT DU CROISSANT CHIITE

La Perse a en effet constitué à travers l'Histoire le carrefour des « routes de la soie », introduisant en Europe produits de l'agriculture et savoir-faire du Céleste Empire, outre l'étoffe précieuse qui a donné par synecdoque son nom à cet itinéraire périlleux qui parcourt les steppes d'Asie : la table lui doit, parmi tant de mets succulents, la pêche – du latin *malum persicum* « pomme persane » –... et les nouilles ultérieurement acclimatées sous leur nom de *pasta* en Italie. Pékin a vu après le retrait du JCPOA par Donald Trump en mai 2018 suivi des sanctions économiques contre l'Iran un créneau exceptionnel pour ses intérêts – convaincue que sa puissance économique formidable et sa détention de quelque mille milliards de dollars de bons du Trésor américains l'exemptaient de déférer aux oukases de Washington, contrairement à la faible Europe.

Dès la visite du président Xi à Téhéran le 23 janvier 2016, celui-ci avait évoqué avec le Guide suprême Khamenei l'éventualité d'un « partenariat sino-iranien stratégique global ». Toutefois, un semestre après la signature du JCPOA à Vienne le 14 juillet 2015, ce projet était resté en l'état, car la République islamique escomptait retirer de nombreux bénéfices de cette ouverture à l'Ouest parrainée par Barack Obama. Ce dernier était alors *engagé* avec l'islam politique tant sunnite que chiite qui lui semblait compatible avec l'esprit du capitalisme, incarné par des classes moyennes pieuses dûment barbues et voilées, intronisées interlocutrices privilégiées de l'Occident. Après mai 2018 en revanche, les dirigeants de Téhéran, très affectés par les sanctions consécutives au retrait américain du JCPOA, réactivèrent ce dessein, et le 31 décembre 2019 le ministre des Affaires étrangères Javad Zarif se rendit à Pékin à cette fin. Le document de dix-huit pages, approuvé par le président Rohani, qui en résulte et fuite dans les derniers jours de juin 2020, est révélateur de l'ampleur des dommages que connaît la République islamique, ravagée de surcroît entre-temps par la Covid-19, si l'on en juge par l'acceptation des conditions abusives de Pékin – rémanence paradoxale des « traités inégaux » auxquels la Chine fut soumise par l'Occident colonisateur à la suite des guerres de l'Opium du XIXe siècle.

L'expression européenne « aller à Canossa » – qui fait référence à l'humiliation suprême de l'empereur Henri IV d'Allemagne devant le pape Grégoire VII dans cette cité italienne en l'an de grâce 1077, le souverain étant contraint à se coucher à plat ventre aux pieds du pontife sous peine d'excommunication – est transposée dans le lexique persan par la référence aux traités du Golestan (1813) puis de Turkmantchaï (1828), pires opprobres de l'histoire de ce pays, qui dut céder tous ses territoires septentrionaux à l'Empire des tsars. L'allusion y est faite dans le contexte de débats houleux au Parlement de Téhéran en juillet 2020 concernant le « Turkmantchaï chinois ». Le principal procureur parmi les populistes qui veulent prononcer l'*impeachment* du président Rohani et la déchéance de son ministre Javad Zarif (quelques mois après la procédure similaire à laquelle a échappé Donald Trump à Washington…) pour sanctionner pareille forfaiture n'est autre que l'ancien président (2005-2013) ultra radical Mahmoud Ahmadinejad – connu notamment pour avoir souhaité durant son mandat « gommer Israël de la carte ». Le document, qui s'ouvre en proclamant que « deux anciennes cultures asiatiques se considèrent comme des partenaires stratégiques », peut en effet laisser songeurs ceux qui ont « fait la Révolution afin que personne ne s'imagine posséder [notre] nation » ni en « céder la bourse à l'étranger » – pour citer ce dernier. L'accord, d'une durée de vingt-cinq ans, prévoit 400 milliards d'investissements de Pékin qui lui donnent la haute main sur les secteurs bancaire, des télécommunications, des ports, du rail, etc. Est également envisagée une coopération militaire avec 5 000 soldats stationnés en Iran pour y protéger les intérêts du concessionnaire – tandis que le pétrole sera troqué pendant ce quart de siècle avec une ristourne d'environ un tiers sur le prix du brut en vigueur sur le marché mondial. Malmené au Parlement, le ministre des Affaires étrangères dément que des îles du golfe Persique eussent été affermées au partenaire – dont la flotte de pêche ravage déjà nuitamment à titre de provision les eaux poissonneuses riches en *hammour* – le mérou local – dont les Chinois sont friands.

La présence éventuelle de bases bénéficiant de l'exterritorialité – sans remonter dans le temps jusqu'au traumatisme de 1828 – évoque dans la mémoire bien plus récente de la « famille révolutionnaire » en République islamique une citation du sermon fameux de l'ayatollah Khomeyni de 1964 qui lui valut d'être expulsé vers son exil de Nadjaf (Irak). Le parlement croupion de Mohamed Reza Pahlavi avait accordé l'immunité diplomatique aux militaires américains, à leurs familles et à leur personnel d'appui : « Si jamais le chah écrase un chien américain, il sera appelé à rendre des comptes. Mais si un cuisinier américain écrase la personne de Sa Majesté le chah, aucune plainte ne sera déposée contre lui ! » fulmina en chaire le religieux. Dans l'affaire chinoise, il faut que le Guide suprême Khamenei lui-même, dans une adresse au Parlement le 12 juillet, rappelle à l'ordre les ultras et intime de se taire… à ceux qui risquent de répandre dans la population l'idée que quarante ans de théocratie des mollahs ont conduit à soumettre l'Iran aux capitulations d'un despote asiatique plus rapace que le Grand Satan américain. À tout le moins, la célèbre devise : « Ni Ouest, ni Est : Révolution islamique ! » – le blason du pouvoir – n'est plus que lambeaux, à l'image de l'idéologie qui structurait le régime.

C'est l'assassinat le 3 janvier 2020 du satrape Qassem Solaymani, moderne Artapherne (Irdanirpa en perse) disposant selon Hérodote en 500 avant J.-C. d'une autorité étendue à « tous les pays maritimes d'Asie », qui enclenche le processus d'affaiblissement de la République islamique en l'an 2020 [CARTE 9]. Le chef de la force al-Qods, personnalité la plus populaire d'Iran, pouvait incarner la transition vers un régime davantage nationaliste qu'idéologique et assurer sa pérennité, selon un modèle incarné par le pouvoir chinois post-maoïste de Xi Jinping, voire par la synthèse islamo-pantouranique de Tayyip Erdogan. Son extraordinaire charisme comparable à celui des pop stars locales, traduit jusque par la vente de vaisselle à son effigie dans les bazars, son talent de négociateur avec ses homologues du renseignement américain lors de l'occupation de l'Irak à compter de mars 2003 lui donnèrent peut-être un sentiment excessif d'immunité. Pourtant, peu de temps après la nomination au département d'État de Mike Pompeo, celui-ci l'avait nommément « ciblé » dans un discours du 21 mai 2018 devant le think-tank conservateur Heritage Foundation de Washington : « L'Iran n'a fait qu'avancer à travers le Moyen-Orient depuis la signature du JCPOA [14 juillet 2015, retrait américain le 8 mai 2018]. Qassem Solaymani a joué avec l'argent du Congrès pour en faire de l'argent ensanglanté ! La richesse créée par l'Occident a financé ses campagnes militaires ! » Son trépas en compagnie d'Abou Mahdi al-Muhandis, principal responsable des milices irakiennes inféodées à Téhéran, à sa sortie de l'aéroport de Bagdad alors qu'il venait mater la révolte de la jeunesse chiite contre le pillage des ressources pétrolières du pays par son suzerain sous sanctions américaines, représente un important tournant, et a mis à mal la stratégie expansionniste de la République islamique jusqu'aux confins méditerranéens. En Irak d'abord, où son pâle successeur a été incapable de mobiliser les soutiens politico-militaires de l'Iran pour peser sur la désignation du Premier ministre. Plus encore, les autorités iraniennes ont été contraintes de faire contre mauvaise fortune bon cœur lorsque M. Kadhimi, nommé le 7 mai, a commencé par Téhéran le 21 juillet sa série de contacts internationaux qui le mènerait à Washington et Amman – en attendant la visite d'Emmanuel Macron à Bagdad le 2 septembre. Il y a déclaré que son gouvernement cherchait à améliorer la relation avec l'Iran « basée sur la non-intervention dans les affaires intérieures des deux pays » – une formule qui prend toute sa saveur pour quiconque connaît l'ampleur de l'interventionnisme persan dans cet État arabe à majorité chiite, encore manifesté lors de cette visite par l'exigence du Guide suprême Khamenei que toutes les forces américaines encore positionnées en Irak soient expulsées au plus vite car « leur présence est la cause de l'insécurité ». Quant au président français, premier dirigeant occidental à se rendre à Bagdad depuis la prise de fonctions de M. Kadhimi, il lui exprime son soutien dans « le refus de toute intervention étrangère qui pourrait saper les efforts mis en œuvre par [son] gouvernement » – visant à la fois le voisin iranien et la résurgence de Daesh qui mettrait à profit le conflit entre Téhéran et Washington pour reconstruire une capacité de nuisance dont la France a payé le prix élevé avec les attentats terroristes sur son sol en 2015-2016.

La dégradation de la position régionale de la République islamique dont la mort de Solaymani a constitué à la fois le symbole et un déclencheur s'est traduite par un recalibrage d'ampleur de sa stratégie, dans la foulée du basculement de la guerre civile en Syrie en faveur de Bachar al-Assad, notamment à partir de 2017-2018. En effet, l'engagement massif au côté du régime a joué un rôle cardinal pour assurer sa survie lorsque, dans les années 2012-2013, il aurait péri sans l'arrivée sur le champ de bataille des troupes aguerries du Hezbollah libanais, des Gardiens de la Révolution iraniens, et des autres supplétifs chiites acheminés depuis l'Irak, le Pakistan ou l'Afghanistan. Dans la logique « satrapique » du défunt chef de la force al-Qods, basée sur la cohésion coûte que coûte de la continuité du croissant chiite, priorité absolue fut donnée au combat contre les *takfiris* (« excommunicateurs »), désignation polémique des islamistes sunnites radicaux que Daesh, organisation nourrie de haine anti-chiite, incarnait par excellence. En revanche, avant la guerre civile au Shâm, durant la présidence de Mahmoud Ahmadinejad, la République islamique avait accordé l'asile mâtiné de résidence surveillée à de nombreux cadres d'al-Qaida pourchassés, dont un fils de Ben Laden, Saad, et l'ancien officier des forces spéciales égyptiennes Saif al-Adel, à l'époque numéro 3 de l'organisation jihadiste (dont la rumeur faisait même le candidat de Téhéran à la succession d'Oussama). Dans le même registre, il est annoncé le 23 novembre 2020 par la presse que, le 7 août précédent, le bras droit du chef d'Al-Qaida Ayman al-Zawahiri, Abou Mohamed al-Masri, a été tué dans un attentat imputé aux services de renseignement israéliens. L'intéressé avait vécu dans la République islamique depuis 2002 selon diverses sources. Outre les relations complexes des mollahs avec le jihadisme sunnite que cette exécution laisse entrevoir, il est opportun de garder à l'esprit que les Frères musulmans radicaux, au premier chef leur principal idéologue Sayyid Qotb, supplicié par Nasser en 1966, avaient inspiré les islamistes chiites aussi bien irakiens qu'iraniens – comme le rappelle un timbre-poste en hommage au « martyr » représenté derrière ses barreaux avant son supplice, émis par Téhéran dès 1984. Hamas, section palestinienne de l'Internationale des Frères, au pouvoir dans la bande de Gaza depuis 2007, bénéficiait d'un important soutien politique comme militaire et financier. Ils représentaient, avec son jumeau chiite du Hezbollah au Liban, l'enclume et le marteau entre lesquels le régime des mollahs, par projection de puissance, avait coincé l'État hébreu au Sud et au Nord. Lors de l'entrée du Hezbollah en Syrie en 2012 pour sauver le pouvoir d'Assad et assurer la continuité territoriale du croissant chiite, la rupture consécutive avec les Frères et Hamas contraignit l'organisation palestinienne à déménager en hâte des locaux qu'occupait à Damas son bureau politique en exil. Ce choix de *realpolitik* incarné par Qassem Solaymani, qui faisait prévaloir le territoire sur les affinités idéologiques, eut pour effet d'isoler le pouvoir iranien de l'islamisme arabe sunnite, massivement engagé dans la rébellion contre l'Alaouite « hérétique » Bachar al-Assad. Ce faisant, la capacité de mobiliser l'ensemble des musulmans sur une ligne anti-sioniste radicale s'était considérablement amoindrie : après la guerre des Trente-Trois-Jours de l'été 2006, quand le Hezbollah avait tenu en échec l'offensive de Tsahal au Sud-Liban, Téhéran avait été auréolé d'un immense prestige depuis les cheikhs sunnites les plus rétrogrades de la péninsule Arabique jusqu'aux chrétiens libanais gauchistes les plus progressistes. Mais ces temps sont révolus. L'intervention en Syrie à compter de 2012 isola la République islamique par rapport à la majorité des Arabes sunnites, hors du « croissant » de ses vassaux.

Dans ce contexte, la remise en cause du JCPOA, engagement de campagne de Donald Trump en 2016 qui avait promis de « déchirer » ce traité, fut annonciatrice d'un affrontement avec les États-Unis face auquel il faudrait accroître les pactes de revers, pour s'extraire de la splendide solitude persane et chiite. La signature en mai 2017 des accords d'Astana, en créant un mécanisme de dialogue et de coopération avec la Turquie – sous les auspices du Kremlin –, permit de faire un pas dans cette voie en commençant à solder les comptes de la guerre civile syrienne, préalable à la future triplice fréro-chiite dont l'émirat arabe et sunnite de Qatar serait le banquier.

Mais pour parachever ce processus, il importait de refaire d'Israël – et non plus des islamistes sunnites – l'ennemi emblématique, dans l'espoir de disposer de soutiens anti-impérialistes dans une vaste nébuleuse « islamo-gauchiste » internationale comportant de nombreux Arabes, des sociétés civiles aux États en passant par les réseaux de mosquées. Cela passait par la réactivation de Hamas, et la réorientation des activités militaires du Hezbollah contre Israël après un lustre passé à guerroyer en Syrie. Le blocus de Qatar à partir de juin 2017, à l'initiative d'Abou Dhabi et de Riyad, fournit à Téhéran l'occasion de se rapprocher de l'émirat gazier et de sa chaîne en langue arabe Al Jazeera, vecteur non négligeable encore de *soft power* (même si son audience avait considérablement chuté depuis qu'elle était devenue de manière ostensible la Voix des Frères musulmans après les soulèvements arabes de 2011). Fut scellée à cette occasion la triple alliance avec la Turquie, qui dépêcha un corps expéditionnaire à Doha. Mais aucune de ces mesures préventives ne fut suffisante pour se prémunir des conséquences majeures du retrait américain du JCPOA en mai de l'année suivante. Les effets se firent sentir dans la société iranienne touchée par des restrictions de tous ordres – à commencer par l'impossibilité pour la classe moyenne de voyager à l'étranger, ce qui représentait un poumon d'oxygène pour celle-ci, apaisant par là son acrimonie envers les mollahs au pouvoir. En novembre 2019, des dizaines de milliers de jeunes « déshérités » (la clientèle traditionnelle du régime depuis la révolution) manifestèrent violemment dans une centaine de villes, à la suite de l'augmentation considérable des prix de l'essence (jusqu'alors généreusement subventionnée), demandant la destitution du gouvernement. Sentant passer le vent du boulet, le pouvoir réprima d'une main de fer les émeutes : selon un rapport publié en septembre 2020 par Amnesty International, la torture fut massivement utilisée contre les personnes arrêtées (environ 7 000), pour leur faire confesser qu'elles agissaient sur instructions de l'étranger.

La République islamique reconnut un bilan de 230 morts – quadruplé par le département d'État américain –, et des jugements expéditifs condamnèrent comme « ennemis de Dieu » des émeutiers, avec des peines allant jusqu'à la flagellation et l'exécution.

Par ailleurs, l'asphyxie économique de la République islamique réduisit considérablement les transferts de fonds vers le Hezbollah et se traduisit par une prédation exceptionnelle sur les ressources de l'Irak – comme on l'a vu [CARTE 8]. En résultèrent les soulèvements populaires contre la mainmise iranienne parmi les chiites de Mésopotamie, à partir du début octobre – qui avaient causé plus de 600 morts et 17 000 blessés à la fin de l'année 2019 – précipitant une crise politique déstabilisant les affidés de Téhéran, et que l'assassinat de Qassem Solaymani et de son acolyte le chef milicien chiite local Abou Mahdi al-Muhandis porta au paroxysme. Au pays du Cèdre de même, Téhéran ne fut plus en capacité d'assurer aux mêmes niveaux qu'auparavant le financement du Hezbollah, de sa structure armée et de son immense réseau caritatif. Cette baisse des revenus de nombreux Libanais chiites pauvres, conjuguée à l'exaspération de la population dans son ensemble face à l'incurie de la classe politique toutes confessions confondues – mais qui était passée depuis les élections de juin 2018 sous contrôle du Parti de Dieu et donc de l'Iran, tenus pour responsables par excellence –, mit ceux-ci dans l'embarras. Le soulèvement populaire, dit « révolution (*thaoura*) du 17 octobre 2019 », visait explicitement le Hezbollah, et libéra même la parole contre sa mainmise dans son fief de la « banlieue » (*dahiyé*) sud de Beyrouth – avant que nervis et miliciens ne répriment violemment toute velléité de dissension dans les rangs chiites. Dans ce contexte dégradé, à quoi s'ajouta l'épidémie de Covid-19, rapportée d'abord au Liban par les pèlerins revenant des clusters iraniens de Qom et Mashhad, le cataclysme de l'explosion dans le port de Beyrouth le 4 août – 204 morts, 6 500 blessés, 350 000 sans-abri – fut suivi par la démission du gouvernement Hassan Diab, le Premier ministre sunnite fantoche de Téhéran par Hezbollah interposé [CARTE 13]. À l'occasion de la deuxième visite estivale consécutive d'Emmanuel Macron au pays du Cèdre en 2020, le 1er septembre (jour du centenaire de la proclamation du Grand Liban par le général Gouraud), alors que le président français, porte-parole *de facto* des créanciers internationaux, exigeait une réforme de la gouvernance pour reconduire des crédits, l'ambassadeur Moustapha Adib, personnalité sunnite indépendante, fut nommé Premier ministre, avec pour feuille de route la constitution d'un gouvernement sous quinzaine (les précédents avaient mis plusieurs mois de tractations interconfessionnelles et de partage des prébendes pour advenir). Téhéran ne fut pas en capacité d'y mettre d'emblée obstacle – le Hezbollah s'abstenant –, cas de figure évoquant l'accession à la primature de M. Kadhimi à Bagdad le 7 mai précédent.

Ces retraits tactiques de la République islamique dans deux relais cruciaux du croissant chiite possédaient une certaine dimension de *taqiyya* (ou *ketman*) – la « dissimulation des objectifs en situation de faiblesse », ou pieuse hypocrisie propre à une confession qui survécut face à l'oppression sunnite durant quinze siècles. Et, de fait, l'opposition des partis chiites libanais téléguidés par Téhéran avorte le gouvernement Adib le 26 septembre, déclenchant l'ire d'Emmanuel Macron, tandis que les turbulences de la campagne électorale américaine sont mises à profit pour tenter de déstabiliser le gouvernement Kadhimi en encourageant les milices pro-iraniennes à lancer des roquettes sur des cibles associées aux intérêts des États-Unis en Irak dès la fin de ce même mois [CARTE 9]. En revanche, la position de la République islamique est plus complexe en Syrie, où elle doit compter avec un partenaire moins sensible à ses pressions : la Russie. La présence iranienne dans le sud du pays, qui a permis de lancer des missiles sur Israël, est un *casus belli* pour Washington : en particulier, elle rend totalement inenvisageable l'aménagement du « Caesar Act ». Cette « loi César », ainsi nommée d'après le surnom d'un photographe déserteur de l'armée de Bachar al-Assad ayant fourni des milliers de clichés insoutenables documentant les tortures subies dans ses geôles par les prisonniers durant la guerre civile, est mise en œuvre le 17 juin 2020. Elle sanctionne durement toute entité qui apporterait un concours, notamment financier ou commercial, au régime syrien, de manière à contraindre celui-ci à libérer les prisonniers politiques, mettre un terme à la violence contre les civils, et permettre un retour à la normale en Syrie, selon la résolution 2254 du Conseil de sécurité datant de décembre 2015 – laquelle laisse ouverte, en contrepartie de son acceptation par Moscou, la nature du futur pouvoir à Damas. Or pour Vladimir Poutine, le succès militaire en Syrie risque de se transformer en victoire à la Pyrrhus et grever lourdement les finances russes si aucune solution politique n'est trouvée – d'autant plus que les sanctions prévues par la loi César empêcheraient toute contribution ou tout investissement provenant d'Occident ou des pétromonarchies à la reconstruction. Tel est le sens de la visite qu'effectue Serguei Lavrov à Damas le 8 septembre, accompagné d'une nombreuse délégation, la première depuis 2012 [CARTE 10]. Le ministre des Affaires étrangères a pour objet que le régime se dissocie au maximum de Téhéran, puis que, par le biais de libérations des prisonniers politiques et de concertations avec l'opposition, des progrès soient accomplis dans le sens de la résolution 2254. Cela permettrait d'envisager un processus de reconstruction en Syrie, estimé à quelque 400 milliards de dollars, dans lequel des alliés des États-Unis, et notamment les Émirats arabes unis, pourraient s'investir financièrement – fût-ce dans le prolongement de l'entente d'Abraham. Mais la condition préalable est une distanciation entre Damas et Téhéran. Simultanément, divers sites pro-syriens en ligne se sont fait l'écho de critiques envers la politique iranienne, décrite comme « impérialiste » voire « sassanide » ou « chauviniste persane », alors qu'elle était autrefois mue par l'anti-impérialisme et l'anti-sionisme…

La multiplication, depuis l'assassinat de Qassem Solaymani en janvier 2020, de ces dysfonctionnements dans les relations de suzeraineté qu'avait construites le défunt avec ses vassaux du croissant chiite, aggravés par la diffusion exponentielle de la Covid en Iran [CARTE 4], sur fond de mécontentement social récurrent, a été amplifiée encore par la mise en place de l'entente abrahamique entre Israël et les Émirats sous auspices américains, prolongée par la distanciation croissante de M. Kadhimi envers son intrusif voisin oriental. Si, dans le passé, Téhéran et ses acolytes ont su jouer du terrorisme pour imposer un rapport de force – de la prise des otages de l'ambassade américaine en 1979-1980 aux attentats contre les contingents américains et français de la Force multinationale d'Interposition au Liban le 23 octobre 1983 –, les inconnues intérieures comme globales ne sont guère propices à des actions de ce type : l'élection présidentielle aux États-Unis et en Iran, les 3 novembre 2020 et 18 juin 2021 respectivement, représente un enjeu qu'une flambée terroriste risquerait de perturber dans un sens adverse aux intérêts iraniens. Mais tout ce qui peut entraver la réélection de Donald Trump est bienvenu pour la théocratie chiite, quels que soient les défis existentiels que rencontre la République islamique, interrogeant sa viabilité même. Alors que les incertitudes sur l'issue du scrutin américain s'accroissent, et tandis que le commandant du CENTCOM (commandement pour la région « centrale », comprenant le Moyen-Orient, de l'Égypte à l'Iran, ainsi que l'Afrique de l'Est et l'Asie du Sud-Ouest), le général McKenzie, annonce le 9 septembre que le nombre des soldats américains déployés en Irak passera de 5 200 à 3 000 avant la fin du mois, les milices chiites pro-iraniennes reprennent les bombardements sur les bases afin de conférer à ce retrait l'image d'une déroute et de menacer les alliés des États-Unis tant à Bagdad qu'à Erbil [CARTE 8]. Le 26 septembre, des milices soutenues par Téhéran lancent des roquettes à côté de l'aéroport de la capitale irakienne, causant cinq morts civils. Le 30, ce sont les troupes américaines cantonnées près de celui de la capitale du Kurdistan autonome qui sont visées par six missiles tirés par une brigade des Unités de la mobilisation populaire connue pour ses liens à l'Organisation Badr, une émanation des Gardiens de la Révolution iraniens. En réaction, le secrétaire d'État Mike Pompeo menace de fermer l'ambassade américaine si le gouvernement irakien ne prend pas les mesures nécessaires à faire cesser les attaques contre les intérêts des États-Unis dans le pays. Tandis qu'est annoncée le 2 octobre la contamination de

Donald Trump par la Covid, suivie de son hospitalisation, accroissant les turbulences et les incertitudes de la campagne électorale, et inhibant le processus décisionnel à Washington, la République islamique voit dans le harcèlement que mènent ses affidés irakiens contre les troupes américaines l'occasion de rappeler qu'elle conserve malgré tous les aléas de solides moyens d'action en Irak, et que le basculement de ce pays dans l'entente abrahamique est loin d'être acquis. Téhéran, aux abois, joue sur sa capacité de nuisance – et celle-ci ne saurait être sous-estimée. Avant les sanctions, en 2017, l'Iran exportait 2,2 millions de barils par jour lui procurant un revenu annuel de 55 milliards de dollars. En 2019 il ne vendait plus que 651 000 barils quotidiens, pour 19 milliards. La croissance de l'économie en 2016, grâce au JCPOA, avait atteint 12,5 %. Entre les sanctions, la Covid et le crash du marché pétrolier, la contraction du PNB, tombée à – 7,6 % en 2019, devrait poursuivre sa dégringolade en 2020.

DE L'ÉNERGIE FOSSILE À L'HYDROGÈNE VERT : LA VOIE ÉTROITE DE L'ARABIE SAOUDITE

Le 31 août 2020, le premier vol commercial El Al 971 inaugure la ligne Tel-Aviv – Abou Dhabi en trois heures [CARTE 1], avec à son bord une brochette de dignitaires américains et israéliens, sous la houlette de Jared Kushner, le gendre de Donald Trump et son principal conseiller pour le Moyen-Orient – vilipendé le lendemain par le

Guide suprême Khamenei comme « le juif dans la famille de Trump » faisant partie des « éléments pernicieux [*khabith*] des États-Unis qui agissent contre les intérêts du monde islamique ». Cette nouvelle route aérienne a été rendue possible par la décision saoudienne d'autoriser tous les vols à destination ou en provenance des Émirats à traverser son espace aérien – lequel demeure strictement fermé aux aéronefs venant de ou se dirigeant vers Qatar depuis le blocus imposé à l'émirat gazier par Abou Dhabi et Riyad en juin 2017. La décision, louée en termes enthousiastes par un tweet de M. Netanyahou, traduit l'approbation *de facto* par Mohammed Ben Salman du processus de normalisation entre l'État juif et la pétromonarchie. Mais, comme l'ensemble des dirigeants arabes, le prince héritier a soin de faire réitérer par son ministre des Affaires étrangères que la sécurité d'Israël passe par la reconnaissance d'un État palestinien. Et, en l'occurrence, tant que son père le roi Salman, qui a vécu le plan Abdallah de 2002 et dont le nom reste attaché à un monarque saoudien, est en vie, il ne semble guère envisageable que le royaume rejoigne officiellement lui-même l'entente abrahamique. Ce rappel, on l'a vu, vise moins à exprimer une perspective réaliste – tant que persistent deux entités séparées, en Cisjordanie sous l'égide de l'OLP de Mahmoud Abbas, et à Gaza sous celle de Hamas – qu'à empêcher l'Iran et ses alliés de réussir une opération de relations publiques pour se poser en héros de la cause palestinienne au contraire des « perfides » frères arabes, et de fragiliser exagérément l'OLP de Mahmoud Abbas au profit de Hamas. Téhéran en effet tente opportunément de se refaire une vertu panislamique après que ses supplétifs ont massacré les rebelles sunnites en Syrie pour sauver l'« hérétique » Assad.

La cautèle saoudienne – en contraste avec l'allant des Émirats arabes unis dans la normalisation avec l'État juif – tient d'abord à la ressource majeure de légitimité que le monarque tire, dans le monde musulman comme à domicile, de son statut de « serviteur des deux Lieux saints » (*Khadim al-haramayn*) – La Mecque et Médine. Ce titre fut porté au XIIe siècle apr. J.-C. par le sultan ayyoubide Saladin, décerné à celui qui avait sauvé militairement *in extremis* le monde de l'islam d'alors du péril des Croisades. Il fut repris par le calife ottoman après sa conquête de la Syrie et l'Égypte (1515-1517) afin d'affirmer sa légitimité contre le chah d'Iran séféride. Il tomba ensuite en désuétude jusqu'à ce que le protocole saoudien l'institue le 28 octobre 1986 comme appellation officielle et exclusive du souverain, au détriment de « majesté » (*jalala*). Le mitan de cette décennie 1980 avait vu une forte offensive iranienne à l'occasion du Grand Pèlerinage (*hajj*) annuel à La Mecque pour déborder et subvertir le contrôle saoudien sur celui-ci, qui imposait les rites propres au rigorisme wahhabite, éliminant le culte effervescent des chiites, notamment autour des tombes supposées du Prophète et de sa famille, qui font l'objet d'une dévotion aussi zélée des intéressés que d'une implacable censure de leurs contempteurs. En réactivant face à la compétition chiite cette titulature, Riyad réitérait la dimension cardinale de la légitimité islamique de la monarchie saoudienne.

Or, en relâchant la pression du wahhabisme sur la société, et notamment sur la jeunesse, puis en prenant des mesures prophylactiques dictées par la pandémie de la Covid qui réduisent le *hajj* de la fin juillet 2020 à une poignée de pèlerins dûment séparés par la distanciation physique, le prince héritier a permis par défaut à M. Erdogan de se poser en nouveau rival, comme champion universel de l'islam et continuateur du sultan conquérant de Constantinople Mehmet II Fatih, notamment grâce à la réislamisation de Sainte-Sophie [CARTE 2]. Les foules de fidèles enthousiastes (ultérieurement contaminés par la Covid) qui se pressent et se serrent autour de l'ancien musée reconquis par les sectateurs de Mahomet contrastent avec la viduité transmise par les images de La Mecque sous asepsie. La rencontre fort publicisée entre le président turc et Ismaïl Haniyeh, « Premier ministre » de Hamas, le 22 août à Istanbul, intervient au lendemain de la décision de reconvertir en mosquée le joyau byzantin de Saint-Sauveur-en-Chora après Sainte-Sophie. Le même visite le dimanche 6 septembre au Liban (que vient de quitter Emmanuel Macron) le camp palestinien d'Aïn El-Heloué, soulevant l'enthousiasme des réfugiés et activistes présents, après avoir été reçu en grande pompe par Hassan Nasrallah, secrétaire général du Hezbollah. Pareille publicisation du soutien à la cause palestinienne, sous sa forme islamiste, indique assez quelle ressource l'axe fréro-chiite s'emploie à en tirer face à la « trahison » du partenaire arabe de l'entente d'Abraham – Abou Dhabi. Entre-temps, le ministre des Affaires étrangères Çavuşoglu se rend à Caracas pour soutenir le gouvernement Maduro, allié de l'Iran dont une cargaison de pétrole à destination du Venezuela vient d'être saisie par les douanes américaines – raffermissant tous azimuts la triplice turco-irano-qatarie, depuis la république bolivarienne jusqu'à la bande de Gaza, durant la semaine suivant l'annonce de la normalisation israélo-émirienne. Cela creuse à l'échelle planétaire le clivage avec les champions de l'entente d'Abraham, et permet à Ankara, Téhéran et

Doha de se poser en hérauts de la cause palestinienne, désormais incarnée par le parti fériste Hamas au détriment de l'OLP, et de lancer une flèche dans le jardin des champions de l'entente d'Abraham dont les membres arabes sont accusés du même coup d'avoir trahi un idéal qui constitua durant trois quarts de siècle l'expression par excellence de leur identité.

Si les États-Unis dénoncent la rencontre de M. Erdogan avec le chef d'une « entité terroriste », il est malaisé à la monarchie saoudienne d'user du même registre, au risque de s'aliéner nombre de soutiens tandis que le royaume est confronté aux turbulences d'un marché pétrolier durablement perturbé. Les investissements qui devaient faire de la région d'al-Ula, sur les côtes vierges de la mer Rouge et le long des routes de l'ancien pèlerinage à La Mecque par voie terrestre à travers les ruines des cités nabatéennes, une destination phare du tourisme international sont revus à la baisse, à l'heure où la Covid a interrompu pour une durée indéterminée les voyages internationaux. Les expatriés jugés non nécessaires voient leurs contrats résiliés et sont renvoyés en nombre vers leur pays d'origine, tandis que le marché de l'emploi est en berne, alors que la mobilisation d'une jeunesse active est le socle du décollage de l'économie post-rentière chère au prince héritier.

Mais le projet futuriste de la ville intelligente (*smart* city) Neom – située aux frontières nord-ouest du territoire saoudien à proximité de la Jordanie, de l'Égypte et d'Israël, et bénéficiant de son propre statut juridique – connaît quant à lui un considérable coup de pouce lorsque le 23 août le ministre de l'Énergie, le prince Abdel Aziz Ben Salman, demi-frère du prince héritier, s'engage à investir 500 milliards de dollars dans celle-ci [CARTE 6].

D'une superficie d'environ 25 000 km², elle a vocation, en tirant parti d'une exposition exceptionnelle au soleil et au vent, à transformer la pétromonarchie, grâce aux énergies combinées solaire et éolienne à très bas coût de revient, en géant mondial de l'hydrogène vert – composante majeure de l'énergie propre de demain – à l'horizon 2025, pierre angulaire de la « vision 2030 » de Mohammed Ben Salman. Si un tel dessein voit le jour dans les temps impartis – et l'Arabie, quelles que soient les vicissitudes de ses revenus pétroliers, a une capacité d'emprunt sans limite sur les marchés financiers internationaux –, cela constituera un bouleversement considérable tant pour la Péninsule, cœur d'un Moyen-Orient passant du statut de producteur et exportateur de matières premières polluantes à celui de pôle post-industriel de l'énergie propre, que pour la place de celui-ci dans le monde. Par-delà les prudences du langage diplomatique, on perçoit la complémentarité entre cette transformation de l'Arabie saoudite – où la constitution d'une classe entrepreneuriale permettrait de dépasser les effets pervers de l'addiction sociale à la rente pétrolière, avec son corrélat d'improductivité et d'obédience au rigorisme islamique – et le rapprochement israélo-émirien, entériné la semaine précédant la signature de l'accord de financement de Neom. Celui-ci constitue en effet, on l'a vu, une première *joint venture* à la fois économique et politique entre la haute technologie de la *start-up nation* juive et la capacité d'investissement formidable d'Abou Dhabi, également engagé dans une vision post-pétrolière de son développement. La cité futuriste saoudienne, quant à elle, est située dans le voisinage immédiat de l'État hébreu : Eilat n'en est séparée que d'une quarantaine de kilomètres jordaniens, le long du golfe d'Aqaba, représentant trois quarts d'heure de trajet en automobile dès lors que les restrictions politiques au passage consécutif des deux frontières auront été levées. Manifestation de cette proximité, une visite « semi-secrète » est effectuée, selon des sources israéliennes, par Benyamin Netanyahou, accompagné du chef du Mossad Yossi Cohen, à bord d'un avion privé au départ de Tel-Aviv qui rejoint en moins d'une demi-heure la ville futuriste de Neom, le 22 novembre au soir. Ils y retrouvent le secrétaire d'État américain Mike Pompeo effectuant une tournée des adieux dans la région, ainsi que le prince héritier, afin de se prémunir d'une réorientation de la présidence Biden revenant au JCPOA et reprenant langue avec l'Iran, en présentant un front uni entre Jérusalem et Riyad. La rencontre est démentie par les autorités saoudiennes.

Le devenir du Royaume et sa place dans le système international sont étroitement associés, depuis les accords signés à bord du USS *Quincy* le 14 février 1945 entre Franklin D. Roosevelt et Abdel Aziz Ibn Saoud, à sa relation particulière avec les États-Unis. Donald Trump, en réservant la première étape de sa tournée inaugurale à l'étranger à Riyad en mai 2017, où il scella le pacte antiterroriste qui aboutirait à la chute finale du « califat » de Daesh d'une part et dont la conséquence seconde fut le blanc-seing donné au blocus de Qatar par les Émirats et l'Arabie d'autre part, s'engagea fortement aux côtés du prince héritier, notamment dans son antagonisme avec l'Iran. Le retrait américain du JCPOA acté un an plus tard combla d'aise Mohammed Ben Salman. Mais l'assassinat le 2 octobre 2018 du journaliste Jamal Khashoggi, chroniqueur occasionnel au *Washington Post*, critique du pouvoir après en avoir été un familier et peut-être surtout revenu à ses amours fréristes de jeunesse par une proximité avec l'ennemi qatari accompagnée de fiançailles avec une jeune Turque de la même persuasion – il entra au consulat saoudien d'Istanbul pour régler des questions d'état civil préalables à son remariage lorsqu'il y fut piégé et tué –, fit du prince héritier la cible privilégiée de la Némésis de la presse américaine et de l'opposition démocrate à Donald Trump. À cela s'ajoutent les conditions d'incarcération et soupçons de mauvais traitement en détention de plusieurs féministes saoudiennes qui ont pris en main elles-mêmes un agenda d'émancipation de la femme dont Mohammed Ben Salman, qui a autorisé les femmes à conduire et à se dévoiler en public, veut contrôler le tempo face au conservatisme résilient de la société. La représentante démocrate du Minnesota Ilhan Omar, soutien très actif du lobby fériste américain CAIR (Council on American-Islamic Relations), se fait l'avocate d'une coalition de féministes et d'islamistes pressant l'ambassadrice du Royaume à Washington, la princesse Reema bint Bandar al-Saoud, de leur fournir des informations sur trois activistes arrêtées depuis mai 2018 dont deux demeurent incarcérées dans des conditions inquiétant leurs proches qui estiment qu'elles ont été torturées. Des ténors du parti démocrate ont soutenu cette action, dont l'élu de Californie Adam Schiff, qui mena l'accusation d'*impeachment* contre Donald Trump au tournant de l'année. Le 24 novembre, un juge saoudien annonce que la figure de proue de ce mouvement féministe, Loujain al-Hadhloul, est déférée devant un tribunal spécialisé dans les affaires de terrorisme.

YÉMEN : LA GUERRE SANS ISSUE

Mais le principal point d'achoppement dans les relations entre la monarchie, la presse libérale d'outre-Atlantique, la majorité démocrate du Congrès et l'équipe de Joe Biden réside dans la guerre au Yémen. L'intervention saoudienne, déclenchée en mars 2015 à l'initiative de Mohammed Ben Salman alors qu'il était ministre de la Défense et point encore prince héritier, en coordination avec les Émirats arabes unis et avec le soutien de divers pays arabes comme occidentaux, avait pour but de rétablir le gouvernement légitime, chassé de Sanaa dont s'était emparée la rébellion houthie, appuyée par Téhéran. Cinq ans plus tard, la situation sur le terrain n'a pas significativement évolué sur le plan militaire, en dépit de l'armement incommensurablement supérieur dont dispose la coalition, totalement maîtresse des cieux. En revanche, l'ONU a qualifié le contexte humanitaire de ce conflit qui se déroule dans une grande indifférence, eu égard à ceux de Syrie et de Libye, comme « la pire crise qui advient dans le monde. La famine sévit dans le pays le plus pauvre de la région, qui voisine avec les pétromonarchies les plus opulentes de la planète, et où la moitié des enfants de moins de cinq ans seront en état de malnutrition à la fin 2020 ». Au choléra et à la diphtérie s'est ajoutée la Covid-19, qui se répand à une vitesse rapide due à la promiscuité, l'absence d'infrastructures sanitaires et de masques, dans un pays où les hôpitaux ont été la cible de multiples bombardements. 80 % environ de la population dépend d'une forme ou d'une autre d'aide humanitaire pour survivre – mais seul un cinquième des 2,4 milliards de dollars de l'appel de fonds de l'ONU pour le Yémen en 2020 a été abondé, signe de la désaffection internationale pour cette guerre passée sous les radars de l'opinion publique – une situation aggravée par les effets de la pandémie dans les pays riches eux-mêmes, désormais peu propices à la charité. Principal donneur, les États-Unis ont, sous Donald Trump, réduit leurs engagements – supprimant en mars 2020 73 millions de dollars destinés aux zones sous contrôle des houthis, les accusant de détourner ces sommes à leur profit.

Lorsque s'ouvre l'an 2020, la guerre civile au Yémen vient d'être prise en otage à contre-pied du conflit entre l'Iran et l'Arabie saoudite. En effet, des frappes aériennes touchent l'usine de traitement d'Abqaïq et le champ pétrolier de Khurais, dans l'est du Royaume, le 14 septembre 2019. L'attaque est revendiquée par la rébellion houthie, qui prétend avoir eu recours à des essaims de drones et des missiles iraniens Qods-1 assemblés artisanalement. La production saoudienne d'hydrocarbures fut réduite de moitié pour quelques jours, suscitant une éphémère flambée des cours, avant que les installations soient prestement réparées. Le message politique était clair – trop sans doute : la puissante pétromonarchie pouvait être aisément touchée au cœur et à la caisse, pour prix de ses bombardements au Yémen. Elle ne saurait le supporter et serait contrainte à un cessez-le-feu aux conditions de ses adversaires. Par-delà le message peu gratifiant que la réussite de la frappe donnait sur la capacité défensive du Royaume et de ses protecteurs américains – dont une centaine de chasseurs-bombardiers sont basés à Al-Udeid à Qatar, à quelques minutes de vol des cibles –, l'origine de la revendication fut promptement révoquée en doute. Les houthis n'ont pas les moyens matériels et techniques de faire voler un essaim de drones sur plus de 1 000 km, portée par ailleurs supérieure aux missiles Qods archaïques dont ils bricoleraient l'assemblage dans leurs montagnes. Un doigt accusateur fut aussitôt pointé par les capitales occidentales vers l'Iran, soutien de la rébellion, et plus précisément vers les milices chiites affidées du Sud-Est irakien beaucoup plus proche de la zone d'impact – même si aucune preuve tangible ne fut publiquement divulguée. L'ampleur et le succès de l'attaque réclamaient en tout cas une réponse proportionnée, et il est raisonnable de penser que le destin de Qassem Solaymani, lourdement suspecté, commença à se sceller dans l'esprit des responsables américains.

Mais, sur le plan strictement yéménite, le signal donné par les houthis manifestait que la poursuite de la guerre aurait un prix qui finirait par devenir insupportable pour l'Arabie saoudite (y compris si d'autres se chargeaient de lui en infliger le coût pour le compte des rebelles qui s'étaient emparés de Sanaa). Même si les frappes du 14 septembre n'étaient pas imputables à ces derniers, leur capacité militaire à atteindre en d'autres points le territoire du Royaume s'était par ailleurs considérablement renforcée grâce à la consolidation de la présence sur place des Gardiens de la Révolution iraniens de la force al-Qods et aux drones et missiles acheminés depuis des ports de contrebande sur l'océan Indien vers les nids d'aigle des houthis. La tactique de Téhéran était au Yémen identique à celle qui avait consisté à équiper au Liban le Hezbollah d'armements semblables pour maintenir Israël sous une menace asymétrique, variation sur la lutte d'un David… chiite contre un Goliath alternativement… juif ou sunnite. De même, le zaydisme – confession majoritaire des sommets et vallées septentrionaux et occidentaux du Yémen, une dissidence du chiisme qui avait toujours vécu en osmose avec le sunnisme chaféite local à l'orientation assez ouverte par rapport au hanbalisme saoudien, au point que les deux sectes priaient ensemble dans les mêmes mosquées… – fut soumis à la faveur de la cristallisation des identités hostiles durant les combats à un endoctrinement massif par l'orthodoxie chiite iranienne coiffée par l'idéologie khomeyniste, depuis le milieu des années 2010. Le chiisme libanais, dont l'intelligentsia était jadis très poreuse à la gauche progressiste arabe multiconfessionnelle, avait subi la même mise aux normes du fait du Hezbollah, au prix de nombreuses liquidations, dès la décennie 1980. Réciproquement, la progression d'al-Qaida dans le Sud chaféite des plateaux du Hadramout (région d'origine de la famille Ben Laden), même si elle était antérieure à l'apparition du mouvement houthiste au tournant du siècle, fut dopée par la radicalisation antagonique du Nord-Ouest.

À l'été 2019, les forces pro-gouvernementales s'étaient fragmentées entre soutiens du président Hadi, réfugié à Riyad et sans grande influence sur ses troupes, et un Conseil de transition du Sud (STC), soutenu par le corps expéditionnaire des Émirats arabes unis – principalement intéressés par le contrôle de comptoirs portuaires sur la côte de l'océan Indien en lien avec la *supply chain* internationale de Dubaï. En août 2019, les séparatistes sudistes soutenus par Abou Dhabi prirent le contrôle d'Aden et du littoral, en chassant les partisans du président, et revivifiant la mémoire de l'ancien Sud-Yémen indépendant (1967-1990) tandis que les jihadistes proliféraient dans l'arrière-pays et que diverses tribus armées jusqu'aux dents (le Yémen comptait dès avant la guerre un ratio de trois armes à feu par habitant) faisaient régner leur loi sur leur territoire propre. C'est dans un tel contexte que l'attaque sur Abqaïq et Khurais et sa « revendication » consécutive doivent être situées. Quelques mois plus tard, l'Arabie saoudite confortée par la liquidation de Solaymani au tout début de l'an 2020, par les difficultés économiques de l'Iran suite aux sanctions américaines et le rancissement du croissant chiite, mais elle-même confrontée à la Covid-19 et désireuse de se tirer d'un guêpier yéménite qui ternit fortement son image aux États-Unis et en Occident, gèle ses opérations militaires par un cessez-le-feu unilatéral le 9 avril, au motif de prévenir la propagation de l'épidémie. Dans les rangs sunnites, après une ultime victoire remportée en juin 2020 dans l'île de Socotra – ancienne base soviétique à l'époque du Sud-Yémen indépendant, qui contrôle les flux maritimes à l'entrée de la mer Rouge –, le STC renonce à son autonomie par un accord signé le 29 juillet à Riyad en échange d'un partage effectif du pouvoir. Cette dynamique permet au médiateur des Nations unies Martin Griffiths de présenter un plan de paix aux parties en conflit, qu'aucune ne s'engage à signer afin d'extorquer d'ultimes concessions pour renforcer sa propre position, mais dans un contexte où plus aucune ne dispose de soutien régional suffisant pour reprendre une offensive d'ampleur. Si Riyad a manifesté sa fatigue à s'engager plus avant dans un conflit sans issue, Téhéran doit faire face, en Iran même mais aussi en Irak, en Syrie et au Liban, à tant de défis politiques et militaires à la fin de l'an 2020 que sa capacité de projection dans une offensive d'ampleur au Yémen serait trop risquée et lourde à porter. Cela d'autant que la présidence Trump maintient jusque dans l'interrègne entre l'élection et l'intronisation de Joe Biden une forte pression. Le cerveau du programme nucléaire iranien, Mohsen Fakhrizadeh, est abattu le 20 novembre dans les environs de la capitale, en dépit de son cortège protégé. L'opération est imputée à des « agents israéliens », comme l'avait été l'exécution du n° 2 d'Al-Qaida à Téhéran le 7 août. Les deux camps, tant dans le pays que chez leurs parrains du Golfe, sont par ailleurs confrontés à une progression de la pandémie qui inhibe leur capacité d'action, que ce soit pour préparer la guerre ou pour vouloir la paix.

Champ de bataille par procuration entre les champions des deux alliances régionales qui se sont cristallisées au Moyen-Orient et en Méditerranée, le Yémen a vocation à demeurer une zone de conflit à moyenne puis basse intensité entre celles-ci, jusqu'à ce que l'une d'elles fasse basculer en sa faveur le rapport de force. Le 14 octobre 2020, les houthis libèrent deux otages américains dans le cadre d'un échange de prisonniers, un pas prudent vers la baisse des tensions entre les deux camps. Si l'Arabie saoudite y a bénéficié du soutien des Émirats arabes unis – jusqu'à ce qu'Abou Dhabi fasse prévaloir ses intérêts maritimes et commerciaux sur la solidarité avec Riyad –, l'Iran a joui de l'appui de l'adversaire de ces derniers, Qatar, résistant à leur blocus depuis mai 2017. Sur le territoire même de la péninsule Arabique, l'affrontement entre les partisans de l'entente abrahamique d'une part, et les membres de la triplice fréro-chiite de l'autre a trouvé l'un de ses lieux d'affrontement les plus signifiants.

QATAR : LA RÉSILIENCE DE L'ÉMIRAT GAZIER

Le blocus de Qatar, décidé par Mohammed Ben Zayed et Mohammed Ben Salman le 5 juin 2017, à la suite de la visite de Donald Trump à Riyad, a constitué en rétrospective l'un des principaux signes annonciateurs de la ligne de faille qui courait entre ces deux camps au Moyen-Orient – faisant imploser le Conseil de coopération des États arabes du Golfe (CCEAG) créé en 1981 pour se prémunir de la menace de la République islamique khomeyniste et agressive d'Iran sur les pétromonarchies arabes voisines [CARTE 7]. Quatre ans après le renversement du président Mohamed Morsi au Caire en juillet 2013, le « bloc saoudien » – selon une expression du prince héritier Mohammed Ben Salman dans laquelle il englobait Abou Dhabi, Manama et Le Caire – prit l'initiative d'entraver par asphyxie économique le principal financier des Frères musulmans à travers la région et dans le monde. À l'été 2020, Qatar fonctionne toutefois sans trop de dommages grâce aux ressources de son fonds souverain, estimées à 335 milliards de dollars au moment du blocus, et dont environ 10 % auraient été alors rapatriés pour faire face aux conséquences financières du boycott, laissant quelque 320 milliards sous gestion trois ans plus tard. Les investissements qataris à l'étranger, notamment aux États-Unis et en Europe, lui ont donné une capacité de pression importante pour mitiger l'impact des sanctions du « bloc saoudien », notamment en faisant usage de son *soft power* à travers l'influence acquise dans le sport, le divertissement et les médias. Dans le domaine du *hard power* de même, la base aérienne d'Al-Udeid, plus importante implantation de l'US Air Force hors des États-Unis, et principal vecteur de son Central Command (CENTCOM), est en capacité d'accueillir une centaine d'avions et d'héberger 10 000 soldats, pilotes et personnels, principalement américains mais également britanniques, australiens voire français. C'est la clef du dispositif militaire occidental dans la région – fournissant à l'État-hôte une garantie de sécurité qui lui a permis de rester impavide durant le blocus imposé par ses voisins.

Plus important, c'est cette rupture décisive au sein du CCEAG qui a suscité en rétorsion contre Riyad et Abou Dhabi la genèse de la triplice fréro-chiite. Cela a permis à Doha de s'émanciper de son alliance avec les autres pétromonarchies arabes de la Péninsule – laquelle avait déjà connu de multiples tensions que les provocations récurrentes de la chaîne satellitaire Al Jazeera contre l'Arabie saoudite catalysaient – et de se rapprocher de puissances régionales non arabes sur la base d'une proximité idéologique et d'une complémentarité géostratégique comme économique.

Depuis le blocus, Qatar a injecté quelque 15 milliards de dollars dans l'économie turque [CARTE 1], tandis que la base militaire en périphérie de Doha, que visita M. Erdogan le 25 novembre 2019, accueillait trois ans après sa construction 5 000 soldats d'Ankara. Les exportations de l'Anatolie vers le petit émirat désertique, notamment alimentaires et agricoles, mais aussi dans le BTP en prévision de la Coupe du monde de football en 2022, ont doublé dès 2018, dépassant le milliard de dollars. Le soutien aux incursions turques en Syrie contre les miliciens kurdes est total – au contraire des autres pétromonarchies du Golfe. En Libye, Doha se tient aux côtés d'Ankara pour appuyer le Gouvernement d'Accord national (GAN) reconnu par la communauté internationale et dirigé à Tripoli par M. Fayez el-Sarraj, où les Frères musulmans locaux pèsent d'un grand poids. Le transfert de milliers de rebelles syriens depuis Idlib vers Misrata pour en faire des mercenaires et leur solde mensuelle de 2 000 dollars n'auraient pu être financés sans que l'émirat gazier ne s'implique dans l'opération – d'autant plus que l'ennemi émirien volait au secours du maréchal « félon », Khalifa Haftar, installé à Benghazi en Cyrénaïque et adossé à l'Égypte limitrophe du maréchal Sissi. Le 7 octobre 2020, le président turc se rend en visite dans le Golfe pour présenter ses condoléances au nouvel émir du Koweït, Nawaf Al-Ahmad Al-Sabah (quatre-vingt-trois ans) à la suite du décès de son demi-frère Sabah Al-Ahmad Al-Sabah (quatre-vingt-onze ans) le 29 septembre, choyant un émirat où les Frères musulmans conservent une influence significative, dont la minorité chiite est puissante, et qui maintient une position médiatrice entre les frères ennemis arabes du Golfe comme avec l'Iran. M. Erdogan saisit pareille occasion pour se rendre à Qatar voisin, et s'entretenir avec l'émir Tamim, scellant l'accord parfait entre les deux piliers sunnites de la triplice fréro-chiite.

Si le rapprochement entre ces deux pouvoirs partageant l'idéologie des Frères musulmans tout en étant alliés militaires de l'Occident peut se manifester au grand jour, la partie est plus complexe dans la relation avec Téhéran, bête noire de Donald Trump. Outre l'approvisionnement en quelques produits frais, l'Iran a compensé l'interdiction de vol pour Qatar Airways au-dessus de la péninsule Arabique, cet espace aérien permettant à la compagnie de trouver des routes alternatives détournées, au prix de pertes estimées à plusieurs centaines de millions de dollars, dès avant la Covid. Par ailleurs, les deux États se partagent la propriété du plus important champ gazier sous-marin du monde, situé à cheval de leurs eaux territoriales – nommé North Field par l'Émirat et South Pars par la République islamique. Cette dernière ne pouvant matériellement optimiser l'exploitation de ce gisement du fait des sanctions américaines, l'arrangement avec son voisin n'est pas non plus dans le domaine public. Or, à l'été 2020, le prix de cette source d'énergie fossile, du fait de la surproduction de gaz de schiste par les compagnies pétrolières pratiquant l'hydrofracturation sur le territoire américain, puis de la baisse de la demande consécutive à la pandémie, s'est effondré de moitié comparé au cours de juillet 2019. La baisse est plus importante encore que celle du pétrole, ce qui augure d'une diminution sensible à moyen terme des revenus de Qatar, confronté à des dépenses sans cesse croissantes pour soutenir son allié turc, dont l'économie est en surchauffe, le budget obéré par les aventures militaires en Méditerranée et en Syrie, et la monnaie nationale en chute libre.

Enfin, l'organisation de la Coupe du monde de football en novembre et décembre 2022, conçue comme l'apogée universelle du *soft power* de l'Émirat, outre les dépenses faramineuses qu'elle engendre pour climatiser les stades, fournir l'infrastructure hôtelière gigantesque destinée à accueillir les fans, dans un contexte rendu difficile par le blocus de ses voisins (qui devaient originellement héberger en complément installations sportives et spectateurs), représente un casse-tête d'autant plus préoccupant que l'évolution de la Covid et de son impact sur le tourisme international, dont les opérateurs déposent le bilan les uns après les autres, demeure imprévisible. Les jeux Olympiques de Tokyo prévus à l'été 2020 ont été ainsi reportés pour au moins un an. Le couronnement triomphal de Qatar attendu à l'occasion de cet événement mondialisé risque ainsi de se transformer en l'acmé de cette maladie caractéristique des pétromonarchies du Golfe, l'*hubris*.

II

Le Très-Proche-Orient

Le 10 septembre 2020, à Ajaccio, préfecture de la région Corse, se réunit un sommet des chefs d'État et de gouvernement des sept membres méditerranéens de l'Union européenne de culture gréco-latine (Med 7) – le Portugal, l'Espagne, la France, l'Italie, Malte, la Grèce et Chypre (sans la Slovénie ni la Croatie [CARTE 3]). Cette « alliance du Sud » peu connue du public rassemble ses dirigeants en réponse au défi majeur posé par Ankara à la Grèce et Chypre, dont les eaux territoriales sont régulièrement violées – et à la France dont une frégate, le *Courbet*, a été menacée par un navire de guerre turc le 10 juin au large de la Libye.

Cette instance a été créée quatre ans auparavant à Athènes à l'initiative du Premier ministre hellénique d'alors, Aléxis Tsípras, dirigeant du parti Syriza (coalition de la gauche radicale) alors que son pays était mis sous tutelle par Bruxelles du fait de la crise de sa dette souveraine. Cette longue purge – l'économie du pays ne se rétablit vraiment qu'en 2019, et le dirigeant de la Nouvelle Démocratie (droite), Kyriákos Mitsotákis, devient Premier ministre le 9 juillet à l'issue de sa large victoire aux élections législatives – était rendue nécessaire par le dysfonctionnement d'un État victime d'une fraude fiscale massive, de la persistance d'une importante économie informelle ainsi que d'un secteur public hypertrophié, caractéristiques que l'on retrouve davantage… au Proche-Orient qu'au sein de l'UE. Les conditions draconiennes – et parfois erratiques – de la « médication » européenne, dont le résultat a finalement été heureux, avaient favorisé en réaction la victoire de l'extrême gauche au Parlement (2015-2019). Le Med 7, né de la controverse entre États membres « austères » (ou « radins ») du Nord et « dispendieux » du Sud – désignés sous le sobriquet ironique de « Club Med », donc sans la Slovénie ni la Croatie, gérés « à l'allemande » –, avait une autre préoccupation initiale, plus insistante que jamais à l'heure de la Covid-19 : le défi migratoire consécutif aux printemps arabes de 2011, qui empire depuis lors à chaque catastrophe, et que la pandémie ne fait qu'aggraver.

Les riverains méditerranéens de l'UE en payent en effet le principal tribut, confrontés à des vagues de *boat people* récurrentes. Celles-ci impactent en premier lieu la Grèce – en provenance de la Turquie et, au-delà, de la Syrie, l'Irak, l'Iran, l'Afghanistan et autres pays d'Asie. En second lieu, sont concernées Malte, l'Italie et l'Espagne –, les flux y arrivent par les côtes occidentales de Libye (où est présente en l'an 2020 l'armée turque), mais aussi de Tunisie et de l'Ouest algérien, depuis l'ensemble du Maghreb, l'Afrique sahélienne, et le reste du continent noir. Sauvetage en mer, hébergement, problèmes sanitaires et sécuritaires afférents à l'arrivée de clandestins entassés sur des rafiots de fortune, coûts encourus, gestion de crise face à la surenchère des ONG humanitaires promptes à stigmatiser et culpabiliser la « forteresse

Europe » ont été difficilement vécus par les États riverains. Cela d'autant plus que les migrants n'y considèrent leur présence que comme une étape vers les paradis supposés de l'emploi germanique, britannique, batave ou scandinave, dont les autorités utilisent les États du Sud comme un régulateur ou une barrière. Ces derniers réclament un partage du fardeau – et les tensions se produisent à l'intérieur même du Med 7, l'Italie accusant régulièrement la France de ne pas prendre sa part de migrants, tandis que celle-ci s'efforce de rendre sa frontière étanche. À l'été 2020, on estime qu'un millier de tentatives clandestines de passage sont effectuées quotidiennement dans le département des Alpes-Maritimes.

La rencontre des sept chefs d'État ou de gouvernement a lieu le 10 septembre : la veille a été déclenché un immense incendie dévastant le plus grand camp européen de réfugiés provenant de Turquie, à Mória sur l'île grecque de Lesbos, où plus de 13 000 personnes s'entassent dans des conditions rendues dramatiques par la Covid-19. Ce mini-sommet a pour objet de créer un consensus des dirigeants concernés pour préparer la prochaine réunion plénière des leaders européens portant sur la question des immigrants clandestins et la réponse à faire à la Turquie, sous forme de sanctions prononcées par l'UE face aux « comportements inadmissibles » de M. Erdogan et à sa « politique de confrontation ». La doctrine de Bruxelles en la matière, dite « de voisinage Sud », qui reposait sur la coopération avec les dirigeants des États riverains de la Méditerranée, est obsolète depuis une décennie : les printemps arabes ont déstabilisé ou anéanti certains de ces gouvernements, incapables, à l'instar de la Libye, de gérer les flux migratoires, ou désireux, comme Ankara, d'en faire un instrument de chantage et de pression sur l'UE. « La Turquie n'est plus un partenaire en Méditerranée orientale », déclare ainsi le président français à l'issue du sommet, mettant notamment l'arrêt des forages dans les zones économiques exclusives (ZEE) grecque et cypriote comme préalable au réengagement d'un « dialogue fécond avec Ankara ».

L'accord trouvé à Ajaccio, qui inclut Rome et La Valette, pourtant tentées de se concilier en solo la Turquie (voir ci-dessus, p. 39), fait l'objet d'une fin de non-recevoir virulente de M. Erdogan dès le surlendemain 12 septembre : « M. Macron, vous n'avez pas fini d'avoir des ennuis avec moi », menace-t-il, mettant en garde : « Ne cherchez pas querelle au peuple turc, ne cherchez pas querelle à la Turquie », tandis que des manifestants à Istanbul menacent le président français de « payer le prix fort » pour la republication des caricatures du Prophète à la une de *Charlie Hebdo* qui « insultent l'islam sous prétexte de liberté d'expression », à l'occasion du procès des tueries jihadistes de janvier 2015 se déroulant à Paris depuis le 3 septembre – ce sera le coup d'envoi d'une virulente campagne anti-française relayée durant l'automne à travers le monde musulman et orchestrée par le maître d'Ankara. Le 12 également, M. Mitsotákis annonce l'acquisition de dix-huit chasseurs Rafale, de quatre frégates, d'hélicoptères, et le recrutement de 15 000 soldats, exprimant sans ambages qu'un État membre de l'Union européenne est désormais sur le pied de guerre. En conséquence, M. Erdogan retire son navire de prospection sismique de la ZEE grecque avant la date initialement annoncée du 25 septembre, redoutant qu'un front commun européen ne soit en train de se former contre ses agissements, autour de la ligne « française » entérinée à Ajaccio, qui souderait l'ensemble des vingt-sept membres de l'UE lors du sommet *ad hoc* de Bruxelles le 1er octobre. Pourtant, bien que le principe de sanctions « prêtes à être utilisées immédiatement » ait été adopté « si Ankara poursuit ses actions illégales », ces menaces n'ont pas été mises en œuvre et M. Erdogan a été invité à « saisir cette offre », les dirigeants de l'UE étant convenus de juger « avant la fin de l'année si des développements positifs ont été enregistrés ». Cette résolution, qui nécessitait l'unanimité, s'est trouvée en retrait des déclarations du sommet d'Ajaccio, la chancelière ayant réitéré la position allemande selon laquelle « l'UE a beaucoup d'intérêt à développer une relation réellement constructive avec la Turquie malgré toutes les difficultés », en souhaitant une « nouvelle dynamique ». La réponse d'Ankara n'a pas tardé : à peine le sommet de l'UE passé, M. Erdogan a renvoyé son navire de prospection gazière *Oruç Reis*, accompagné d'une escorte militaire, dans la zone économique exclusive grecque. Bien que la Turquie soit parvenue à un accord avec la Grèce au sein de l'OTAN pour établir un mécanisme d'évitement des conflits, et que le président français ait été réduit à réitérer le caractère « non négociable » de la solidarité à l'égard de la Grèce et de Chypre, l'expansionnisme de M. Erdogan a interpellé en direct le consensus au parfum munichois de Bruxelles : pendant le sommet, les troupes azéries poursuivaient leur offensive surprise contre les Arméniens du Haut-Karabakh, attaqué quatre jours plus tôt, le 27 septembre, avec le « plein soutien » du président turc et l'envoi de plusieurs centaines de supplétifs syriens soldés par Ankara. Si M. Macron a réclamé des « explications » et appelé l'OTAN à « regarder en face » les actions d'un État-membre de l'Alliance atlantique, il n'est pas sans intérêt de noter que l'offensive visant le peuple chrétien et orthodoxe arménien – dans la foulée des attaques contre la Grèce et Chypre et la réislamisation de Sainte-Sophie durant l'été – en appui à un pays de langue turcique s'inscrit dans une logique parfaitement cohérente, dont on examinera ci-dessous les tenants et les aboutissants. Le moindre des paradoxes n'est pas que la Turquie se retrouve affronter indirectement la Russie équipant l'Arménie, alors que Moscou est partie avec Ankara aux accords d'Astana et que les deux armées patrouillent de conserve la frontière syro-turque. Ni que M. Erdogan, fervent champion de Hamas, se trouve dans le même camp que l'État juif, également allié à l'Azerbaïdjan chiite mais laïque, à couteaux tirés avec l'Iran voisin – les succès de l'offensive azérie ayant été facilités par l'armement supérieur israélien et turc dont dispose Bakou… ni, enfin, que le pouvoir à Téhéran – également partie aux accords d'Astana – soutienne donc fermement Erevan contre l'Azerbaïdjan – et donc contre Ankara, alors que la population iranienne qui comporte une forte composante azérie et turcophone (dont le Guide suprême Khamenei lui-même) ne cache pas sa sympathie à son voisin chiite septentrional ! Les alliances et les ruptures sont soumises en cet automne 2020 à d'incessantes recompositions qui s'accélèrent au gré de la désagrégation du monde multilatéral. Cette situation advient tandis que la superpuissance américaine déclinante qui s'en portait le garant vit, après le mandat destructeur de Donald Trump, la campagne présidentielle la plus violente et erratique de son histoire alors que la planète est tout entière soumise à l'impact dévastateur de l'épidémie de Covid-19 provenant de la superpuissance ascendante chinoise, dont l'occupant de la Maison-Blanche, testé positif au virus et hospitalisé trois jours au début d'octobre, est lui-même la victime.

POPULISME ISLAMISTE ET SPLENDIDE ISOLEMENT D'ERDOGAN

En dépit des rodomontades populistes, le gouvernement turc ne peut se permettre un bras de fer contre une Europe qui serait unie et déterminée, dont il est tributaire infiniment plus qu'elle ne dépend de lui [CARTE 2]. Des sanctions économiques seraient catastrophiques pour le régime, alors que l'agence Moody's vient de dégrader la note de la Turquie au niveau B2 le 11 septembre, dans la crainte d'une crise de la balance des paiements tandis que la lira a perdu 25 % de sa valeur face à l'euro depuis le début de 2020 – même si le ministre des Affaires étrangères M. Çavuşoglu rappelle dès le 14 que son gouvernement « a décidé de ne pas empêcher les migrants d'aller en Europe et [que] cette décision est toujours valable », laissant planer le chantage d'expédier des millions de clandestins dans l'UE. Cette escalade advient en outre tandis que le rapport biannuel – ce même 14 septembre – de la Commission d'enquête internationale indépendante sur la République arabe syrienne au Conseil des Droits humains des Nations unies incrimine en détail et pour la première fois l'État turc et ses supplétifs de l'« Armée nationale syrienne » (soldée par Ankara) pour de graves violations des droits de l'homme dans les territoires syriens sous son contrôle, comme la région à majorité kurde d'Afrin, envahie dès janvier 2018. En particulier, les récits de viols collectifs de jeunes filles devant leurs compatriotes incarcérés y sont mis en lumière. Celles-ci sont identifiées, dans l'imaginaire islamiste, aux combattantes dévoilées du YPJ (Unités de protection de la femme) qui ont remporté de nombreux combats face à Daesh (la croyance commune veut qu'un homme tué par une femme à la guerre soit privé d'accès au paradis), et leur viol en réunion a une signification politique et religieuse incantatoire. La perspective de faire face à des conséquences légales pour ces accusations de sévices met M. Erdogan en situation d'autant plus délicate dans son bras de fer avec Bruxelles, la Turquie étant par ailleurs membre du Conseil de l'Europe et censée y rendre des comptes en matière de respect des droits de l'homme.

Enfin, le 10 septembre, la Ligue arabe, sur incitation du ministre égyptien des Affaires étrangères, Sameh Choukri, dénonce dans une déclaration approuvée à l'unanimité des 21 membres présents sauf quatre abstentions (Qatar, Libye, Somalie et Djibouti) les « interventions turques en Syrie, Irak et Libye ». Ankara est sommé de « cesser de se mêler des affaires intérieures des pays arabes et de mettre un terme à ses actions provocantes qui sabotent la confiance et mettent en péril la sécurité et la stabilité de la région ». En décriant l'oppression ottomane d'antan contre laquelle s'est dressée la « renaissance arabe » (*nahda*) du XIXe siècle, le pouvoir égyptien convoque les mânes du nationalisme pour contrer un nouveau « colonialisme turc » contemporain, sapant ainsi l'une des mythologies historicistes fondant la propagande expansionniste d'Ankara. Même si les résolutions de la Ligue arabe sont sans guère d'effet, si à Tunis comme à Alger on a les yeux de Chimène pour l'ancien empire d'Istanbul dont les janissaires ont fait souche sur place et où l'on retrouve leur progéniture parmi les élites d'aujourd'hui, et si enfin les feuilletons télévisés turcs doublés en arabe font un tabac de Casablanca à Oman, l'isolement politique de M. Erdogan est patent dans cette enceinte. Seuls l'allié qatari auquel s'adjoignent les clients libyen et somalien, outre Djibouti en grave conflit avec Abou Dhabi, ont osé s'abstenir (voir p. 89). Et les deux États de la corne de l'Afrique – dont l'arabité est superficielle (cette langue n'y est quasiment pas parlée) – ne pèsent guère dans cette enceinte.

Pareille escalade des tensions en Méditerranée orientale constitue la résultante des contradictions de la politique turque, engagée dans une fuite en avant belliciste depuis les lendemains du « coup d'État » manqué le 15 juillet 2016. Elle a conduit ce membre de l'OTAN et candidat à l'adhésion à l'UE, passé sous contrôle d'un dirigeant islamiste oint successivement par Barack Obama puis Donald Trump, à envahir le nord de la Syrie comme celui de l'Irak, et envoyer ses officiers et ses mercenaires en Tripolitaine libyque, à affronter ses voisins grec et cypriote en mer Égée et au large de Kastellorizo, provoquer une escarmouche avec la marine française, pour finir par soutenir l'offensive azérie contre l'Arménie. Parallèlement, l'inscription de la Turquie dans le processus d'Astana avec la Russie et l'Iran, pour gérer la désescalade de la guerre civile syrienne en excluant délibérément les Occidentaux, et la structuration d'une triplice fréro-chiite en soutien aux Frères musulmans avec le même Iran et Qatar, culminant dans la réislamisation de Sainte-Sophie le 24 juillet 2020 (« le rêve de jeunesse » de M. Erdogan), ont exacerbé les antilogies avec l'ancrage européen séculaire du pays. Atatürk, aux lendemains de la Première Guerre mondiale, en avait fait la caractéristique singulière de la première république laïque issue du monde musulman et adopté l'alphabet latin, transférant sa capitale d'Istanbul, siège du califat ottoman depuis un demi-millénaire, à la ville moderne d'Ankara. C'est ce legs que conteste son lointain successeur, imam de formation, en engageant par la force le pays dans un processus de réislamisation politique qui fait litière de la laïcité et inscrit l'antagonisme avec l'Europe sur une ligne de faille culturelle et religieuse mâtinée d'irrédentisme.

Ce maximalisme tous azimuts que M. Erdogan a claironné et mis en œuvre durant l'an 2020 exprime des tendances latentes bien avant son accession au poste de Premier ministre en 2003, mais qu'il n'avait jamais manifestées avec autant d'ardeur. Il lui fallut dans un premier temps, pour détruire les réseaux kémalistes de l'armée, de la police et des services de renseignement, identifiés alors par le syntagme en langue turque « État profond » (*Derin devlet* – qui a connu depuis lors une grande fortune hors de son pays natal), s'appuyer sur la gauche démocrate ainsi que les Kurdes, victimes du totalitarisme « laïcard » des héritiers d'Atatürk. Le 12 septembre 1980, un coup d'État militaire, suivi de quelque 650 000 arrestations, 30 000 départs en exil et 50 condamnations à mort exécutées, ainsi que la dissolution des partis et de dizaines de milliers d'associations, avait mis fin à une situation politique chaotique marquée par le terrorisme et préludant à la guerre civile. Il tira prétexte d'une manifestation antilaïque dans la ville anatolienne de Konya six jours plus tôt. Le putsch suspendit les libertés fondamentales pendant trois ans, et l'intensité de la répression « laïco-fasciste » favorisa en rétorsion le rapprochement entre les représentants de la société civile et les islamistes embastillés de conserve. L'intelligentsia progressiste, sous l'influence du multiculturalisme en vogue sur les campus d'outre-Atlantique où beaucoup avaient étudié, commença alors à voir dans une « modernité musulmane » dont M. Erdogan se disait l'apôtre une promesse d'émancipation du carcan autoritaire de l'État. Quant aux Kurdes, nombre furent persuadés qu'une Anatolie musulmane serait plus inclusive qu'une Turquie chauvine. Cela fit beaucoup pour l'image de ce leader en Occident, afin de gommer ses aspérités islamistes durant le tortueux processus d'adhésion à l'Union européenne – la candidature initiale remonte à 1987 – qui devait se heurter finalement à la méfiance d'un certain nombre d'États membres peu rassurés par la phraséologie et l'action du dirigeant d'Ankara, et conduire les négociations au point mort. Au fur et à mesure de l'assertion de son pouvoir, il rétablit en effet un régime autocratique qui n'avait pas à en remontrer à celui dont il avait chassé les promoteurs laïques. Il les remplaça simplement par des islamistes à sa dévotion, accroissant même une répression dont ses anciens compagnons de route, les démocrates multi-culturalistes qui lui avaient servi d'« idiots utiles », furent les premières victimes.

La tentative de coup d'État de l'été 2016, sur laquelle planent de nombreuses inconnues, fut l'occasion de museler massivement toute opposition, en chassant de leur emploi des centaines de milliers de fonctionnaires, notamment dans les ministères régaliens, de professeurs, d'avocats, en emprisonnant une quarantaine de milliers de personnes, en restreignant les libertés de presse – 150 médias ont été fermés – et d'expression rappelant les heures les plus sombres du kémalisme autoritaire.

En l'an 2020, la Turquie figure à la 154e place (sur 180) dans le Classement mondial de la liberté de la presse établi par Reporters sans frontières. Le 28 août, l'avocate kurde Ebru Timtik meurt en détention après 238 jours de grève de la faim. Le putsch raté fournit l'occasion d'incriminer celui qui fut le premier partenaire de M. Erdogan dans son entreprise de conquête islamiste du pouvoir, l'imam Fethullah Gülen, dont les partisans ont été pourchassés avec un zèle acharné. Ceux-ci, strictement organisés selon des règles d'obédience inspirées tant des confréries mystiques que des sociétés secrètes, constituaient une sorte de franc-maçonnerie religieuse qui avait reconstitué son propre « État profond » repeint du vert coranique. Ils finirent par devenir des critiques redoutables du gouvernement, allant jusqu'à dévoiler, incarcérer et poursuivre, grâce à leurs ramifications dans les médias, la police et la justice, des prévaricateurs proches de M. Erdogan voire appartenant à son cercle familial.

Leur liquidation à la suite de la répression du putsch manqué à l'été 2016 poussa le président, pour compenser la perte de leur soutien électoral, à renforcer son alliance politique avec le Parti d'action nationaliste (MHP), classé à l'extrême droite et exprimant un pantouranisme chauvin. Les élections législatives de juin 2015 ont vu l'AKP (Parti justice et développement) dont la gestion est entachée de scandales perdre la majorité absolue, tandis que l'insurrection armée kurde reprend. Un nouveau scrutin, en novembre, tenu dans des conditions contestées et dans un climat propice à la violence, lui donne 49,50 % des voix et 317 sièges sur 550, tandis que le MHP obtient près de 12 % des suffrages et 40 députés. Le nouveau pacte de gouvernement qui en est issu résulte dans la coloration spécifique de la politique turque contemporaine qui adjoint cette touche « eurasiste », anti-occidentale et hostile à l'Union européenne à la teinte islamiste dominante, issue des Frères musulmans. La stratégie du *Mavi vatan* (patrie bleue), traduite concrètement dans l'expansion méditerranéenne à travers les forages dans les eaux grecques et cypriotes, les incidents récurrents avec les marines de ces pays et de la France, couplée avec la réislamisation de Sainte-Sophie, constituent l'aboutissement à l'été 2020 de pareille alliance « islamo-fasciste ».

L'EURASISME, D'ANKARA À MOSCOU

Cet eurasisme turc n'est pas sans rapport avec celui qui est prôné dans la Russie de Vladimir Poutine – où ce concept a pris naissance au XIXe siècle avec une dimension tout aussi adverse à l'Europe occidentale, mais basée originellement sur la slavophilie, puis adossée à l'immense arrière-pays steppique s'étendant jusqu'à la Sibérie. Il construisait une identité « terrienne » existentielle face aux « thalassocraties » britannique, française puis américaine. En réaction à l'occidentalisation mise en œuvre par les tsars qu'inspiraient les philosophes des Lumières, telle Catherine II, cette doctrine s'est réclamée des religions « authentiques » de ce terroir, l'orthodoxie d'abord, puis l'islam. Persistant durant l'ère soviétique, elle a muté en contribuant à donner une dimension culturelle sous-jacente à l'opposition communiste à l'Atlantisme – incarné par l'OTAN depuis la fin de la Seconde Guerre mondiale. Après la chute de l'URSS et le traumatisme de l'ère Eltsine, où le dépeçage de l'industrie par de nombreuses entreprises occidentales a entraîné l'effondrement du pays et la plongée de la population dans la misère, elle a connu un regain de popularité, et notablement contribué à la vision du monde de Vladimir Poutine, beaucoup de ses proches et conseillers s'en réclamant. D'un côté, son culte de la « terre » l'a rapproché de l'extrême droite européenne, notamment du Front national. De l'autre, elle a agrégé à sa souche panslaviste de manière croissante une composante « turco-islamique », très opportune pour offrir un cadre inclusif à celles des républiques musulmanes qui restaient dans le giron russe, du Tatarstan à la Tchétchénie, ou maintenir le lien avec celles qui étaient devenues indépendantes et risquaient de succomber aux sirènes occidentales, comme l'Ouzbékistan ou l'Azerbaïdjan.

Cette dernière dimension présente des affinités avec le pantouranisme propre à l'extrême droite turque, qui voit de même dans les steppes centrasiatiques d'où proviennent les « loups gris » – cet animal totémique des eurasistes qu'auraient suivi les nomades turcs dans leur migration victorieuse vers l'ouest et qui a donné son nom aux nervis des groupes paramilitaires liés au MHP – un prolongement naturel de l'identité nationale [CARTE 10]. Dans cette logique, le 27 septembre 2020, l'offensive militaire déclenchée par Bakou contre l'enclave du Haut-Karabakh, peuplée d'Arméniens et autonome depuis 1991, « bénéficie du soutien total du peuple turc à ses frères azerbaïdjanais », tweete le maître d'Ankara, « avec tous [ses] moyens ». Ceux-ci incluent les mercenaires de l'« Armée nationale syrienne », parmi lesquels moult rebelles islamistes, qui forment également l'essentiel du corps expéditionnaire turc en Libye, et dont les exactions en Syrie viennent d'être dénoncées par un rapport de l'ONU. Pour les eurasistes turcs, les nomades conquérants de l'Anatolie puis des Balkans, dont les descendants ont procédé au nettoyage ethnique des Arméniens d'Anatolie au début du XXe siècle et prolongent ce mouvement au Caucase cent ans plus tard, constituent le fondement d'une identité anti-occidentale, en rupture avec la sécularisation à la française qui inspira par ailleurs Atatürk dans les années 1920. On verra ci-dessous qu'ils poussent cette logique jusqu'à l'Hexagone, où leurs relais dans l'immigration pourchassent les Arméniens dans la région lyonnaise, le 28 octobre (p. 247).

La hargne viscérale spécifique que M. Erdogan voue à la patrie de Voltaire est tapie dans l'identification de cette nation à la laïcité haïe, et à une influence culturelle néfaste et impie qu'il brûle d'éradiquer avec d'autant plus d'acharnement qu'une proportion importante du vocabulaire turc désignant les objets et concepts de la modernité est constituée de vocables français transcrits phonétiquement, à commencer par *laïk* (laïque) – comme on l'a indiqué ci-dessus (p. 23). Depuis le lycée (*lise*) pour imams et prédicateurs (*imam hatip lisesi*) où il a fait ses classes, en passant par l'*otobüs* ou le *tren* qui l'y menait, et jusqu'au *pötibör* (petit-beurre) dont il se délectait à la récréation... (et au magnat du BTP *Rönesans* (renaissance) qui lui a construit à Ankara un palais présidentiel au faste versaillais). *A contrario*, sa porosité mentale avec les chantres de l'eurasisme crût d'autant plus aux lendemains du putsch manqué de l'été 2016 qu'il liquidait ses anciens amis gülenistes – ces panislamistes exclusifs rejetaient la doctrine du MHP comme du nationalisme « païen ». C'est dans le cadre de cette alliance civilisationnelle sous les auspices eurasistes partagés que le maître du Kremlin affirma son soutien à son homologue d'Ankara en 2016 – ses services de renseignement, selon une rumeur répandue en Turquie, lui auraient les premiers fourni de précieuses informations pour déjouer le complot. La résidence de M. Gülen aux États-Unis – où il est exilé depuis 1999 – a été opportunément montrée du doigt pour incriminer l'influence supposée de Washington, « thalassocratie atlantiste », derrière la tentative de coup.

ENTRE ISLAMISME ET IRRÉDENTISME

Le rapprochement russo-turc qui en est résulté a eu de multiples et importantes conséquences. Il a permis de solder le contentieux sur la destruction en vol d'un Soukhoï russe venant de la base de Hmeimim près de Lattaquié au-dessus de la frontière syrienne par deux chasseurs F-16, le 24 novembre 2015, à laquelle Moscou a très violemment réagi – considérant qu'il s'agissait du premier de ses aéronefs jamais abattu par l'aviation d'un membre de l'OTAN. Coupure des exportations de gaz, arrêt des flux touristiques, bombardements des convois de camions-citernes qui transportaient en Anatolie le pétrole exploité par Daesh dans l'Est syrien, révélations multiples sur l'implication des familiers de M. Erdogan dans ce trafic – les mesures de rétorsion eurent un impact délétère. En conséquence, le 20 décembre 2016, cinq mois après le putsch manqué, une rencontre à Istanbul entre officiels russes, iraniens et turcs – leurs trois États fournissant l'essentiel du soutien logistique ou militaire aux combattants antagoniques de la guerre civile syrienne – entérine la fin de l'approvisionnement d'Alep par Ankara : Erdogan se règle sur Poutine. Deux jours plus tard, la métropole septentrionale syrienne capitule et retombe aux mains du régime d'Assad : c'est le début de la fin pour l'insurrection. Washington et autres alliés de la Turquie au sein de l'OTAN ont été tenus écartés du processus, prototype des accords d'Astana entre ces trois États, qui sera entériné le 4 mai suivant, pour organiser en leur sein la désescalade en Syrie. La capitale du Kazakhstan est d'autant plus propice comme éponyme de ce pacte que le président Nursultan Nazarbaïev – qui gouverne jusqu'à sa démission en mars 2019 un pays où les ethnies russo-orthodoxes et turco-musulmanes cohabitent – s'affichait volontiers en héraut de l'eurasisme. Il fit renommer l'université de cette ville « Lev Goumilev », du nom de l'anthropologue (1912-1992) considéré comme le père de la version contemporaine de cette doctrine, incarnée par la confluence des peuples de la steppe russo-kazakhe.

Ces accords signent le basculement de l'intervention de M. Erdogan au sein de la guerre civile syrienne. Ses services de renseignement facilitaient jusqu'alors le soutien matériel aux rebelles, que choyaient également les puissances occidentales et les pétromonarchies sunnites du Golfe – chacune avec sa logique et ses attentes particulières. Barack Obama comme François Hollande voyaient dans l'insurrection le mouvement qui renverserait une dictature vassale de Moscou et instaurerait sur ses décombres une démocratie au goût euro-américain. Les dynastes et les religieux du Koweït à l'Arabie la percevaient quant à eux comme une armée de jihadistes sunnites qui détruiraient le croissant chiite adverse dessiné par Téhéran de la Caspienne à la Méditerranée. La politique syrienne initiale d'Ankara combinait de la sorte son engagement pro-occidental et antirusse au sein de l'OTAN à son soutien aux Frères musulmans dans leur lutte pour l'hégémonie régionale après les printemps arabes – vision parfaitement compatible de surcroît avec celle du locataire démocrate de la Maison-Blanche consistant en un « *engagement* » avec l'islam politique.

Mais l'équation turque se modifie dans la foulée du putsch manqué de juillet 2016 : l'augmentation de la dose de nationalisme « eurasien » dans la coalition gouvernementale, la méfiance envers Washington soupçonné d'avoir encouragé les conjurés, le rapprochement avec Moscou rebattent les cartes au sud de la frontière. La Syrie devient désormais pour M. Erdogan en premier lieu l'objet d'une expansion territoriale à vocation nationaliste – elle ne constitue plus que secondairement une zone de projection de l'islamisme frériste. La *realpolitik* consiste à établir des bases militaires au-delà des confins pour séparer physiquement les Kurdes locaux de ceux de Turquie – les activistes et combattants du PKK avec qui les hostilités ont repris en 2015 après une accalmie. Dans un

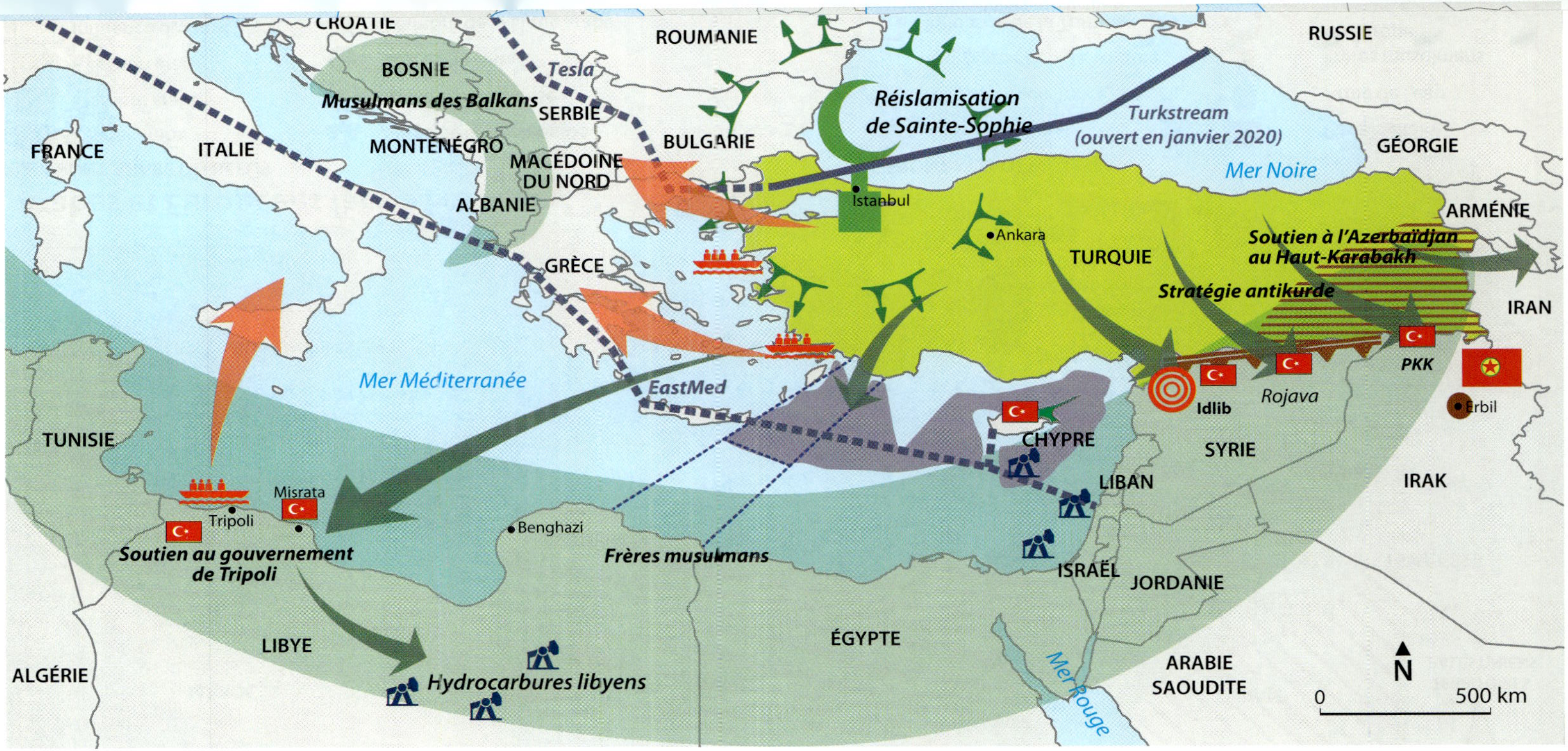

L'expansion turque en Méditerranée : néo-ottomanisme et islamisme

NÉO-OTTOMANISME ET ISLAMISME
- Influence islamiste
- Intervention militaire
- Base militaire à l'étranger
- Occupation du nord de Chypre

STRATÉGIE ÉNERGÉTIQUE
- Gazoduc russo-turc
- Projet de gazoduc
- Hydrocarbures
- Prétentions turque et nord-chypriote de ZEE
- Accord turco-libyen de démarcation (nov. 2019)

CHANTAGE AUX MIGRANTS
- Routes des migrants
- Migrants bloqués
- Zone d'embarquement

POLITIQUE ANTI-KURDE
- Ceinture arabe
- Répression en Turquie
- Influence sur le Kurdistan irakien

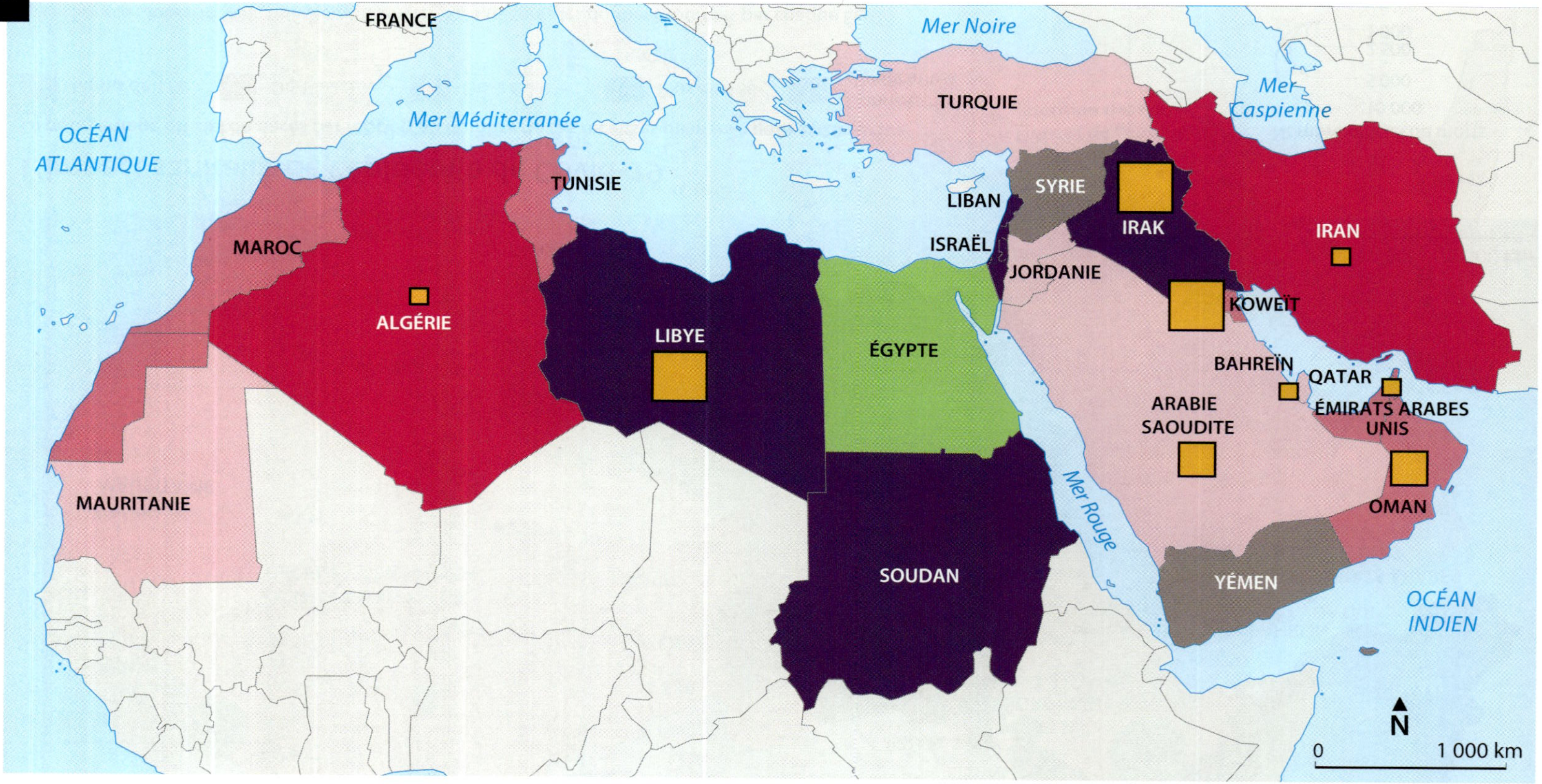

L'effondrement de la croissance économique dans la région Afrique du Nord–Moyen-Orient en 2020

Estimation de la croissance du PIB par pays en 2020

- 2 %
- De – 5 % à – 7 %
- De 0 à – 3,9 %
- Inférieure à – 7 %
- De – 4 à – 5 %
- Pas de données

Part du pétrole dans le PIB en 2018

- De 40 à 45 %
- De 25 à 40 %
- De 15 à 25 %

Source : Banque mondiale 2018 et 2020.

L'Arabie saoudite et la vision 2030

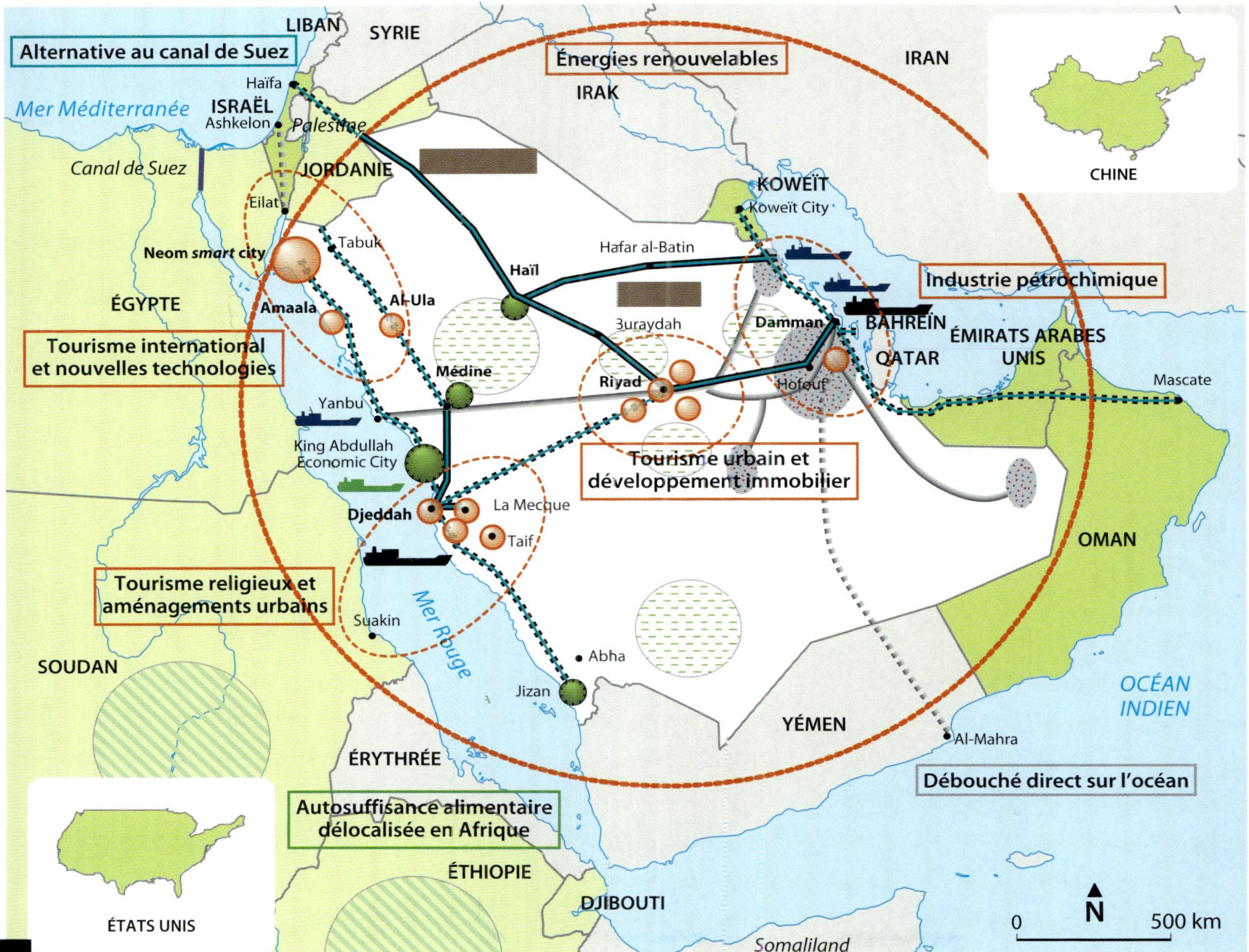

VISION 2030 DE MOHAMED BEN SALMAN
- Projet phare
- Principaux projets
- Énergies renouvelables : Stratégie
- Principaux partenaires
- Périphérie économique
- Pays répulsifs

PROGRAMME DU ROI ABDALLAH (2005-2015)
- Ville nouvelle
- Terminal de conteneurs
- Chemin de fer réalisé
- Chemin de fer en projet
- Forte réduction de l'agriculture irriguée
- Développement agricole saoudien à l'étranger

MATIÈRES PREMIÈRES ET FRET
- Hydrocarbures
- Oléoduc
- Oléoduc en projet
- Terminal pétrolier
- Terminal de conteneurs
- Extraction minière

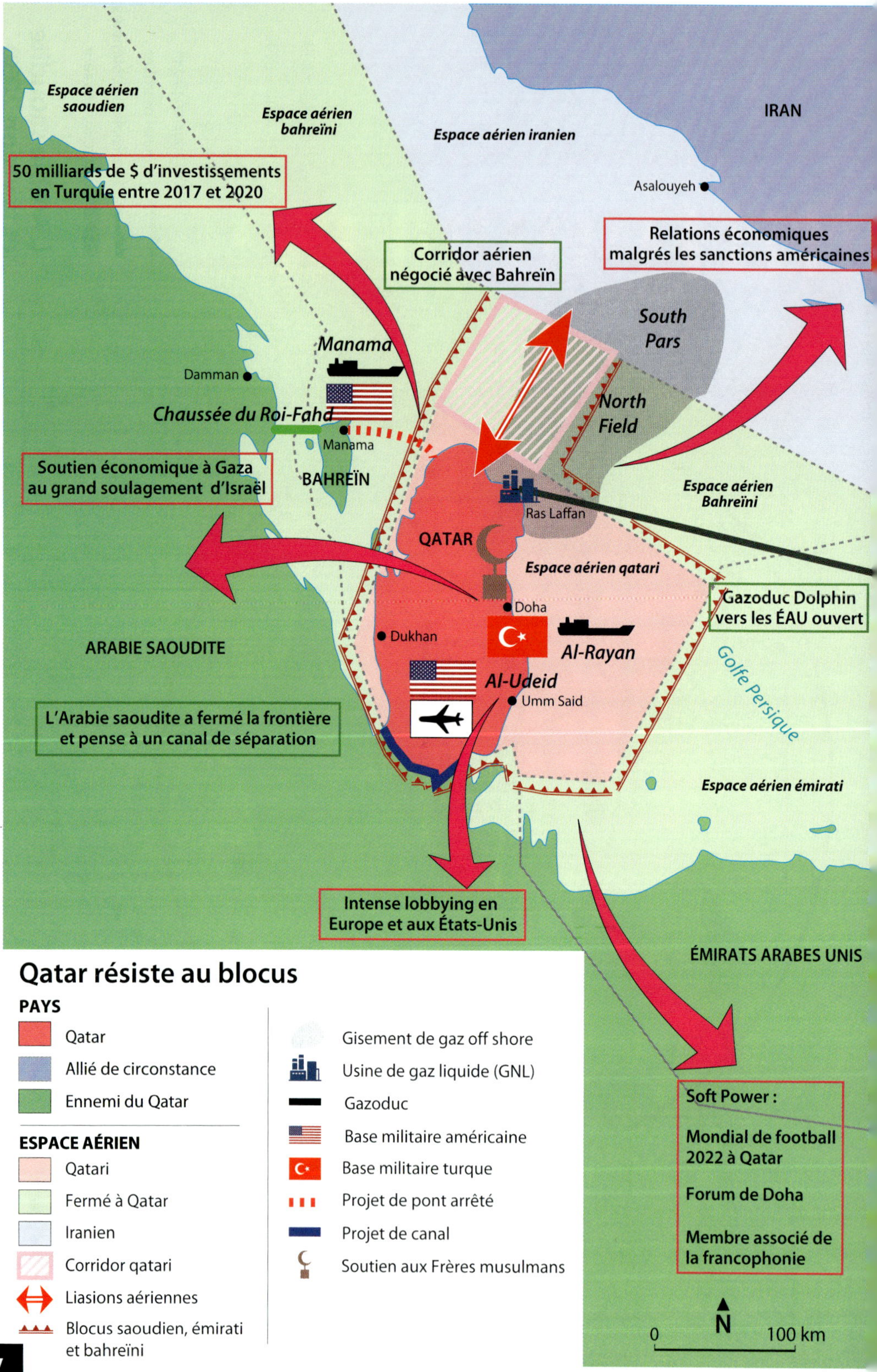

Espace aérien saoudien
Espace aérien bahreïni
Espace aérien iranien
IRAN
50 milliards de $ d'investissements en Turquie entre 2017 et 2020
Asalouyeh
Relations économiques malgrés les sanctions américaines
Corridor aérien négocié avec Bahreïn
South Pars
North Field
Manama
Damman
Chaussée du Roi-Fahd
Manama
Soutien économique à Gaza au grand soulagement d'Israël
BAHREÏN
Ras Laffan
Espace aérien Bahreïni
QATAR
Espace aérien qatari
Doha
Gazoduc Dolphin vers les ÉAU ouvert
Dukhan
ARABIE SAOUDITE
Al-Rayan
Golfe Persique
Al-Udeid
Umm Said
L'Arabie saoudite a fermé la frontière et pense à un canal de séparation
Espace aérien émirati
Intense lobbying en Europe et aux États-Unis
ÉMIRATS ARABES UNIS
Qatar résiste au blocus
PAYS
Qatar
Allié de circonstance
Ennemi du Qatar
ESPACE AÉRIEN
Qatari
Fermé à Qatar
Iranien
Corridor qatari
Liasions aériennes
Blocus saoudien, émirati et bahreïni
Gisement de gaz off shore
Usine de gaz liquide (GNL)
Gazoduc
Base militaire américaine
Base militaire turque
Projet de pont arrêté
Projet de canal
Soutien aux Frères musulmans
Soft Power :
Mondial de football 2022 à Qatar
Forum de Doha
Membre associé de la francophonie
N
0
100 km

L'Irak disputé

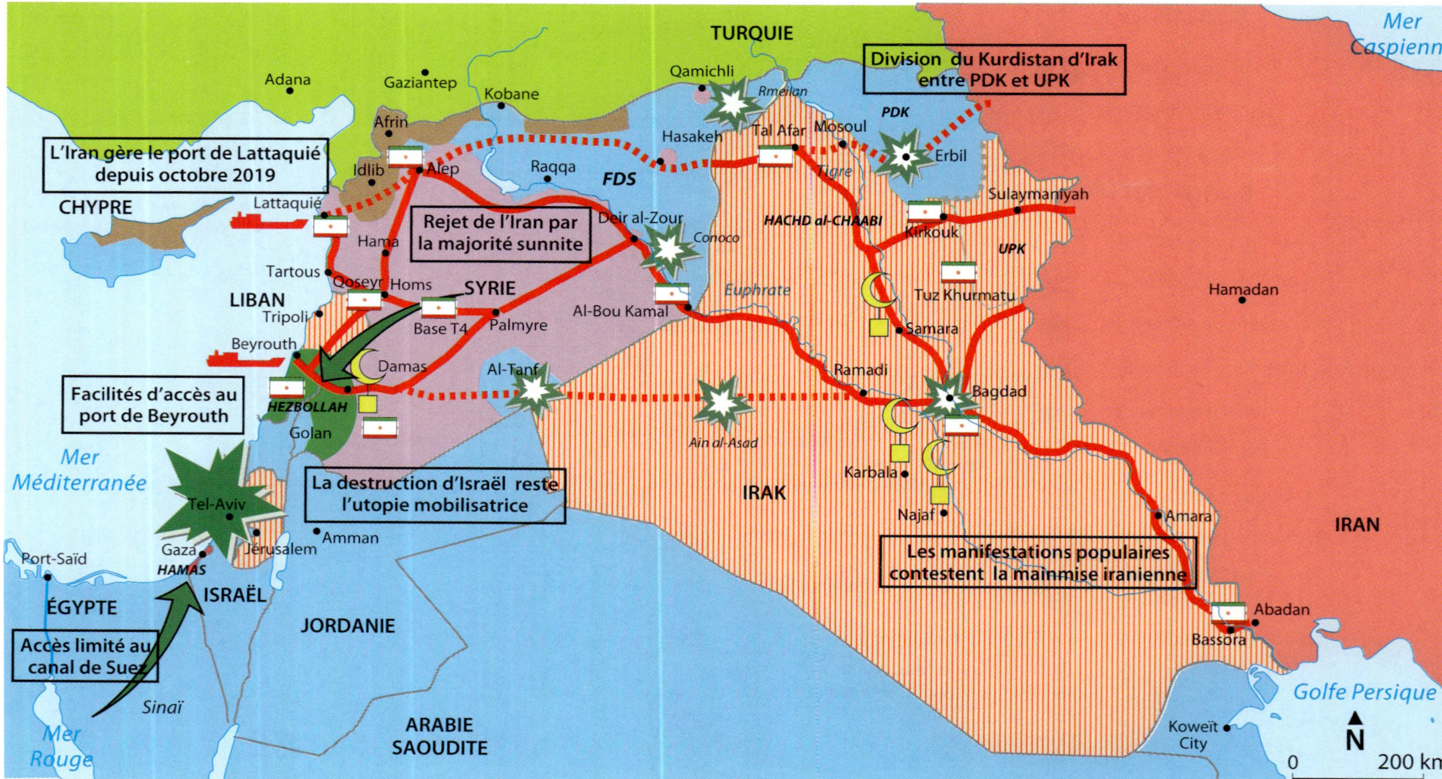

L'axe iranien entre idéologie et géopolitique

UN AXE INACHEVÉ

- Protectorat russo-iranien
- Pro-occidental
- Occupation turque
- Territoire disputé

MOTIVATION IDÉOLOGIQUE : L'AXE DE LA RÉSISTANCE

- Utopie mobilisatrice
- Ligne de front
- Chasser les États-Unis
- Transferts d'armes
- Lieux saints chiites

UN AXE GÉOPOLITIQUE VERS LA MÉDITERRANÉE

- Base militaire iranienne
- Accès portuaire
- Route iranienne
- Future route iranienne

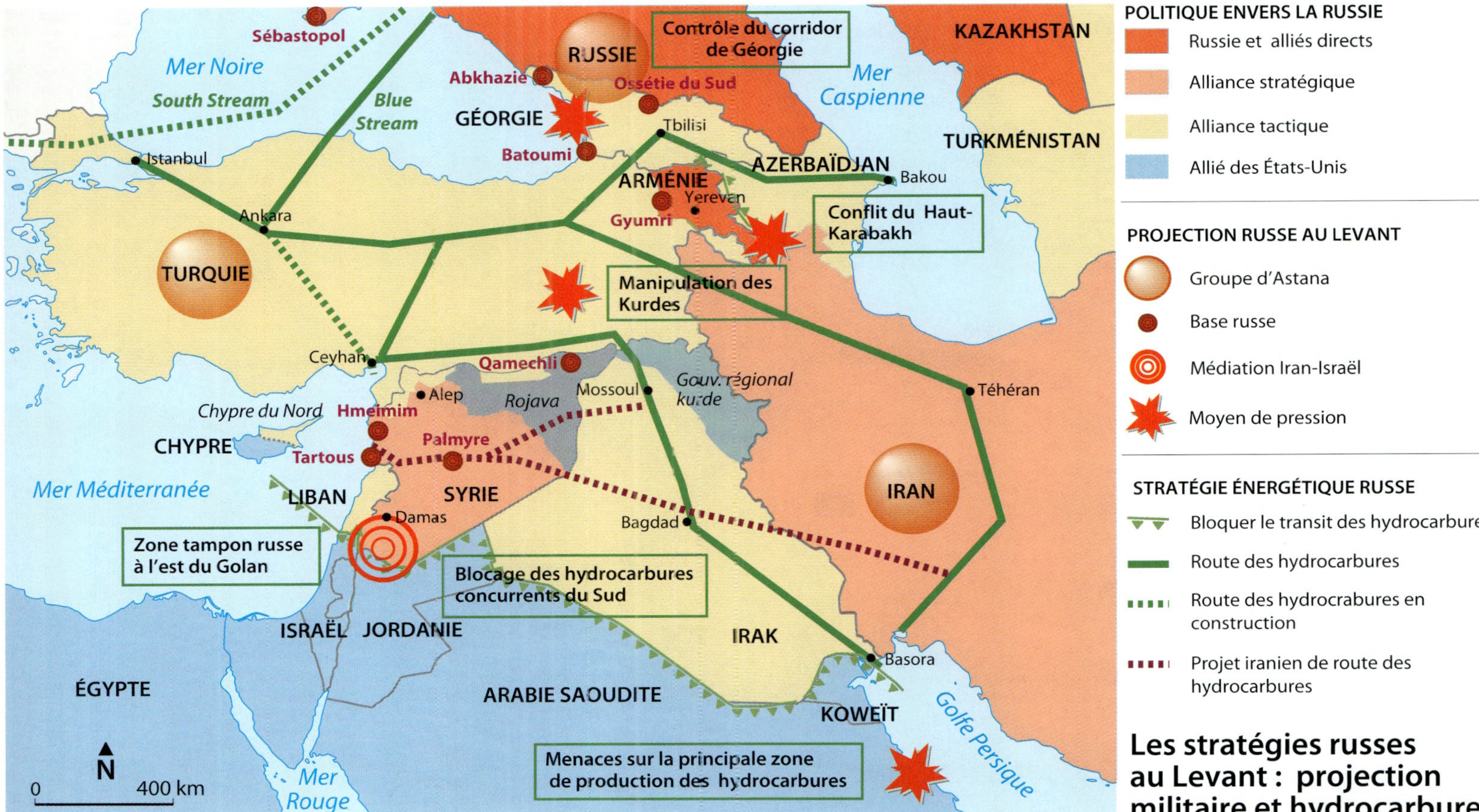

Les stratégies russes au Levant : projection militaire et hydrocarbures

La Syrie divisée et occupée

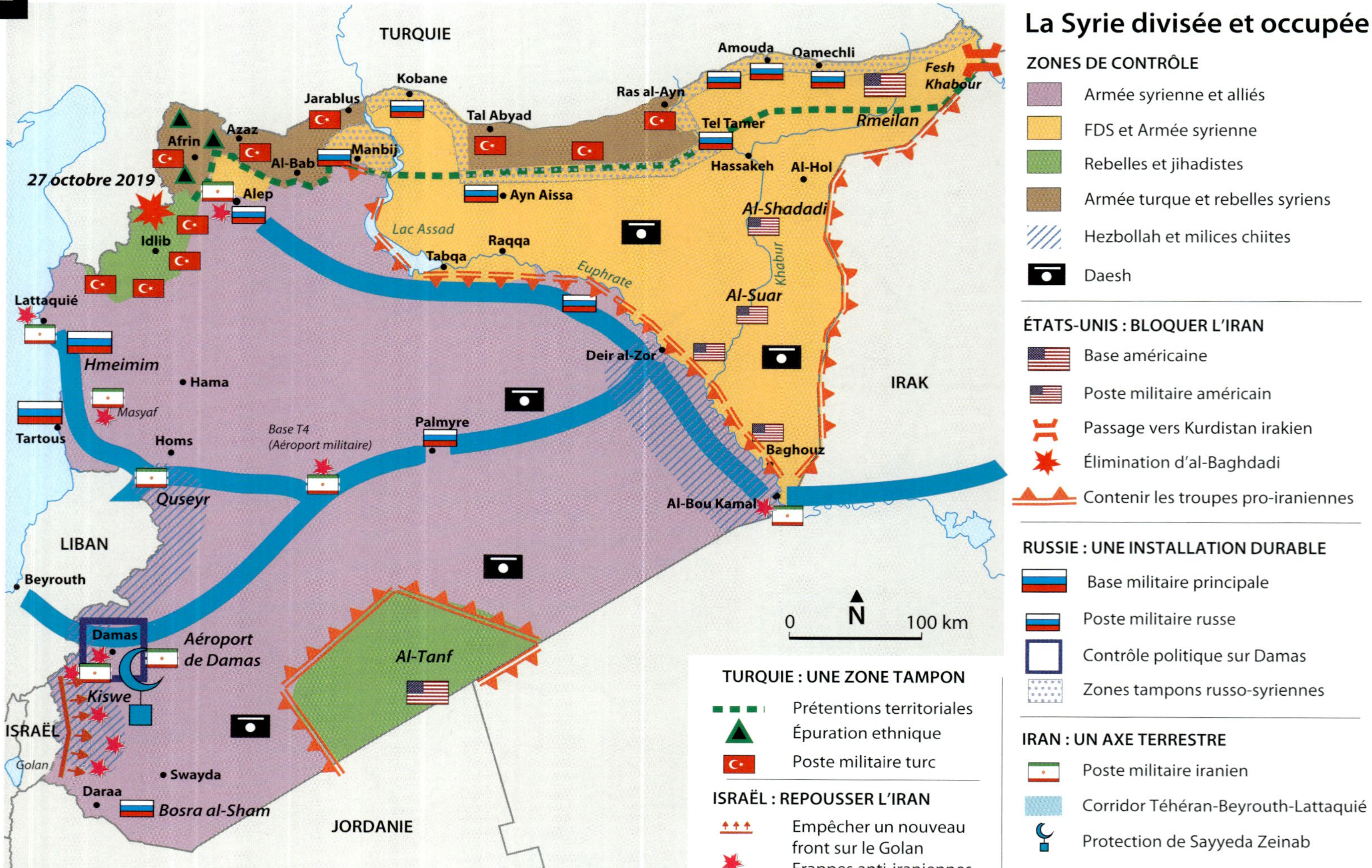

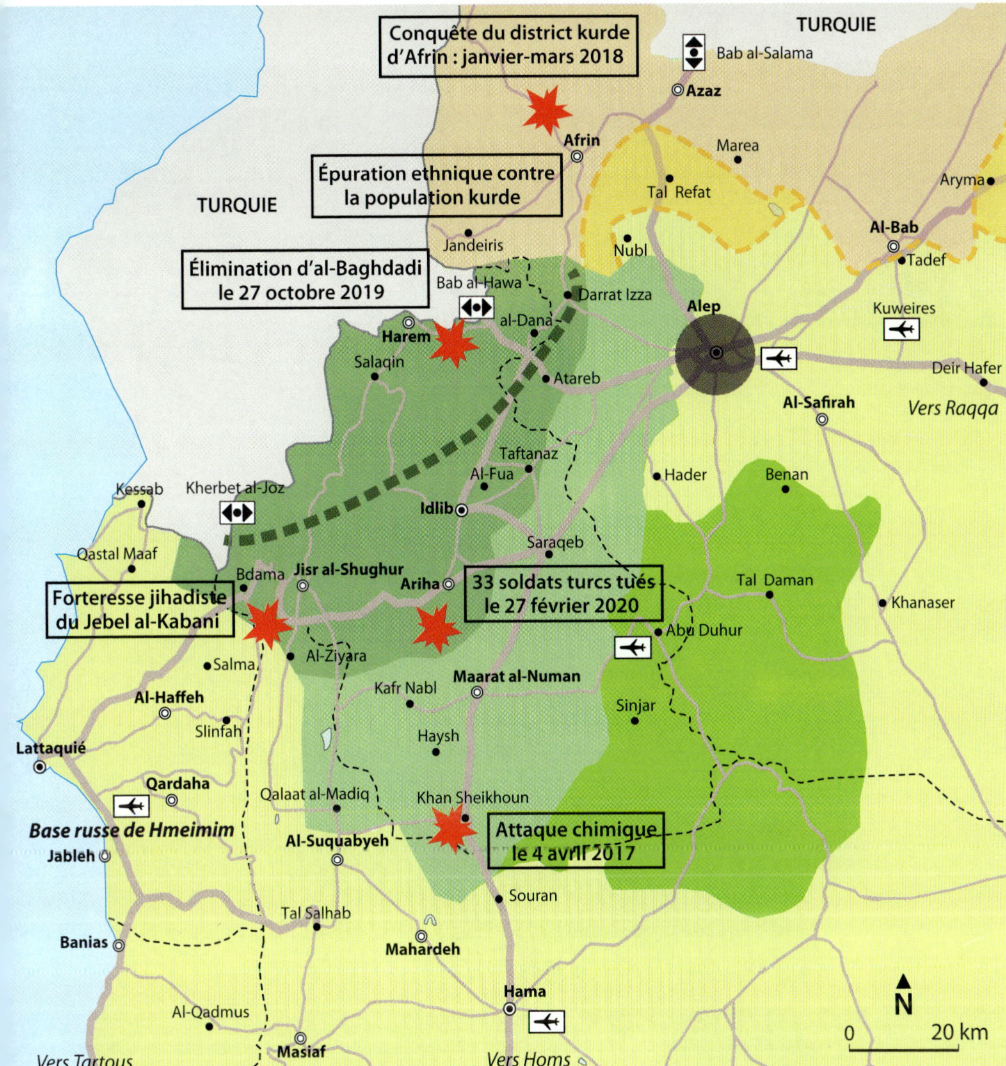

La réduction de la poche d'Idlib

LA POCHE REBELLE D'IDLIB

- Septembre 2017
- Avril 2019
- Mars 2020
- Nouvelle bande de Gaza
- Armée syrienne
- Armée turque
- Forces kurdes
- Frontière internationale
- Limite de province
- Passage international
- Route principale
- Route secondaire
- Aéroport militaire
- Centre de province
- Centre de district
- Localité
- Agglomération d'Alep

Le Liban fragmenté

- Territoire chiite
- Territoire sunnite
- Territoire chrétien
- Territoire druze
- Déploiement du Hezbollah en Syrie
- HARB Famille dominante
- Concentration de réfugiés syriens
- Zone disputée avec Israël
- Camp palestinien
- Zone surveillée par la FINUL

Israël : la coopération régionale ne supprime pas les menaces

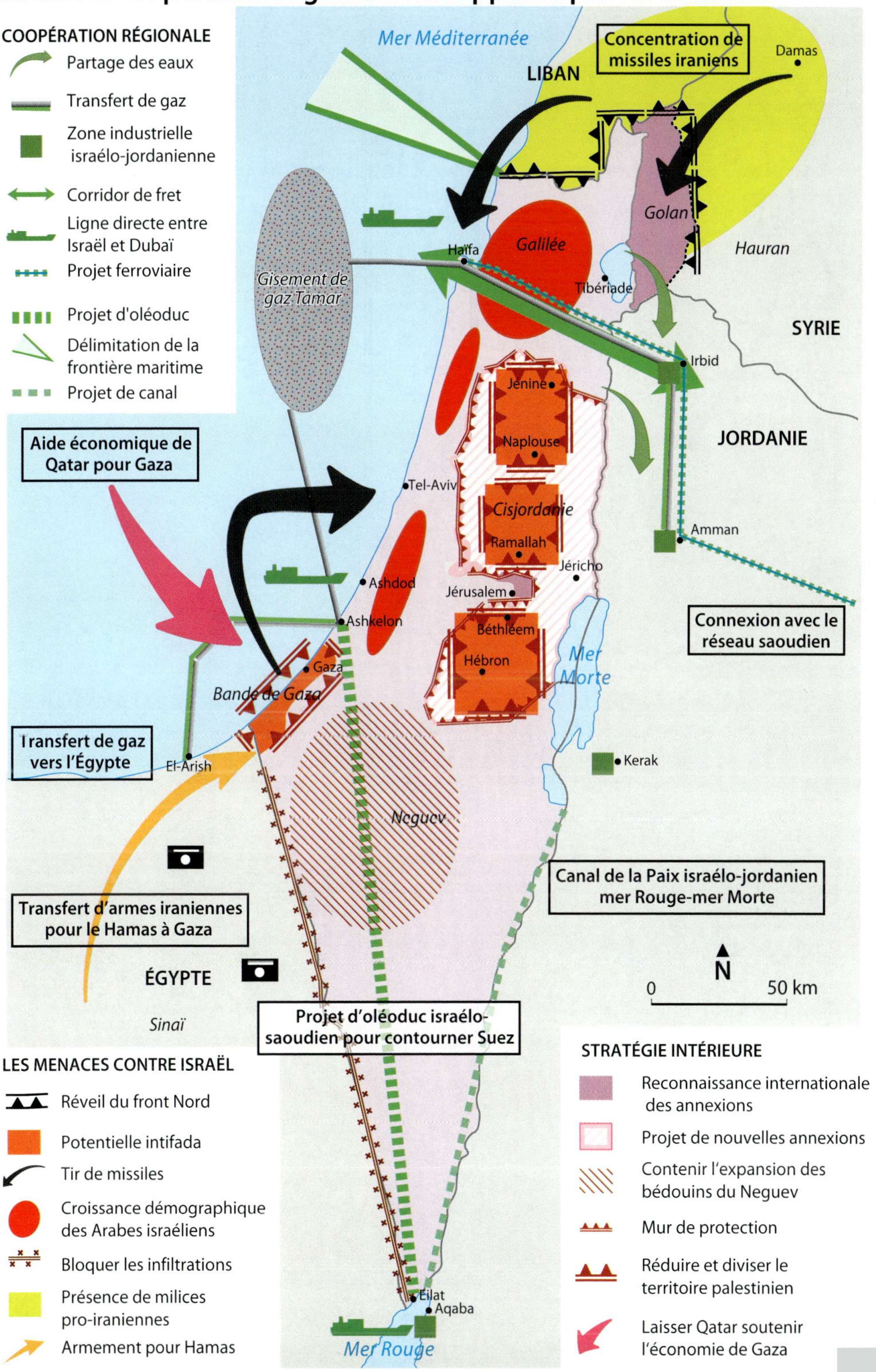

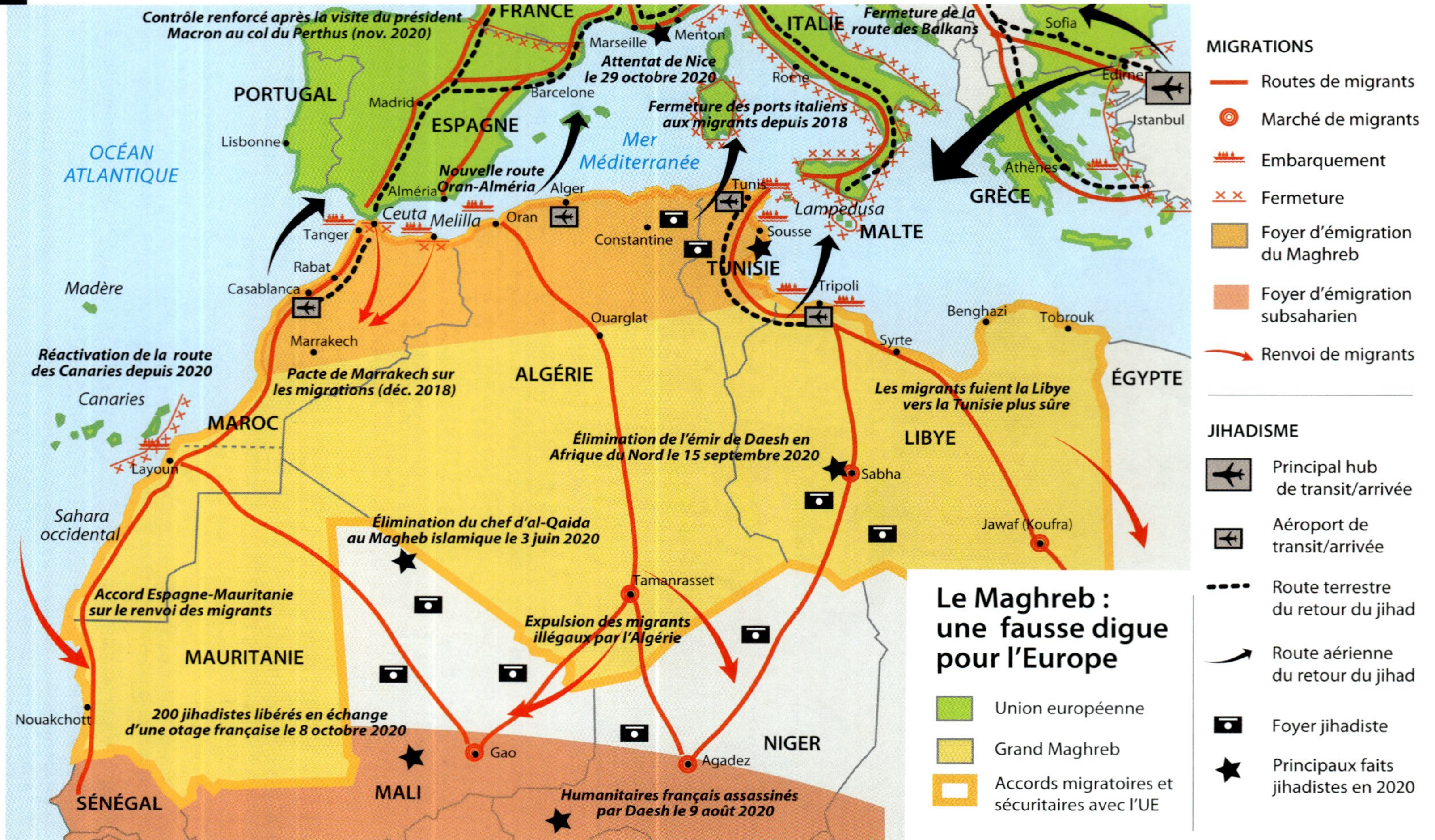

Le Maghreb : une fausse digue pour l'Europe
Union européenne
Grand Maghreb
Accords migratoires et sécuritaires avec l'UE
MIGRATIONS
Routes de migrants
Marché de migrants
Embarquement
Fermeture
Foyer d'émigration du Maghreb
Foyer d'émigration subsaharien
Renvoi de migrants
JIHADISME
Principal hub de transit/arrivée
Aéroport de transit/arrivée
Route terrestre du retour du jihad
Route aérienne du retour du jihad
Foyer jihadiste
Principaux faits jihadistes en 2020
Contrôle renforcé après la visite du président Macron au col du Perthus (nov. 2020)
Attentat de Nice le 29 octobre 2020
Fermeture des ports italiens aux migrants depuis 2018
Fermeture de la route des Balkans
Nouvelle route Oran-Alméria
Réactivation de la route des Canaries depuis 2020
Pacte de Marrakech sur les migrations (déc. 2018)
Les migrants fuient la Libye vers la Tunisie plus sûre
Élimination de l'émir de Daesh en Afrique du Nord le 15 septembre 2020
Élimination du chef d'al-Qaida au Magheb islamique le 3 juin 2020
Expulsion des migrants illégaux par l'Algérie
Accord Espagne-Mauritanie sur le renvoi des migrants
200 jihadistes libérés en échange d'une otage française le 8 octobre 2020
Humanitaires français assassinés par Daesh le 9 août 2020
OCÉAN ATLANTIQUE
Mer Méditerranée
FRANCE
PORTUGAL
ESPAGNE
ITALIE
GRÈCE
MALTE
MAROC
ALGÉRIE
TUNISIE
LIBYE
ÉGYPTE
MAURITANIE
MALI
NIGER
SÉNÉGAL
Madère
Canaries
Sahara occidental
Lisbonne
Madrid
Barcelone
Marseille
Menton
Rome
Sofia
Edirne
Istanbul
Athènes
Lampedusa
Almeria
Ceuta
Melilla
Tanger
Rabat
Casablanca
Marrakech
Oran
Alger
Constantine
Tunis
Sousse
Tripoli
Benghazi
Tobrouk
Syrte
Ouarglat
Sabha
Jawaf (Koufra)
Tamanrasset
Agadez
Gao
Layoun
Nouakchott

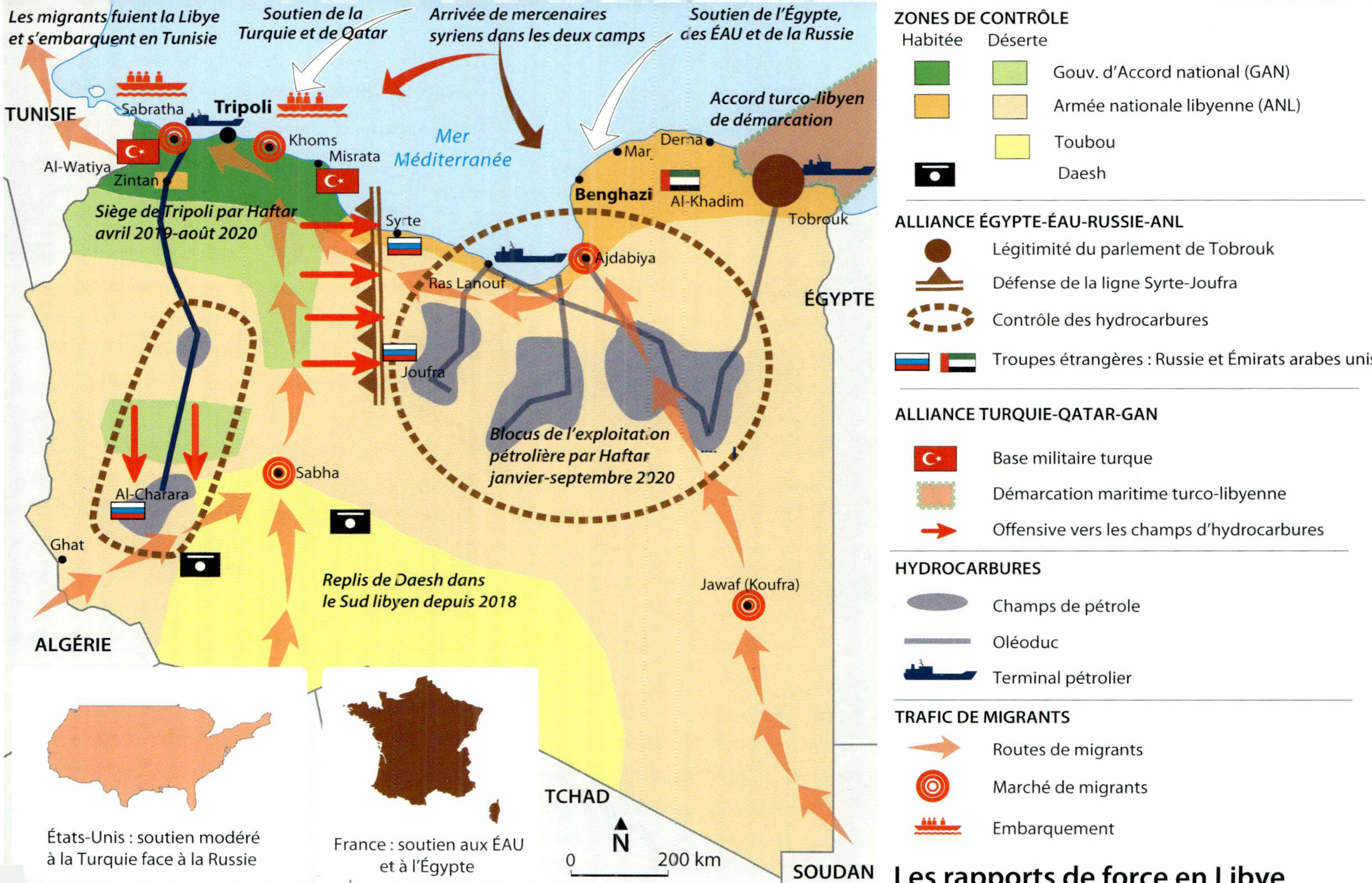

Les rapports de force en Libye

L'offensive chinoise : les nouvelles routes de la soie

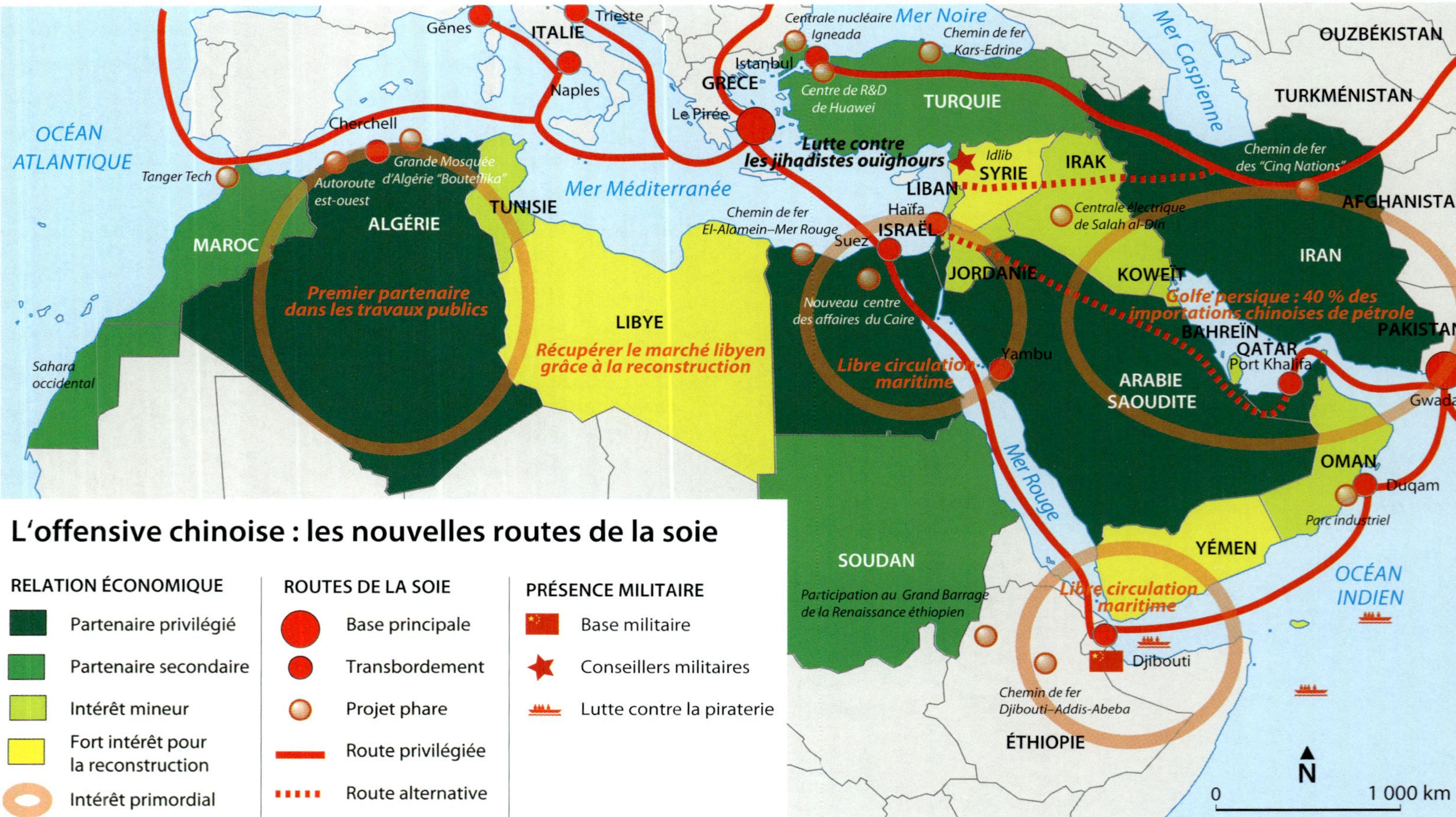

second temps – comme le démontre l'invasion de la région d'Afrin en janvier 2018 –, l'objectif devient de transformer ces territoires en zones tampons. Objet d'un nettoyage ethnique qui en chasse les habitants de souche kurde, ils accueillent à leur place des rebelles arabes sunnites exfiltrés des aires de combat au fur et à mesure de la reconquête du reste de la Syrie méridionale par les troupes d'Assad aidées par les supplétifs chiites et l'aviation russe. Ces ex-insurgés, regroupés dans une « Armée nationale syrienne » à la solde de la Turquie, exécutent ses basses œuvres sur place – comme le rapport de l'ONU le documentera en septembre 2020 – et seront aussi cette même année envoyés combattre en Libye aux côtés du gouvernement de Tripoli, puis en Azerbaïdjan auprès de celui de Bakou.

Dans ce contexte, au sud de l'enclave d'Afrin, la « zone de désescalade » de la province frontalière d'Idlib, désignée comme telle dans les accords d'Astana de mai 2017, où s'entassent des centaines de milliers de rebelles réfugiés et déplacés fuyant la reconquête par les soldats et miliciens de Damas, en sus de la population originelle, est le lieu d'une surprenante « variable d'ajustement » entre les deux principaux partenaires des accords, MM. Poutine et Erdogan [CARTE 12]. Dans la partie sous contrôle turc, qui prend des airs de « nouvelle bande de Gaza » selon l'expression de Fabrice Balanche, l'armée d'Ankara était censée surveiller les milices rebelles, mais celles-ci sont passées sous la coupe du HTS (Hay'at Tahrir ash Shâm – Organisation pour la libération du Shâm/Levant), un groupe jihadiste dissident d'al-Qaida dont il revendiquait toujours l'idéologie jusqu'à l'été 2020, et qui harcelait les brigades pro-Assad présentes dans la partie sous supervision russe. Là, les forces spéciales du Kremlin sont supposées calmer les velléités agressives des troupes du président syrien – dans la réalité, elles leur ouvrent la voie en bombardant le HTS et autres séditieux : de mai à août 2019, quelques villes et de nombreux villages sont reconquis. Et c'est dans le secteur chapeauté par M. Erdogan que se cachait le « calife » de Daesh Abou Bakr al-Baghdadi, tué dans une opération héliportée américaine le 27 octobre 2019, à quelques encablures de la Turquie. À la fin de 2020, le territoire s'est réduit comme peau de chagrin et les 19 et 20 octobre, l'armée d'Ankara évacue la plupart de ses avant-postes les plus à l'est, dont celui de Morek, pour se replier sur une ligne créant une bande d'une quarantaine de kilomètres de profondeur en Syrie, où sont envoyés d'importants renforts de troupes, véhicules et matériels. Dans le même temps, le HTS – sous pression des services de renseignement turcs, selon les sources de l'opposition syrienne – a exclu ses membres les plus extrémistes, et a rompu tous rapports avec le théoricien jihadiste jordanien radical Abou Mohammed al-Maqdissi par une déclaration publiée le 10 octobre. L'objectif recherché est de rendre plus « présentable » internationalement ce groupe désigné comme terroriste, en facilitant son absorption par l'« Armée nationale syrienne » soldée par Ankara. Ces manœuvres se déroulent tandis que Moscou renforce la pression des troupes de Bachar al-Assad sur les Turcs et leurs affidés, en rétorsion contre le soutien concomitant de M. Erdogan à l'offensive azérie au Haut-Karabakh (où ont été expédiés sous égide turque des mercenaires syriens des brigades al-Hamza et Sultan Mourad, dont plus d'une centaine sont tombés au combat au 20 octobre 2020).

De même que la situation à Idlib sert de variable d'ajustement dans une relation turco-russe qui s'est dégradée après l'immixtion de M. Erdogan dans le Caucase, elle avait permis un an auparavant, à l'automne 2019, de conforter les rapports entre ce *strong leader*-ci et son collègue de la Maison-Blanche. La liquidation sur place de Baghdadi, symbole vivant du jihadisme, avait donné l'occasion à Donald Trump d'apparaître comme le champion de l'antiterrorisme mondial – pour damer le pion à son prédécesseur Barack Obama, qui avait fait exécuter Ben Laden au Pakistan le 2 mai 2011. Elle compensait également le scandale international que causa sa décision de retirer les troupes américaines de la région contrôlée par les Kurdes dans le Nord-Est syrien, le 6 octobre 2019, ouvrant la voie, trois jours plus tard, à une offensive turque à travers la frontière, précédée de bombardements et de razzias perpétrées par d'anciens rebelles, parmi lesquels de nombreux jihadistes recyclés, qui avaient reçu autrefois de l'armement de la CIA. La levée de boucliers en Occident contre ce qui fut dénoncé comme un abandon des Kurdes en rase campagne alors qu'ils avaient joué un rôle crucial dans la lutte contre le terrorisme de Daesh fut très forte, tandis que plus de 100 000 personnes fuyaient les combats, et que chaque jour les supplétifs de l'Armée nationale syrienne annonçaient qu'ils avaient conquis de nouveaux villages et bourgades. Le 11 octobre, les combattants islamistes d'Ahrar al-Sharqia (« Les hommes libres de l'Orient »), une brigade de l'ANS, capturèrent à un barrage routier puis torturèrent à mort Hevrin Khalaf, une jeune responsable politique d'un parti kurde progressiste et laïque, ainsi que trois autres prisonniers menottés aux cris d'*Allah Akbar !* Cette exécution filmée en vidéo fut largement diffusée sur les réseaux sociaux, rappelant les atrocités semblables de Daesh durant les pires années de son « califat islamique ». Le 13 octobre 2019, le bombardement d'un centre de détention pour prisonniers ayant appartenu à l'organisation jihadiste dans la ville de Tell Abyad permit à 745 détenus de s'évader – une information que démentit la Maison-Blanche, embarrassée, mais que confirmèrent d'autres responsables américains.

Ce même jour, il devint clair que la politique de Donald Trump au Moyen-Orient mettait les États-Unis en position de faiblesse face à un adversaire autrement redoutable : Vladimir Poutine. Le dirigeant russe fit promptement son profit des errements de son homologue d'outre-Atlantique. Il organisa un arrangement entre les Kurdes syriens assiégés et le régime de Damas, de telle sorte que les troupes de Bachar al-Assad puissent remonter vers le nord jusqu'au contact des forces turques à travers le territoire contrôlé jusqu'alors par les YPG, et qui leur était inaccessible du fait de la présence des soldats américains [CARTE 11]. Ceux-ci s'étaient désormais retirés dans une bande située le long de la frontière avec l'Irak. Le maître du Kremlin avait aussi signifié à son homologue turc que Moscou, et non Washington, fixerait les limites de l'offensive des hommes d'Ankara. Le maintien d'une présence militaire kurde semi-autonome en Syrie du Nord-Est, sous les auspices russes, permettait de tenir les rênes courtes à la Turquie. Poutine n'aimait rien tant que de danser avec Erdogan dès lors que celui-ci avait un caillou kurde dans sa chaussure. Il reçut ce dernier le 22 octobre 2019 à Sotchi, et le « mémorandum en dix points » établi dans cette station balnéaire de la mer Noire stipulait que les confins syro-turcs seraient surveillés par des patrouilles mixtes russo-turques, à l'est et à l'ouest de la zone désormais contrôlée par Ankara en territoire syrien entre Tell Abyad et Ras al-Ayn tandis que des contingents russo-syriens (ces derniers appartenant à l'armée de Damas) contrôleraient les abords de l'enclave à peine conquise pour en empêcher toute extension. L'Amérique et l'Occident avaient été sortis sans coup férir de la plus grande partie du champ de bataille.

Les forces spéciales des États-Unis, de la France et du Royaume-Uni se redéployèrent en conséquence à l'est de l'Euphrate autour des champs pétrolifères exploités notamment par la compagnie américaine CONOCO – opération qualifiée de « banditisme » par le porte-parole du ministère russe de la Défense, impatient de voir revenir ces hydrocarbures sous le contrôle de Damas. Bachar al-Assad, quant à lui, recycla une ancienne rhétorique nationaliste pour mobiliser des soutiens en Syrie en accueillant « tout groupe qui s'engage dans la résistance populaire contre Erdogan et la Turquie [...] Si nous ne faisons pas cela, nous ne méritons plus notre patrie ! ». Pareille déclaration n'aurait jamais pu être prononcée sans l'accord du Kremlin : c'était un signe à Ankara que Poutine bridait strictement ses ambitions, dès lors que le but premier de Moscou – le retrait militaire américain de la zone frontalière, et le remplacement des patrouilles de soldats d'outre-Atlantique par des militaires russes – avait été atteint.

Ainsi Donald Trump, soumis à un tir croisé des démocrates et de certains républicains à cause de son retrait erratique de Syrie, et faisant face à une procédure de destitution au Congrès dans l'affaire ukrainienne, eut recours à l'opération dont il espérait une publicité bienvenue et des applaudissements pour son leadership : la liquidation d'Abou Bakr al-Baghdadi le 27 octobre 2019. Le calife autoproclamé de l'éphémère État islamique n'avait plus grande influence ni valeur militaire, après que les derniers combattants de l'EI avaient été défaits à Baghouz, dans la zone frontalière syro-irakienne, en mars. Ses rares vidéos mises en ligne depuis lors rappelaient seulement qu'il était encore capable d'aboyer, à défaut de mordre. Néanmoins, il restait un criminel très recherché pour la litanie d'atrocités jihadistes commises en son nom, et son élimination fournirait une prime politique à quiconque l'exécuterait. Mais le moment où elle survint et ses conditions soulevèrent de nombreuses questions sans réponse à ce jour.

Dans la zone de désescalade d'Idlib, le 27 février 2020, trente-trois soldats turcs moururent dans une frappe aérienne attribuée à la Syrie – seize militaires syriens furent tués en rétorsion [CARTE 12]. Cette « guerre tiède » russo-turque par rebelles et miliciens interposés résonnait en écho à celle qui se déroulait simultanément en Libye, où l'affrontement entre les forces de Tripoli et Benghazi s'effectuait aussi par le biais de supplétifs syriens, répartis dans chacun des camps antagoniques (voir p. 30 et p. 35). Les avancées et reculs sur les champs de bataille de la province d'Idlib se négociaient en contrepartie des mouvements du front entre Cyrénaïque et Tripolitaine… Cette situation paradoxale se complique encore en faisant intervenir un troisième terme à partir du 27 septembre 2020 lorsque M. Erdogan « accorde tout son appui » à l'offensive militaire azérie contre le Haut-Karabakh et l'Arménie, et exige d'être partie au processus du règlement du conflit en s'invitant comme membre du « groupe de Minsk » constitué par la Russie, les États-Unis et la

France, principal médiateur international d'un antagonisme qui avait permis en 1994 un cessez-le-feu après des combats ayant causé quelque 30 000 morts. L'agacement russe contre ce qui est considéré comme une ingérence d'Ankara dans un Caucase où les anciennes républiques soviétiques conservent des relations de proximité avec Moscou, quelles que soient leurs ouvertures économiques ou politiques avec l'Occident par ailleurs, a contribué à exacerber les tensions.

LA RÉACTIVATION DE HAMAS

Si la présence turque en Syrie s'inscrit de manière croissante dans des enjeux de *realpolitik* nationaliste et antikurde, au détriment du soutien originel à l'islamisme, et doit tenir compte des exigences complexes de Moscou, l'appui d'Ankara à Hamas, qui fait l'objet quant à lui d'une stratégie concertée avec ses partenaires de la triplice fréro-chiite – Doha et Téhéran –, déploie la bannière idéologique islamiste. Alors qu'en Syrie, Turcs et Iraniens parrainent deux camps ennemis, ils communient dans le patronage du mouvement palestinien au pouvoir dans la bande de Gaza. La République islamique, on l'a noté, a besoin de se refaire une vertu… islamique après avoir contribué, directement grâce à la force al-Qods du défunt général Solaymani ou par Hezbollah interposé, à l'écrasement de la rébellion dans laquelle l'affirmation sunnite, et notamment fériste, était devenue prédominante. En réactivant en 2020 les attaques du Hezbollah et de Hamas contre Israël, Téhéran tente également de tirer profit de la « trahison » par Abou Dhabi et Manama, partenaires à l'entente d'Abraham, de la cause palestinienne [CARTE 9]. L'Iran espère redevenir le virtuose de celle-ci – sur le modèle de la « victoire divine » d'autrefois, lors de la guerre des Trente-Trois-Jours de l'été 2006 durant laquelle le Parti de Dieu freina la progression de Tsahal au Sud-Liban, ce qui lui valut une immense renommée jusque dans les médias de la péninsule Arabique malgré son identité chiite. Pour Ankara, c'est également une manière de renforcer sa crédibilité fériste dans le monde arabe – alors que la chute du bastion rebelle d'Alep et la déconfiture consécutive des insurgés islamistes syriens en décembre 2016 ont été imputables au « lâchage » de M. Erdogan dans le cadre d'un deal avec son homologue du Kremlin.

Sur son propre territoire, la Turquie accorde aussi l'asile politique à des milliers de Frères musulmans égyptiens exilés après le renversement du président Morsi en juillet 2013. Ils ont pu y multiplier les think-tanks, les chaînes de télévision et toute une infrastructure de résistance contre le régime du maréchal Sissi au Caire [CARTE 2]. Ce dernier s'est du reste rapproché de la Grèce dans le cadre d'une mutuelle hostilité aux incursions de la flotte turque en Méditerranée et à l'accord de novembre 2019 entre Ankara et Tripoli pour délimiter leurs zones économiques exclusives mutuelles – répondant à cette provocation le 6 août 2020 par la signature d'un traité similaire sur les zones maritimes hellénique et égyptienne respectives. Réagissant à sa ratification par le parlement d'Athènes, M. Erdogan n'a pas hésité à réitérer le 14 août sa vision panislamique des relations internationales, exprimant son incompréhension que l'Égypte musulmane, alors que « nos civilisations et principes respectifs sont bien plus proches les uns des autres que de ceux de la Grèce », s'allie contre sa coreligionnaire avec cette nation mécréante. Dans le même registre, il a incriminé la présence militaire française au Mali – motivée par les accords bilatéraux de défense avec cet État envahi par une razzia jihadiste jusqu'à Tombouctou en 2012 – en interpellant Emmanuel Macron : « Qu'avez-vous à faire là-bas ? », arguant que le pays est « à 95 % musulman ». Et le 10 septembre, le jour où se réunit le Med 7 à Ajaccio, il envoie son ministre des Affaires étrangères M. Çavuşoglu à Bamako, pour y soutenir les putschistes qui viennent de renverser le président Keïta, considéré comme un allié de la France.

Mais c'est par le parrainage de Hamas que pareille *Weltanschauung* panislamiste peut déclencher les plus fortes répercussions médiatiques sur le petit écran ou les réseaux sociaux de Casablanca à Oman et maximiser l'effervescence dans la « rue arabe », y compris dans les banlieues populaires islamisées de l'Europe occidentale. Dix ans auparavant déjà, le 31 mai 2010, des commandos israéliens avaient arraisonné en haute mer le *Mavi Marmara*, affrété par l'ONG islamiste turque IHH, et navire amiral d'une flottille humanitaire qui tentait de briser le blocus de Gaza. L'assaut, causant neuf morts et de nombreux blessés, avait précipité une crise entre Jérusalem et Ankara, et permis à M. Erdogan de devenir le chevalier blanc planétaire de la cause palestinienne. Une opération de même finalité est organisée à Istanbul le 22 août 2020 : le président y reçoit en grande pompe le chef du bureau politique de Hamas et « Premier ministre de la bande de Gaza », Ismaïl Haniyeh, à la tête d'une importante délégation, dans un palais sur les bords du Bosphore, durant la semaine qui suit l'accord israélo-émirien. Il s'attire ainsi une condamnation sévère du département d'État américain, selon lequel « la proximité réitérée du Pdt. Erdogan avec cette organisation terroriste ne sert qu'à isoler la Turquie de la communauté internationale ». Cette visite de chef d'État est suivie d'une tournée triomphale durant trois semaines du dirigeant palestinien au Liban à partir du 1er septembre. Elle est effectuée sur les talons d'Emmanuel Macron : celui-ci vient de célébrer le centenaire de la création du Grand Liban par la France mandataire de la Société des Nations en 1920, et a tenté de hâter (en vain) la formation du nouveau gouvernement après l'explosion catastrophique au port de Beyrouth le 4 août. Là où le président français visitait d'abord les quartiers chrétiens spécialement touchés par le cataclysme, le dirigeant de Hamas privilégie *a contrario* les territoires musulmans de cette nation pluriconfessionnelle [CARTE 13]. Son déplacement est destiné à frapper l'imagination islamique en oblitérant dans les esprits le séjour du locataire de l'Élysée – par ailleurs bête noire de M. Erdogan – et, de fait, le Premier ministre désigné, le sunnite Moustapha Adib, jette l'éponge le 26 septembre, face aux exigences du Hezbollah qui fait ainsi capoter l'initiative française à la plus grande satisfaction de la triplice fréro-chiite. Il reviendra à l'ancien Premier ministre Saad Hariri, chassé par la « révolution » du 17 octobre 2019, de se porter candidat de nouveau à cette fonction, et d'être désigné le 22 octobre 2020 comme en un retour à la case départ qui efface tous les espoirs de changement de la jeunesse libanaise – tandis qu'un sauve-qui-peut général pousse les élites intellectuelles à quitter le Liban, et notamment les médecins, obérant plus encore l'avenir.

Quant au précédent passage de M. Haniyeh au pays du Cèdre, il remontait à sa déportation par Israël en hiver 1992, ensemble avec 400 cadres des organisations islamistes palestiniennes, dans l'alpage enneigé de Marj az-Zohour, en rétorsion contre le meurtre du sous-officier de Tsahal Nissim Toledano, enlevé à Lod, au cœur de l'État hébreu, puis retrouvé poignardé et ligoté dans un fossé, opération perpétrée par Hamas. Lors de sa tournée de septembre 2020, le « Premier ministre de Gaza », après avoir été reçu solennellement, dans un adoubement mutuel, par Hassan Nasrallah, secrétaire général du Parti de Dieu, et divers politiciens chiites et sunnites, participe à une vidéoconférence avec les autres factions palestiniennes basées à Ramallah qui lui permet de prendre l'ascendant sur le président de l'Autorité palestinienne et de l'OLP Mahmoud Abbas. Il se rend ensuite au camp emblématique de Aïn El-Heloué où vivent dans des conditions difficiles 47 000 des 450 000 réfugiés palestiniens du Liban, bouillon de culture de la radicalisation islamiste en leur sein – ses résidents n'ayant pas été prévus dans un quelconque « droit au retour » lors des pourparlers entre le Fatah et Israël à la suite des accords d'Oslo de septembre 1993. Il y est porté en triomphe, éclipsant ses rivaux de l'OLP et réalisant une opération de relations publiques agencée par Ankara et Téhéran.

À la suite de celle-ci, les factions palestiniennes concurrentes effectuent un rapprochement inédit, mises sous pression par l'entente d'Abraham. Après avoir réuni autour de lui au siège de l'ambassade de la Palestine à Beyrouth le 3 septembre les représentants de l'ensemble des organisations dissidentes – depuis les marxistes des Fronts populaire et démocratique jusqu'aux pro-iraniens du Jihad islamique –, M. Haniyeh reçoit à son retour à Istanbul, le 21, Jibril Rajoub, secrétaire général du Fatah, la composante centrale et historique, fondée par Yasser Arafat, de la résistance palestinienne, afin de restaurer l'unité de celle-ci. Or cette démarche intervient tandis que Hamas se trouve en position de force, bénéficiant du soutien massif de la triplice turco-qataro-iranienne, alors que ni le Fatah ni l'autorité palestinienne établie à Ramallah, épuisés par leurs négociations infructueuses avec l'État hébreu, ne disposent plus de relais international qui puisse y faire contrepoids. À la 75e assemblée générale de l'ONU, qui se tient simultanément à New York, seuls la Turquie et Qatar – sponsors de Hamas – expriment un appui sans ambages à la cause : M. Erdogan y proclame que « l'occupation de la Palestine est une blessure saignante », tandis que l'émir Tamim ben Hamad al-Thani invite la communauté internationale à contraindre Israël de lever son blocus sur Gaza. Doha ayant fait savoir en outre que l'aide nécessaire serait apportée à l'autorité palestinienne pour résoudre sa crise financière et budgétaire, il ne reste plus à Mahmoud Abbas qu'à aller à Canossa. Alors que ses alliés traditionnels égyptien et saoudien ne l'appellent plus (même si le maréchal Sissi et le roi Salman s'efforcent de maintenir un lien avec l'OLP pour éviter que celle-ci ne se délite et bascule entièrement vers Hamas), le vieux président, âgé de quatre-vingt-quatre ans, qui n'a jamais vraiment réussi à imprimer sa marque après la disparition d'Arafat, téléphone à son homologue turc pour le remercier de son soutien aux Palestiniens, et fait savoir qu'il ne sera pas candidat à sa succession. Les représentants du

Fatah et de Hamas s'accordent à Istanbul pour que des élections générales se déroulent dans les six mois (les précédentes ayant eu lieu quinze ans auparavant), et les premiers sondages indiquent que M. Haniyeh emporterait aisément la majorité des suffrages...

La coordination entre Ankara, Doha et Téhéran par Hezbollah interposé, afin de mettre en orbite le chef du mouvement islamiste palestinien, s'inscrit au cœur de la stratégie de l'axe fréro-chiite face à l'entente abrahamique [CARTE I]. L'une de ses conséquences les moins paradoxales n'est pas que Qatar, principal financier de Hamas, soit encouragé à le soudoyer par... Israël, qui a pourtant érigé l'organisation régnant sur Gaza en parangon du terrorisme !

Cette enclave côtière de 365 km² où s'entassent deux millions d'habitants, dont la moitié est âgée de moins de quinze ans, où le taux de fécondité atteint 4,24 enfants par femme et celui du chômage moyen 53 %, a été déclarée « inhabitable » par l'ONU à l'horizon 2020, du fait de la spirale de sa surpopulation alimentée par une explosion démographique irrépressible – que l'idéologie islamiste au pouvoir encourage en y voyant un « jihad des berceaux » propre à submerger un jour pas si lointain l'État hébreu. Sous tutelle égyptienne jusqu'à sa conquête par Israël lors de la guerre des Six-Jours de juin 1967, le territoire n'a fait l'objet d'aucune revendication du Caire (également surpeuplé) – trop content de se débarrasser de ce fardeau – lors des négociations qui ont amené à la restitution du Sinaï durant les décennies suivantes. À la suite des accords d'Oslo de septembre 1993 entre l'État hébreu et la future autorité palestinienne, prolongés par l'évacuation des colonies juives de Gaza, c'est la police de Yasser Arafat qui y a été en charge de l'improbable maintien de l'ordre, notamment dans les camps de réfugiés où loge plus du tiers de la population. Après la victoire de Hamas aux élections de 2006, non reconnues par l'OLP, celle-ci en est chassée *manu militari* en juin de l'année suivante et la bande passe sous le contrôle exclusif du mouvement islamiste. Politiquement et à court terme, Israël a tout lieu de se satisfaire de cette division de la Palestine, qui vide de sa substance le « plan de paix arabe » de 2002 conditionnant celle-ci au retour aux frontières de 1967 ainsi qu'à la « solution à deux États » – car il en existe dès lors trois dans les faits. Et c'est en concluant au cul-de-sac où conduit pareille contradiction qu'Abou Dhabi, Manama, Khartoum, Rabat, puis les autres capitales arabes qui s'inscriront dans leur lignée ont décidé de reconnaître à l'été et l'automne 2020 l'État juif sans en passer par cette clause.

En revanche, l'indépendance *de facto* de Gaza a érigé ce quasi-État en relais par excellence de la stratégie iranienne du croissant chiite. À l'exception des années 2012-2016, pendant lesquelles Téhéran avait pour priorité de faire massacrer en Syrie par ses séides les rebelles sunnites syriens coreligionnaires de Hamas, la République islamique a fourni toute l'aide financière et militaire nécessaire pour ériger l'enclave côtière en plate-forme méridionale de lancements de missiles sur le Néguev, la Judée-Samarie et jusqu'à Tel-Aviv. Elle occupe une position symétrique à la base septentrionale, établie au Sud-Liban sous les auspices du Hezbollah, qui bombarde la Galilée et Haïfa. Pour l'Iran, cette guérilla balistique à basse intensité contre l'État juif pris en tenaille a constitué le meilleur moyen de pression sur ses ennemis afin de protéger par anticipation son propre territoire d'une attaque. L'approvisionnement de Hamas en armes et munitions, dont les détails étaient maintenus secrets, est largement publicisé dans un reportage diffusé le 13 septembre 2020 par la chaîne qatarie Al Jazeera, afin de galvaniser la résistance palestinienne en montrant sa résilience militaire – faisant ainsi pièce à l'entente d'Abraham signée le surlendemain à la Maison-Blanche. On y voit notamment Ismaïl Haniyeh démontrer l'inanité du blocus israélien de l'enclave, tandis que les téléspectateurs arabophones du monde entier sont abreuvés d'un grand luxe de détails et d'images sur l'acquisition et l'adaptation de missiles iraniens et russes, sur le rôle cardinal du Soudan (avant le renversement du dictateur philo-islamiste Omar al-Bachir durant le soulèvement de 2019) pour acheminer des missiles à travers la mer Rouge puis grâce aux réseaux de contrebandiers tribaux du Sinaï, sur les caissons immergés en Méditerranée par des Zodiac partis du Liban ou d'Égypte et conduits à Gaza par des courants sous-marins, etc.

IMMIXTION DE QATAR ET CONTRADICTIONS D'ISRAËL

Le message envoyé par la chaîne satellitaire qatarie signifie que, en dépit de l'adversité et de l'impact de l'entente d'Abraham sur la cause palestinienne, la résistance militaire a et aura les capacités de faire face [CARTE 14]. Malgré la ceinture de barbelés qui clôture l'enclave et la surveillance maritime (la frontière égyptienne ayant présenté une certaine porosité, à cause des tunnels de contrebande et de la corruption dans les rangs de l'armée du Caire), la guérilla balistique rémanente scandée par des tirs de roquettes qui s'est instituée au fil des années, contrée par une répression israélienne spectaculaire qui a suscité en retour la controverse à l'échelle internationale, continuera. L'économie politique de cet affrontement est inéluctablement profitable en dernier ressort à Hamas, laissent entendre ses thuriféraires. Les temps forts en ont été notamment les opérations « Plomb durci » du 27 décembre 2008 au 18 janvier 2009 – qui a causé 1 400 morts palestiniens et 13 israéliens, et a été qualifiée de « crime de guerre » dans un rapport de l'ONU – puis « Bordure protectrice », du 8 juillet au 26 août 2014, qui a porté l'affrontement au paroxysme. Lancée en rétorsion à l'enlèvement et l'assassinat de trois adolescents juifs par Hamas, et comprenant une offensive terrestre, celle-ci a causé environ 1 500 morts palestiniens – et 6 israéliens. Si la disproportion entre le nombre respectif de victimes a enflammé la mobilisation antisioniste sur les campus américains et européens impulsée dès 2005 par le mouvement BDS (Boycott, Désinvestissements, Sanctions), Hamas a de son côté pâti d'une baisse de popularité dans la population locale qui l'incrimine pour avoir déclenché la foudre dévastatrice de Tsahal par ses provocations.

De plus, ce dernier affrontement s'était produit alors que le sponsor iranien avait pris ses distances avec le mouvement islamiste – sunnite et solidaire des rebelles syriens de même obédience qu'exterminait depuis 2012 le Hezbollah. En conséquence le siège international du bureau politique de Hamas dut déménager de Damas pour Doha au début de cette année, tandis qu'en février, Ismaïl Haniyeh faisait à la mosquée Al-Azhar du Caire une déclaration « saluant le peuple syrien qui aspire à la liberté, la démocratie et la réforme » – et que la foule des fidèles scandait, en ce mois où les Frères musulmans égyptiens commençaient à prendre l'ascendant sur le soulèvement dans la vallée du Nil : « Ni Iran, ni Hezbollah ! Syrie islamique ! Dégage, Bachar le boucher ! » Le 23 octobre de cette année le souverain qatari d'alors, l'émir Hamad ben Khalifa al-Thani, avait été le premier chef d'État arabe à effectuer une visite officielle à Gaza. En provenance d'Égypte – présidée à l'époque par le Frère musulman Mohamed Morsi, élu en juillet – il avait consacré son soutien à Hamas, au détriment de l'OLP de Mahmoud Abbas régentant la Cisjordanie. L'axe fériste, financé par l'émirat gazier, et appuyé sur Le Caire islamiste, Tunis contrôlé alors par le parti Ennahdha, Tripoli de Libye et Ankara, récupérait dans son escarcelle le mouvement islamiste palestinien ensemble avec l'insurrection syrienne. Mais le renversement de Morsi par une révolte populaire soutenue par l'état-major après une année de règne déliquescent, puis la prise du pouvoir par le maréchal Sissi, appuyé par l'Arabie saoudite et les Émirats arabes unis, et une répression sans merci contre la confrérie, s'étaient traduits par le basculement du Caire hors de cette alliance et un contrôle plus strict sur la frontière avec la bande de Gaza. Dans ce contexte, l'enlèvement et le meurtre de trois adolescents israéliens par Hamas, suivis par la très violente réaction de l'État hébreu lors de l'opération « Bordure protectrice » de l'été 2014 fragilisèrent l'organisation qui ne parvenait plus à mobiliser de soutiens régionaux significatifs, Téhéran et ses alliés guerroyant en Syrie aux côtés d'Assad tandis que Qatar et la Turquie philo-islamistes, dont les relations s'étaient considérablement dégradées avec l'Égypte, n'avaient plus d'accès privilégiés par son relais à l'enclave côtière.

Du fait de cette baisse de ses ressources militaires et politiques, Hamas fut contraint de se replier sur une tactique où la victimisation prédominait sur l'offensive. Il en alla ainsi lors des protestations contre le transfert de l'ambassade américaine de Tel-Aviv à Jérusalem, le 14 mai 2018. Elles causèrent 52 morts dans la bande de Gaza parmi les jeunes, la plupart sans affiliation au mouvement islamiste, qui tentaient de s'approcher dans une « marche du retour » symbolique, de la ligne de démarcation avec l'État hébreu en ce jour anniversaire de sa fondation, la *nakba* (catastrophe) en arabe. Le bain de sang suscita de nombreuses réactions hostiles à travers le monde, tandis que, face aux tirs à balles réelles, les manifestants lançaient des cerfs-volants décorés du drapeau palestinien qui passèrent la frontière par les airs. L'inflammation – fortuite semble-t-il – de l'un d'entre eux, déclenchant un départ de feu près d'Ashkelon, est célébrée, puis développée et systématisée par Hamas qui en fait une « arme du pauvre », sous les espèces de milliers de ballons inflammables qui ont été envoyés depuis lors et dont certains déclenchent d'importants incendies. L'objectif du mouvement islamiste est de créer une pression sur Israël – moins létale et donc moins susceptible de réaction destructrice que les tirs de missiles – afin d'obtenir un relâchement des mesures de blocus, puis une meilleure régularité des financements en provenance de Qatar. Or ceux-ci transitent désormais… par l'État juif lui-même, et en coordination avec l'Égypte du maréchal Sissi, pourtant à couteaux tirés avec l'émirat gazier à la mise au ban duquel elle participe… comme elle participe à un autre « blocus » depuis juin 2017 aux côtés des Émirats arabes unis et de l'Arabie saoudite.

En effet, un accord de trêve entre Israël et Hamas fut conclu en août 2018 sous les auspices du nouveau chef des services de renseignement égyptiens le général Abbas Kamel, ancien directeur de cabinet du raïs du Caire : un cessez-le-feu était mis en œuvre en contrepartie du paiement à l'État hébreu par Qatar de l'électricité nécessaire à Gaza, et du financement des salaires de tous les employés de Hamas ; 90 millions de dollars proviennent de Doha à cette fin en décembre de cette année, dans le cadre d'une aide de 150 millions étalée sur six mois. En parallèle est rouvert un point de passage pour les marchandises et autorisée, sous contrôle, une liaison maritime de fret entre Chypre et l'enclave côtière. Mais les conditions mises par Israël aux versements – le rapatriement de la dépouille de deux soldats de Tsahal et la libération de deux Israéliens enlevés – sont contestées par le mouvement islamiste, qui suscite de nouvelles manifestations au printemps suivant, et laisse des groupes plus radicaux, notamment le Jihad islamique, aligné sur Téhéran, reprendre les tirs de missiles. En juin 2019, un nouvel accord est trouvé selon le même canal, pour fluidifier un subside qatari mensuel de 30 millions de dollars à quoi s'ajoute le soutien à l'UNRWA (United Nations Relief and Work Agency – qui intervient auprès des camps de réfugiés, notamment pour la scolarisation des enfants) depuis que les États-Unis de Donald Trump ont mis un terme à leur contribution financière au profit de cette organisation en septembre 2018. Le secteur bancaire à Gaza étant dysfonctionnel, et les transactions s'y effectuant donc en numéraire, le spectacle ahurissant de limousines noires pleines de valises de billets en provenance de Doha, et effectuant chaque mois la navette de l'aéroport de Tel-Aviv vers Gaza sous escorte du Mossad et avec la bénédiction du Caire, a suscité l'ironie – ou l'ire – d'un certain nombre de commentateurs. M. Netanyahou s'est ainsi vu accuser d'acheter la paix en laissant stipendier une organisation… qu'il vitupère par ailleurs comme terroriste. Moins stupéfiante mais également intrigante est la coordination entre les services secrets égyptiens et l'ambassadeur Mohammed al-Emadi, président du « Comité qatari pour la reconstruction de Gaza » en charge de mettre en œuvre les paiements, alors que Le Caire est en conflit ouvert avec Doha. Le maréchal Sissi fait de nécessité vertu, cherchant à maintenir une forme de contrôle sur Hamas dont le basculement trop exclusif dans les rangs de l'axe fréro-chiite renforcerait outre mesure l'Internationale des Frères musulmans… dont il pourchasse avec la dernière vigueur les membres dans la vallée du Nil, des dizaines de milliers d'entre eux croupissant en détention.

Ces contradictions qui paraissent défier la logique s'expliquent par le problème insoluble auquel l'État hébreu est confronté dans l'enclave côtière palestinienne, en instance permanente de déflagration sociale. Les barbelés et les bombardements sont vains, à moyen terme, face à l'explosion démographique, et l'intégration au marché du travail israélien, qui fut tentée au lendemain des accords d'Oslo de 1993, a présenté de trop grands risques sécuritaires pour être poursuivie. La seconde Intifada, de septembre 2000 jusqu'au début 2005, s'est achevée par l'édification de murs et de barbelés, qui ont permis de stopper l'infiltration de terroristes vers Israël et les attentats sur son territoire, mais qui ont également interdit tout flux de main-d'œuvre. L'impasse de la politique de l'État juif à Gaza constitue le revers de la médaille du succès qu'il a remporté, après avoir brisé l'unité palestinienne et ruiné son économie comme ses aspirations nationales, en relançant un processus de paix et de reconnaissance mutuelle avec des Arabes lointains vivant dans les pétromonarchies du Golfe – au détriment des Arabes proches –, les Palestiniens.

Il est remarquable que les deux rivaux qu'oppose le blocus de Qatar, Doha et Abou Dhabi, se retrouvent en partenaires respectifs de Gaza cerné par l'État juif et de ce dernier... Par-delà le parallélisme des situations entre la bande côtière et l'émirat gazier assiégés l'un comme l'autre, celui-ci, dont le fonds souverain gère plus de 300 milliards de dollars, s'est imposé comme acteur indispensable de la vie politique israélienne grâce à son influence financière sur Hamas, se faisant momentanément le rempart de solvabilité du territoire paupérisé et surpeuplé contre l'inévitable explosion de cette bombe à retardement.

L'ÉTAT JUIF ENTRE IMPASSE PALESTINIENNE ET BOULEVARD ARABE

En recevant officiellement le 1er septembre 2020 l'ambassadeur qatarien Mohammed al-Emadi et en le remerciant pour « son engagement et ses efforts intenses afin d'arrêter l'escalade et calmer la situation », le président israélien Reuven Rivlin a entériné le rôle joué par celui-ci et l'État arabe du Golfe qu'il représente au sein même de la vie politique de l'État hébreu. En l'espèce, l'émirat gazier fonctionne comme le fait son fonds souverain QIA (Qatar Investment Authority) lorsqu'il prend une participation au capital d'une entreprise internationale cotée en Bourse : il se comporte en actionnaire silencieux jusqu'à ce qu'il exige un représentant au conseil de surveillance pour peser sur la stratégie – à l'exemple de la décision qu'il notifie ce même mois au groupe de médias français Lagardère. Son rival Abou Dhabi s'engage sur une voie identique lorsque, dans la foulée de la reconnaissance diplomatique actée avec l'entente d'Abraham, il exprime sa volonté de prendre des participations à haute valeur politique dans des entreprises israéliennes – en sus de l'opportunité financière. Outre l'intérêt manifesté par l'exploitant portuaire émirien DP World pour les ports d'Eilat et Haïfa, un investisseur proche de la famille régnante, Abu Dhabi Development and Investment Group, déjà présent au capital d'équipes de football britanniques, fait une offre à la mi-septembre au club Beitar Jérusalem – pourtant notoire pour le racisme anti-arabe de ses fans – afin de convaincre celui-ci que « le peuple des Émirats recherche la paix et la coexistence ». Signe des temps, le 30 septembre, le joueur arabe-israélien Dia Saba, l'un des meilleurs buteurs du ballon rond dans l'État hébreu, est acheté par le club al-Nasr de Dubaï – premier citoyen israélien à jouer sur un terrain des Émirats… et signe des opportunités nouvelles qui s'ouvrent aussi pour les Arabes de l'État juif.

La formalisation des relations diplomatiques et le développement des liens économiques entre celui-ci et les Émirats advient alors même que la situation politique intérieure israélienne connaît une double crise causée par la perspective d'investigations policières contre M. Netanyahou, accusé de corruption et soutenu à la Knesset par une majorité aléatoire, et par l'incapacité du gouvernement à faire face à la pandémie de la Covid-19, qui contraint à placer le pays sous confinement à la veille du nouvel an juif (Rosh Ha-Shana) le 18 septembre et pendant les trois semaines suivantes, qui correspondent aux principales fêtes du calendrier hébraïque. Avec 150 000 cas et plus de 2 000 morts pour 9 millions d'habitants, dont les principaux clusters se trouvent chez les juifs ultraorthodoxes et les Arabes-Israéliens, deux populations ayant en commun des revenus globalement faibles et un habitat de forte promiscuité, le Premier ministre s'est vu accuser d'avoir hâté la réouverture du pays après le premier confinement afin de redémarrer au plus pressé l'économie – à la manière de Donald Trump aux États-Unis – en sacrifiant la santé de ses concitoyens. Mais à la suite des protestations de la base la plus orthodoxe de son électorat, le confinement a autorisé le fonctionnement des synagogues lors de Yom Kippour, les 27 et 28 septembre (à la condition que les prières soient effectuées en extérieur) tandis que les manifestations des opposants au Premier ministre restaient strictement interdites.

Cet arbitrage pour les religieux et contre la société civile permet à M. Netanyahou d'espérer atteindre une majorité parlementaire si des élections interviennent en 2021, interdisant au centre gauche (trop explicitement laïque pour espérer bénéficier du soutien des *haredim*) de contrôler la Knesset, sauf à obtenir les voix des députés arabes, perspective qui mettrait en danger le caractère juif de l'État selon la droite israélienne. Ceux-ci ont vu leur nombre passer à 15 (dont une femme voilée du hijab) sur

120 sièges pour la première fois au scrutin de mars 2020 – un score qualifié d'historique – et ses représentants ont entamé des tractations (inabouties) avec Benny Gantz (33 sièges), le rival de centre gauche de « Bibi ». Celui-ci, avec 36 députés pour son parti le Likoud, a besoin des parlementaires orthodoxes pour gouverner – mais l'opposition farouche à ces derniers l'empêche de recueillir les quelques voix nécessaires à la majorité parlementaire provenant des sionistes laïques, si marqués à droite soient-ils, à l'instar de M. Avigdor Lieberman, originaire de l'ex-URSS dont il a conservé l'irréligiosité d'antan. La coalition boiteuse à laquelle ces contraintes ont abouti, avec un accord de « rotation » à la primature entre MM. Netanyahou et Gantz, rend la situation politique particulièrement instable [CARTE 14].

Et le moindre paradoxe n'est pas que les populations les plus prolifiques et les plus reléguées, et où la Covid-19 exerce le maximum de ravages, les orthodoxes et les Arabes, détiennent respectivement les clefs de la constitution des gouvernements. Dans les faits et tant que la participation des Arabes au pouvoir demeure *in fine* un tabou, M. Netanyahou bénéficie du soutien des ultrareligieux, indifférents aux accusations de corruption à son encontre, mais exigeant des concessions permanentes pour « rejudaïser » la législation et des privilèges exorbitants pour leur communauté... Ainsi il a confié depuis des lustres le ministère de la Santé à des ultraorthodoxes qui en ont dilapidé les ressources, tandis que sous la pression, et alors que les frontières d'Israël étaient fermées durant le confinement du printemps, des charters entiers de *haredim* new-yorkais fuyant la pandémie à Brooklyn et ailleurs mais dont beaucoup étaient eux-mêmes contaminés ont été autorisés à atterrir dans l'État hébreu. Ils y ont aggravé la situation dans les ghettos où ils vivent en vase clos et où le dépistage et les soins nécessitent l'autorisation expresse d'une multitude de rabbins sectaires pour lesquels le courroux divin explique le fléau que la prière et le repentir des juifs pour leurs péchés peuvent seuls fléchir… un comportement que l'on retrouve à l'identique dans les milieux salafistes, jusque dans les banlieues de l'islam françaises, durant le confinement du printemps 2020. Or la dépendance de M. Netanyahou envers ces électeurs qui déposent dans l'urne le bulletin recommandé par leur mentor religieux lui interdit toute politique de santé publique dans ce milieu – lequel contamine en retour par voie aérienne le reste de la société israélienne, fût-elle laïque. Cela impacte la reprise économique, alors que la perspective de licenciements massifs à la suite du confinement de l'automne, dans un pays à l'économie largement dérégulée durant les onze années dominées par « Bibi », représente un risque social majeur. Reste à observer si le succès remporté avec l'entente d'Abraham lui permettra de se maintenir au pouvoir grâce à un flux d'investissements en provenance des pétromonarchies du Golfe… ou si les difficultés intérieures le contraindront à laisser la place à ses rivaux pour passer de la tribune de la Knesset aux prétoires afin d'y répondre des accusations de la justice. Par contraste avec sa mansuétude envers le noyau ultraorthodoxe de son électorat, le Premier ministre a pris prétexte de la Covid-19 pour faire interdire par la Knesset, le 30 septembre, tout rassemblement de plus de vingt personnes et déplacement au-delà d'un kilomètre du domicile, alors que des milliers de manifestants se rassemblaient devant sa résidence officielle de la rue Balfour à

Jérusalem pour réclamer sa démission et sa comparution devant les tribunaux.

LE SURPOIDS ÉGYPTIEN

L'an 2020 est celui où l'Égypte franchit le seuil des 100 millions d'habitants. Cette démographie galopante – il n'a fallu que 216 jours en 2019 pour gagner un million de nouveau-nés, au rythme d'une naissance toutes les quinze secondes environ – dévore les terres agricoles du mince ruban du Nil et du delta. Elle engendre une urbanisation anarchique dans les *'ashawiyyat*, ces immenses banlieues informelles où la plupart des immeubles de bric et de broc sont édifiés de nuit et illégalement, engorgeant les infrastructures. Elle se traduit par un chômage massif, tandis que le tiers des Égyptiens vivent avec un maximum de 1,5 euro par jour et que 60 % sont âgés de moins de trente ans. La surpopulation a été dénoncée par le président Sissi en 2017 comme la principale menace pour l'Égypte avec le terrorisme, et son gouvernement prend des mesures répressives spectaculaires pour démolir les constructions illicites, à grand renfort de reportages télévisés, mais cette médication symptomatique n'a aucun effet sur les causes du problème : dans un pays dénué de lois sociales et où la survie quotidienne est assurée par l'emploi « au noir », la prolificité est perçue par la masse immense des pauvres comme une police d'assurance – les enfants nombreux étant envoyés au travail dès leur jeune âge rapportent plus d'argent qu'ils n'en coûtent à leurs géniteurs. Cette « contre-transition démographique » telle que les démographes Youssef Courbage et Françoise de Bel-Air qualifient une tendance qui a vu, notamment depuis les printemps arabes de 2011, le taux de fécondité croître à nouveau sur les bords du Nil de 3 à 3,5 enfants par femme (alors qu'il s'est effondré en Arabie saoudite, passant de 7 à 2,5 au cours des trois dernières décennies), est d'autant plus frappante que cette tendance-ci augmente chez les femmes instruites – alors qu'il est admis que l'éducation la fait mécaniquement baisser. Outre que celle-ci ne garantit aucun accès à l'emploi dans l'Égypte d'aujourd'hui, et y invalide ainsi le modèle d'inversion du cycle, le régime instauré par le maréchal Sissi après la répression sans merci des Frères musulmans dès l'été 2013 l'a vu remplacer ceux-ci, pour mailler le tissu social dans les milieux populaires et y pallier la déficience de l'État, par des mouvements salafistes politiquement inoffensifs à son endroit, mais considérant la fécondité exubérante comme un don imprescriptible d'Allah ainsi qu'un devoir religieux pour que les musulmans dominent la planète [CARTES 4 & 5].

Néanmoins, l'agenda social et culturel des salafistes, et même de la vénérable institution de l'islam égyptien, la mosquée-université d'Al-Azhar, même s'il sert à maintenir la paix sociale grâce à la mise en œuvre de normes religieuses strictes, bloque les velléités du pouvoir de moderniser de manière autoritaire la culture populaire pour rendre la main-d'œuvre égyptienne compétitive sur le marché mondial – à l'instar des tentatives que mène le prince héritier Mohammed Ben Salman sur la rive opposée de la mer Rouge. En conséquence, les tensions s'accroissent en 2020 entre l'institution militaire dont est issu le chef de l'État et les acteurs religieux. Les salafistes, dont le principal parti politique, Al-Nour (la lumière), fournissait la caution islamique à l'éradication des Frères musulmans, mais qui en contrepartie persécutait les coptes et faisait régner des mœurs rétrogrades dans les territoires laissés à son contrôle, ont vu le nombre de leurs élus diminuer, pour être réduit à zéro lors des élections au Sénat à l'été 2020 (où l'abstention a été massive) : c'est le chef de l'État qui nommera parmi eux deux membres de la chambre haute. Si le confinement dû à la Covid-19 a empêché le fonctionnement des mosquées, axes principaux du prosélytisme et de la pression propagandiste du salafisme au quotidien, et a pu en amoindrir les scores, la volonté de l'administration à réduire sa représentation parlementaire a joué un rôle décisif dans ce processus. De même, les propos publics du maréchal Sissi sur l'émancipation des femmes et sa volonté de mettre fin à la répudiation orale – il suffit dans la loi islamique que l'époux prononce trois fois de suite le terme *talaq* (divorce) pour que celui-ci soit acté – lui valent une résistance farouche du cheikh d'Al-Azhar, Ahmed al-Tayeb, pourtant d'éducation française et autrefois considéré comme « ouvert ».

Le même proteste solennellement, comme de nombreuses instances islamiques à travers le monde, contre la republication des caricatures du Prophète en couverture de *Charlie Hebdo* au début septembre, sous l'intitulé « Tout ça pour ça », à l'occasion de l'ouverture du procès des attentats jihadistes de janvier 2015 à Paris. « Offenser notre Prophète ne fait pas partie de la liberté d'expression, mais plutôt [est] une incitation à la haine, à la violence, et une volonté de se libérer de toutes les valeurs humaines et civilisationnelles. » Il ajoute, flèche dans le jardin d'Emmanuel Macron qui a déclaré lors de sa visite au Liban le 1er septembre : « Il y a en France une liberté de blasphémer qui est attachée à la liberté de conscience », que « justifier cet acte par la protection de la liberté d'expression est une mauvaise compréhension de la différence entre le droit humain à la liberté et le crime contre l'humanité au nom de la protection des libertés ». Avant d'être censurés, quelques titres comparent défavorablement l'absence de prise de position du gouvernement égyptien contre l'hebdomadaire à la campagne originelle contre ces caricatures publiées dans un quotidien danois en 2005, dont l'Égypte officielle d'alors avait pris la tête. Ils estiment que le maréchal Sissi fait prévaloir l'alliance avec le président français en Méditerranée contre les menaces d'Erdogan… et n'ose pas s'y opposer. Cela n'empêchera pas le cheikh al-Tayeb de s'en prendre avec virulence une nouvelle fois à Emmanuel Macron après le discours du président français le 2 octobre aux Mureaux, ville des Yvelines où est situé le commissariat dont un des agents fut poignardé à mort avec son épouse par un jihadiste le 13 juin 2016, et qui prône une stratégie politique et juridique contre le séparatisme islamiste sur le sol français.

Par ailleurs, l'appareil clandestin des Frères musulmans en Égypte est fortement impacté par l'arrestation dans une planque du Caire de son guide suprême par intérim, Mahmoud Ezzat, le 28 août 2020, en charge à la fois de la planification des actions armées et des embryons de négociations avec le régime. Ce succès sécuritaire est aussi un coup politique affaiblissant la confrérie, privée de dirigeants par l'emprisonnement, l'exil voire la mort. Outre Mohamed Morsi, décédé en plein tribunal le 17 juin 2019, l'un des principaux leaders qui pouvaient assurer la relève, le médecin Issam al-Aryan, activiste de premier plan depuis ses études universitaires à l'époque de Sadate lorsqu'il dirigeait les *gama'at islamiyya* sur les campus, est trépassé à son tour en détention le 13 août 2020. L'impasse dans laquelle semblent se trouver les Frères après sept ans d'une répression plus dure encore que celle de Nasser a du reste fait naître une scission dans les rangs de ses jeunes membres, autour du « Courant indépendant » (*al-tayyar al-mustaqil*) qui publie ses premiers communiqués en août 2020 dans les principaux pays de diaspora, la Turquie, Qatar et le Soudan. Ses auteurs incriminent le leadership traditionnel de s'être montré incapable de trouver une solution au problème des détenus – les Frères formant une large majorité des 60 000 prisonniers politiques, selon l'ONG Human Rights Watch, incarcérés en Égypte depuis la destitution de Mohamed Morsi en juillet 2013, ainsi que des dizaines de milliers d'exilés. Ces jeunes ont manifesté la volonté d'établir une base de négociations avec le pouvoir – qui y a opposé à cette date une fin de non-recevoir, d'autant plus que la perspective d'éventuels élargissements peut constituer un levier pour le rapport de force avec Qatar et la Turquie dans le cadre de l'affrontement entre les membres de l'entente d'Abraham et la triplice fréro-chiite. Mais cette ouverture est également contrée par l'appareil de la confrérie, structuré autour d'une hiérarchie très prégnante et une culture de l'obéissance hostile à tout « courant » qui s'exprimerait comme tel. La situation critique de l'islam politique égyptien l'empêche en outre de se joindre aux protestations épisodiques contre la répression, comme celle qui, le 20 septembre 2020, célèbre l'anniversaire d'une manifestation similaire un an auparavant qui s'était soldée par plus de 4 400 arrestations – un tiers des interpellés restant en détention à cette date.

Durant la seconde moitié du XXe siècle, l'Égypte, qui avait bénéficié pendant l'époque coloniale des meilleures universités du Proche-Orient avec le Liban, exporta, notamment vers les pétromonarchies de la péninsule Arabique et les autres États producteurs d'hydrocarbures, de nombreux cadres pour la modernisation en langue arabe de ces pays ainsi qu'une abondante main-d'œuvre banale. L'effondrement du niveau de l'enseignement supérieur, étouffé par la bureaucratie de Nasser et ses successeurs, annihilé par la censure et submergé par la masse démographique des étudiants, s'est traduit par la fermeture des exutoires régionaux, où les expatriés européens ou asiatiques ont pris la place des enfants du Nil, assurant un encadrement de meilleure qualité et en langue anglaise afin d'optimiser les défis de la mondialisation à Abou Dhabi, Dubaï, Doha et désormais jusqu'à Riyad. Ce tarissement a en retour accru le chômage des diplômés, accentué la prise de distance envers le pouvoir et ses institutions, et nourri le vote pour l'alternative islamique des Frères musulmans, déjà majoritaires dans la plupart des ordres professionnels (médecins, ingénieurs, pharmaciens, avocats, journalistes, etc.) sous Moubarak, lors des élections législatives puis présidentielle de 2011-2012 suivant immédiatement les printemps arabes. La déréliction du pouvoir sous Mohamed Morsi entre les étés 2012 et 2013, mêlant incompétence et « frérisation » de l'État, suivie par la révolte populaire encouragée par la hiérarchie militaire, a abouti à la destitution du président et son emprisonnement ainsi que celui de dizaines de milliers de membres et sympathisants des Frères, puis de toute opposition.

Cela a fait de l'Égypte sous la houlette du maréchal Sissi l'un des régimes les plus répressifs du Proche-Orient, en miroir de celui de M. Erdogan (si l'on exclut la Syrie en guerre civile). Le nombre de détenus politiques (estimé à 60 000 sur les rives du Nil pour 40 000 en Turquie) y est comparable, eu égard à la taille respective de la population, mais la qualité des prisonniers est à l'inverse – les islamistes et leurs affidés se retrouvant aux affaires à Ankara et embastillés au Caire. Alors que les Frères égyptiens exilés sous Nasser avaient trouvé refuge dans les États de la péninsule Arabique où beaucoup firent fortune, et où seuls Qatar et – dans une certaine mesure – le Koweït leur sont ouverts aujourd'hui, c'est le successeur de l'ancien Empire ottoman qui offre asile et soutien à la plupart d'entre eux, grâce à la masse desquels sont approfondis et cultivés les liens entre Turcs et Arabes qui dessinent le spectre international du *soft power* islamiste où se projette M. Erdogan.

Le raïs égyptien bénéficie, comme ses prédécesseurs, d'une rente politico-financière venant de l'étranger dont seuls le renouvellement régulier et l'extension perpétuelle ont évité au pays de sombrer depuis qu'il est effectivement indépendant avec le coup d'État des « officiers libres » en 1952. Celle-ci est construite sur une sorte de chantage selon lequel l'effondrement de l'Égypte aurait des conséquences fatales pour la politique globale ou régionale du créditeur. Nasser (1954-1970) avait ainsi pressuré l'Union soviétique au nom de l'expansion du communisme au Moyen-Orient (lequel précipita le pays dans la ruine) de manière à ce que Khrouchtchev finance le haut-barrage d'Assouan, qui fournit alors l'électricité à toute la vallée du Nil – au prix de la submersion de la plus grande partie de la Nubie – et procure une aide militaire massive qui durera jusqu'à la guerre d'octobre 1973, dite du « Kippour » ou du « Ramadan », déclenchée contre Israël par son successeur Sadate (1970-1981). Celui-ci n'hésitera pas à retourner cette alliance afin d'obtenir de Jimmy Carter et des occupants suivants de la Maison-Blanche la plus importante aide extérieure américaine civile et militaire du monde afin de signer la paix avec l'État hébreu à Camp David et la perpétuer. La continuation de cette rente au régime de Hosni Moubarak (1981-2011) – le président déchu décède le 25 février 2020 à l'hôpital des forces armées – est facilitée après les attentats d'al-Qaida du 11 septembre 2001 dès lors que Le Caire se présente comme un champion de la « guerre contre la terreur » de George W. Bush – ce qui accroît la longévité d'un régime épuisé et corrompu. Cela est l'une des causes du soulèvement initié en janvier 2011 sur la place Tahrir, d'autant plus que le président Obama, ne souhaitant plus prolonger un soutien qui bénéficie à l'autocrate mais guère aux États-Unis, lui signifie de quitter le pouvoir dans un fameux discours du 4 février. Le président Frère musulman Mohamed Morsi (juillet 2012-juillet 2013) – sans renoncer à l'aide américaine, car le locataire démocrate de la Maison-Blanche considère favorablement la bourgeoisie pieuse comme pourvoyeuse d'une stabilité économique appuyée sur la foi – y adjoint une subvention provenant de l'émirat gazier de Qatar estimée à quatre milliards de dollars et destinée à faire du Caire l'axe politico-démographique de l'hégémonie islamiste sur la région. Le renversement de Morsi est facilité quant à lui par un financement évalué au triple de ce montant et venant principalement d'Abou Dhabi et de Riyad – qui ont *a contrario* l'objectif d'éliminer les Frères en éradiquant leur souche égyptienne. À cette somme s'ajoute l'achat d'équipement militaire sophistiqué provenant de France – deux navires de débarquement Mistral, 22 chasseurs-bombardiers Rafale, des frégates également italiennes et allemandes – dont la destination première n'est plus de lutter contre l'État hébreu mais de contrer la triplice fréro-chiite dans son expression méditerranéenne, à savoir l'expansion turque [CARTE 1].

LE CAIRE DANS L'ENTENTE D'ABRAHAM

La rente militaire venant du Golfe qui s'inscrit dans le réseau d'alliance de l'entente d'Abraham permet à celle-ci de s'appuyer sur une armée d'un demi-million de soldats, beaucoup plus nombreuse que celles des pétromonarchies – dont la combativité n'a guère convaincu par ailleurs lorsqu'elles ont fait face à l'Irak de Saddam Hussein dans les années 1990. Mais l'objectif du maréchal Sissi est également de défendre les intérêts propres de l'Égypte en Méditerranée orientale, en particulier les gisements gaziers sous-marins situés dans les zones sédimentaires alimentées par les alluvions du Nil et situées devant son delta, au large de Damiette, où ont été installées de coûteuses usines de liquéfaction. En 2015, le groupe italien ENI a ainsi découvert le gisement de Zohr, dont la capacité serait de 850 milliards de m^3, ce qui permet à l'Égypte d'avoir une capacité exportatrice jusqu'en 2025. Les champs gaziers d'origine nilotique se prolongent jusqu'aux eaux territoriales cypriotes, israéliennes… et incluent celles de la bande de

Gaza – actuellement inexploitables mais dont la fécondité éventuelle changerait peut-être le sombre destin de l'enclave côtière palestinienne... Quant à l'État hébreu, dont le champ « Léviathan » a été identifié dès 2010, il assure l'essentiel de la production électrique locale, permet de fournir la Jordanie et d'alimenter l'usine de liquéfaction de Damiette [CARTE 14]. Avant l'effondrement des prix du gaz, causé par la surproduction d'hydrocarbures de schiste américains, il avait été envisagé de construire le gazoduc sous-marin EastMed, aboutissant en Italie via le Péloponnèse pour permettre à l'Union européenne de réduire sa dépendance envers la Russie. Le coût des investissements ne rendrait pas aux prix du marché ce projet viable, ni les quantités insuffisantes de gaz prouvées à cette date, et le projet s'est vu repoussé *sine die* [CARTE 1].

Mais cela a alimenté l'expansionnisme turc en Méditerranée orientale, et ses revendications d'extension de ses eaux territoriales et zones économiques exclusives – les siennes en l'état ne recelant pas de gisement (sauf en mer Noire). Cela lui permettrait de prélever un péage sur l'EastMed s'il voyait le jour, voire d'en bloquer les flux pour ne pas porter atteinte à ceux du TurkStream. Les vannes de celui-ci ont été solennellement ouvertes par les deux partenaires des accords d'Astana Vladimir Poutine et Tayyip Erdogan le 8 janvier 2020 : il contourne l'Ukraine par le sud en passant sous la mer Noire sur 930 km entre le port d'Anapa, non loin de Sotchi, en Crimée, et le bourg de Kiyiköy, dans la banlieue d'Istanbul, d'où il repart vers l'Autriche via Thrace puis la Bulgarie. Au passage, la Turquie s'approvisionne en énergie, dont son sous-sol reste dénué, et qui est vital pour nourrir sa boulimie manufacturière : en 2019, les importations énergétiques se montaient à 41 milliards de dollars – dans lesquelles la Russie se taille la part du lion [CARTE 2].

En rétorsion à l'activisme d'Ankara en Méditerranée orientale, Le Caire a transformé le Forum gazier de Méditerranée orientale, réuni initialement le 14 janvier 2019 et qui regroupait, outre l'Égypte, Israël, la Jordanie, l'autorité palestinienne, Chypre, la Grèce, l'Italie, la France et les États-Unis, en une organisation intergouvernementale dont la charte est signée le 22 septembre 2020, et qui constitue un lobby voué à lutter contre les « violations » des droits économiques des signataires sur leurs espaces maritimes – une instance destinée à accroître l'isolement turc et dont les membres sont affiliés à ou proches de l'entente d'Abraham.

LE CONTRÔLE DU NIL

Si les enjeux gaziers du Proche-Orient s'inscrivent au cœur des alliances et ruptures entre l'axe fréro-chiite d'une part, l'entente abrahamique de l'autre, en instaurant l'Égypte en État de la ligne de front sur sa façade méditerranéenne, l'accès à une seconde ressource rare met ce pays qu'Hérodote qualifiait de « don du Nil » en position avancée sur cet autre champ de bataille : l'eau douce. Ce n'est plus à l'embouchure du fleuve que se joue le conflit, mais à ses sources. L'Éthiopie, géant de la corne de l'Afrique, comparable par sa population d'une centaine de millions d'habitants, et partageant une antique culture grâce à la route commerciale reliant l'océan Indien à la

Méditerranée par les berges du fleuve, à contre-courant duquel remonta le christianisme dans sa version copte, a entrepris en juillet 2020 le remplissage de son « Grand Barrage de la Renaissance » [CARTE 17]. Avec un réservoir de 80 milliards de m^3 localisé sur le Nil Bleu, près de la frontière soudanaise, il est destiné à réguler les crues et fournir le pays et ses voisins en électricité grâce à la plus grande centrale du continent noir. Le Caire et dans une moindre mesure Khartoum, pris en tenaille entre ses deux immenses voisins d'amont et d'aval, redoutent que le remplissage et la rétention de l'eau ne réduisent significativement l'hydrographie du cours inférieur du fleuve, et que cela soit l'objet de négociations en position de faiblesse avec Addis-Abeba. L'exemple mésopotamien, qui a vu l'Irak pâtir considérablement des barrages édifiés par la Turquie et la Syrie sur le Tigre et l'Euphrate, n'est guère fait pour rassurer l'Égypte. La montée des tensions entre les deux capitales s'est traduite par l'alignement des alliances autour de celles-ci, Ankara prenant fait et cause, une fois n'est pas coutume, pour un pays majoritairement chrétien contre un autre musulman (alors que M. Erdogan avait tancé le maréchal Sissi pour s'être allié à la Grèce mécréante contre lui), et Abou Dhabi soutenant Le Caire.

Les premiers développements ont concerné les bases militaires de la corne de l'Afrique : Djibouti, qui nourrit un lourd contentieux contre Abou Dhabi (voir ci-dessus, p. 89) et donc son allié égyptien, a pris le parti de leur ennemi éthiopien, et s'est rangé aux côtés de la Turquie, laquelle a construit dans l'ancienne colonie française une imposante mosquée sur le modèle anatolien se livrant à un ardent prosélytisme, tout en assurant grâce à Turkish Airlines les vols meilleur marché vers l'Europe. Il en va de même en Somalie, pays très lié à Qatar, où la Turquie a établi une base importante près de la capitale Mogadiscio dès 2017. Les deux États se sont abstenus à la Ligue arabe le 10 septembre lors de la motion hostile à Ankara soumise par Le Caire (p. 135). Dès 2017 Abou Dhabi avait édifié une base à Berbera, dans l'État autoproclamé du Somaliland, sécessionniste de la Somalie ; le projet a été abandonné en mars 2020 mais une délégation militaire égyptienne s'y est rendue le 10 août, en pleine crise autour du barrage de la Renaissance, et la presse s'est fait l'écho d'une possible substitution par Le Caire. De même, la base émirienne d'Assab, sur le littoral érythréen, installée dès 2015, a joué un rôle important dans le support à l'intervention armée au Yémen, et Le Caire s'est rapproché d'Asmara – qui s'oppose à Addis-Abeba – dans le même esprit.

Tandis que la diplomatie du maréchal Sissi mobilise tous les anciens réseaux africains qu'avait tissés le nassérisme – en réplique au barrage éthiopien, l'Égypte fait savoir le 4 septembre qu'elle en construit un autre en Tanzanie, un des États du bassin du fleuve, puis la République démocratique du Congo annonce le 19 septembre son soutien au Caire dans le contentieux avec Addis-Abeba –, le Soudan se trouve l'objet d'un conflit qui, sourdant des eaux du Nil, irrigue à son tour les alliances et les ruptures de la région. Classé par Washington sur la « liste des États soutenant le terrorisme », le pays du général Omar al-Bachir, dont l'intellectuel proche des Frères musulmans Hassan al-Tourabi fut le premier mentor, avait hébergé en effet des terroristes de diverses obédiences, depuis Ilich Ramírez Sánchez, dit Carlos (de 1991 à 1994) jusqu'à Oussama Ben Laden (de 1992 à

1996). Relais de mouvements jihadistes actifs dans la corne de l'Afrique, bombardé par des missiles de croisière américains mi-août 1998 en rétorsion des attentats d'al-Qaida contre les ambassades des États-Unis au Kenya et en Tanzanie le 7 de ce mois, le régime militaro-islamiste a également servi de zone de transit pour les missiles iraniens destinés à Hamas dans la bande de Gaza – comme s'en est targué ce mouvement dans un reportage de la chaîne Al Jazeera diffusé le 13 septembre 2020. Il reçoit la visite du président Erdogan en décembre 2017, dans le cadre du plan turc d'implantation stratégique en Afrique, traduit par un accord pour acheter l'île de Suakin sur la mer Rouge et en restaurer le port, ancien point de passage des pèlerins africains en route pour La Mecque, florissant à l'époque de l'Empire ottoman. Celui-ci laissait anticiper aux observateurs l'implantation d'une base militaire, dont la première manifestation fut l'escale de la frégate de 4 100 tonnes *Gojka Ada* à Port-Soudan du 9 au 11 mars 2019, destinée à « renforcer la sécurité et la sûreté » et à manifester un soutien au général al-Bachir, objet d'une violente contestation qui amènerait un mois plus tard la destitution du dictateur après trente ans de pouvoir, le 11 avril. On a observé plus haut (p. 48) dans la première partie de ce livre combien la chute du régime avait été déplorée par le forum islamiste basé à Istanbul Al Sharq.

De fait, le gouvernement de transition à Khartoum issu du soulèvement s'est rapproché de l'Arabie saoudite et surtout d'Abou Dhabi, disposés à investir des milliards de dollars dans ce pays agricole qui peut contribuer à leur sécurité alimentaire en cycle court [CARTE 6]. Ce sont désormais les Émirats qui envisagent, avec leur compagnie portuaire DP World, de s'implanter à Port-Soudan et Suakin, localisation stratégique face à La Mecque et sur le trajet des pétroliers entre le détroit de Bab el-Mandeb et le canal de Suez. Pour conclure cette inscription du « pays des Noirs » dans l'entente d'Abraham et le soustraire pour de bon à l'axe fréro-chiite, le secrétaire d'État américain Mike Pompeo a effectué une visite dans la capitale le 25 août 2020 à bord du « premier vol officiel entre Tel-Aviv et Khartoum » pour tester la disponibilité de ses hôtes à reconnaître l'État juif – après que M. Netanyahou eut rencontré le 3 février dans l'Ouganda voisin le chef du Conseil souverain soudanais, le général Abdel Fattah al-Bourhan, sous les auspices émiriens. Des déclarations contradictoires ont suivi dont il ressortit que si relations il y avait avec Israël, elles seraient conditionnées par la levée de l'inscription du pays de la liste des États soutenant le terrorisme – une décision qui est du ressort du Congrès et non d'un décret du président Trump, car des compensations financières ont été imposées au Soudan, tenu pour complice des attentats contre les ambassades américaines à Nairobi et Dar es-Salaam – préludes au 11 Septembre 2001. C'est chose faite le 23 octobre [CARTE I] : Khartoum a rassemblé les 335 millions de dollars dus aux familles des victimes, selon toute probabilité grâce à un financement d'Abou Dhabi. Donald Trump, avide d'un effet d'annonce à onze jours de l'élection présidentielle, convoque la presse à la Maison-Blanche pour la rendre témoin d'une conférence téléphonique entre Benyamin Netanyahou et les deux hommes forts du régime de transition, le général Bourhan et le Premier ministre civil Abdallah Hamdok, s'engageant à un rapprochement entre leurs États respectifs. Si les termes n'en sont pas précisés – l'événement ayant été précipité en fonction du calendrier politique américain pressant –, le Premier ministre israélien (également avide de marquer des points face à ses compétiteurs à Jérusalem) fait savoir qu'une coopération agricole et commerciale est envisagée à brève échéance et laisse entendre qu'ainsi seraient rapatriables les demandeurs d'asile soudanais qui ont réussi, au nombre de 20 000, à pénétrer dans l'État hébreu… En remerciement aux Émirats arabes unis pour services rendus dans la fluidification de cette négociation, M. Netanyahou fait savoir dans la foulée que son gouvernement ne s'oppose plus à la vente d'armement américain à la pétromonarchie – se référant ainsi aux bombardiers furtifs F-35 dont seul l'État hébreu dispose jusqu'alors dans la région. Quant à Hamas, il dénonce dans un communiqué virulent « un péché politique » : par-delà le revirement d'un État qui servait de plaque tournante pour la livraison de missiles iraniens au mouvement islamiste dans la bande de Gaza, le nom de la capitale soudanaise jouait un rôle symbolique fondateur dans le conflit israélo-arabe. Neuf États y avaient signé le 1er septembre 1967, au lendemain de la défaite dans la guerre des Six-Jours, la « résolution de Khartoum » établissant les trois « non » à l'État juif : ni paix, ni reconnaissance, ni négociation. Le basculement du Soudan l'arrime désormais au plus près de l'Égypte, premier État arabe à avoir enclenché la paix lors du voyage de Sadate à Jérusalem le 19 novembre 1977.

Fermement inséré dans l'entente d'Abraham, le maréchal Sissi s'efforce d'en maximiser les bénéfices pour améliorer son positionnement régional face à ses rivaux ou ses partenaires, tant à l'est avec Israël et les territoires palestiniens, qu'au sud autour des eaux du Nil, et au nord avec les nouveaux enjeux liés à l'exploitation et l'exportation du gaz de la Méditerranée orientale. Mais il est un conflit qui cristallise l'ensemble des crises du Moyen-Orient et prolonge celles-ci vers l'Afrique du Nord et l'Europe : celui de la Libye, avec laquelle l'Égypte partage une frontière de 1 115 km, tracée d'un trait à travers le désert. Ce territoire représente un concentré de problèmes : des hydrocarbures aux migrations, du terrorisme jihadiste aux rivalités entre la Tripolitaine où Turquie et Qatar soutiennent, avec la mansuétude américaine, un pouvoir issu des Frères musulmans, et la Cyrénaïque, où Abou Dhabi et Le Caire appuient leurs rivaux avec le support de Moscou, tandis que l'Europe est divisée entre les intérêts concurrents de l'Italie et de la France, et que sur le terrain les deux camps se combattent grâce à des mercenaires syriens prélevés parmi les insurgés islamistes et les miliciens pro-Assad démobilisés. Tous les ingrédients sont présents pour que vienne gésir là le vecteur de la déstabilisation de l'Afrique du Nord, et derrière elle de l'Europe, en parallèle au contentieux qu'Ankara cultive contre Athènes en Méditerranée.

III

De l'Afrique du Nord aux banlieues de l'Europe

LA LIBYE ENTRE MARTEAU TURC ET ENCLUME ÉGYPTIENNE

Les 28 et 29 septembre 2020, dans la station balnéaire de Hurghada, sur le littoral de la mer Rouge, se tiennent, pour la première fois sur le sol égyptien, des pourparlers entre autorités policières et militaires de l'ouest et l'est de la Libye, représentant respectivement le Gouvernement d'accord national basé à Tripoli et les Forces armées arabes libyennes de Benghazi – sous l'égide de la mission de soutien des Nations unies pour ce pays dévasté [CARTE 16]. Ils se concluent par la recommandation d'échanger avant la fin du mois suivant l'ensemble des prisonniers des deux camps, de remplacer les récits de haine par ceux de tolérance et de réconciliation, de rouvrir les lignes de transport terrestres et aériennes, et de se retrouver en face à face sur le territoire libyen pour s'entendre sur la remise en marche de l'exploitation et de l'exportation des hydrocarbures. Celles-ci ont été interrompues depuis la mi-janvier par le maréchal Haftar, qui contrôle le « croissant pétrolier » où sont situés la majorité des puits et des terminaux. La production a baissé en conséquence de 90 %, passant de 1,2 million à 100 000 barils/jour. Alors que ses troupes assiégeaient la capitale depuis avril 2019, elles avaient dû battre en retraite sous la pression de milliers de mercenaires syriens encadrés par des officiers turcs flanquant les groupes armés locaux – et le maréchal soupçonnait les royalties parvenant à la Banque centrale libyenne, dont le siège est à Tripoli dans le fief de ses adversaires et où les Frères musulmans sont influents, d'être détournées pour financer ces milices. Mais la stratégie de l'homme fort de la Cyrénaïque a procédé d'un calcul à courte vue. D'une part, elle a précipité l'ensemble du pays dans la crise économique, y compris les zones sous son contrôle, mettant à l'arrêt la production d'électricité notamment, mais elle est également advenue dans l'indifférence des marchés internationaux, confrontés à la surproduction décidée par la Russie et suivie par l'Arabie saoudite, lors de la réunion de l'« OPEP + » à Vienne le 6 mars, puis à l'effondrement de la demande – et des prix – du brut dus à la pandémie de la Covid-19. Plus encore, cette démarche de « voyou » a commencé à lui aliéner les soutiens de certains de ses partisans, depuis les compagnies pétrolières internationales jusqu'à l'Égypte, qui avaient pourtant vu en lui le *strong leader* à même, dès qu'il contrôlerait la totalité du pays, d'assurer la régularité des exportations.

Un sommet réunissant à Berlin le 19 janvier les représentants de onze États et de quatre organisations intergouvernementales, sous l'égide de la chancelière allemande et du secrétaire général de l'ONU, n'avait pu qu'entériner l'impuissance de la communauté internationale qui appelait, dans la perspective d'un cessez-le-feu permanent en Libye à « s'abstenir de toute ingérence dans le conflit armé ». Or la brève cessation des combats intervenue le 12 janvier a rapidement volé en éclats, tandis qu'intervenaient dans la relance des hostilités les soutiens des deux camps, la Turquie et la Russie notamment, à peine l'encre signant la résolution 2510 du Conseil de sécurité, entérinant les engagements pris à Berlin, avait-elle séché. Cela conduit le 2 mars suivant l'envoyé spécial des Nations unies pour la Libye, Ghassan Salamé, à « jeter l'éponge » invoquant dans un tweet en arabe une santé déclinante qui ne lui permet plus de supporter le stress. Le 25 de ce mois, une offensive militaire des troupes de Tripoli et des mercenaires syriens, soutenue par deux frégates turques opérant au large de la côte et faisant un usage massif de drones Bayraktar – qui testent sur le champ de bataille libyen leur redoutable efficacité qu'on retrouvera à l'œuvre six mois plus tard contre les Arméniens au Haut-Karabakh –, effectue une percée traduisant l'implication majeure d'Ankara dans les combats. Selon l'Observatoire syrien des droits de l'homme, la Turquie a transféré dans les huit premiers mois de 2020 un total de 15 000 anciens rebelles syriens islamistes en Libye, après les avoir entraînés militairement en Anatolie, 8 000 d'entre eux étant retirés par rotation pour assurer en permanence des troupes fraîches de quelque 7 000 hommes – tandis qu'on estime que la totalité des mercenaires étrangers d'autres nationalités actifs dans le pays représente un nombre équivalent. L'efficience de ces troupes et surtout des drones a joué un rôle important dans la contre-offensive victorieuse contre les bandes moins aguerries du maréchal Haftar. La ligne de front s'établit à la fin du printemps dans les environs de Syrte.

Cette cité, fameuse depuis l'antiquité, et d'où était originaire le colonel Kadhafi qui s'y réfugia avant d'être capturé et lynché à mort dans ses environs le 20 octobre 2011, marque la frontière culturelle et linguistique entre les parties occidentale et orientale de ce pays composite. À l'ouest la Tripolitaine prolonge le Maghreb dont on parle les dialectes, y survivent des Berbères et l'on mange le couscous. L'Est, la Cyrénaïque (*Barqa*), en revanche est tourné vers la vallée du Nil depuis qu'aux temps pharaoniques elle en était le débouché portuaire à travers Siwa et les oasis méridionales du désert égyptien. Le président Sissi fait donc tout naturellement de Syrte la ligne rouge « historique » qu'Ankara et ses mercenaires ne sauraient dépasser, sauf à déclencher une invasion par Le Caire. Régiments et aviation sont pré-positionnés dans des bases proches de la frontière – accompagnés de chasseurs-bombardiers émiratis – tandis que le Parlement vote le 20 juillet le déploiement des troupes si les pick-up du GAN et le corps expéditionnaire turc menacent Syrte. Cette résolution des députés égyptiens – largement contrôlés par l'exécutif – fait écho à celle de leurs collègues turcs – dont la plupart sont dans une dépendance à M. Erdogan comparable – lorsqu'ils furent convoqués en urgence le 2 janvier pour approuver l'envoi de l'armée en Tripolitaine.

Pourtant, la projection en Libye de la rupture entre les membres respectifs de l'axe fréro-chiite et de l'entente abrahamique n'aligne pas complètement les deux alliances selon les solidarités attendues. En effet, si Qatar et la Turquie coopèrent pleinement aux côtés du GAN de M. Sarraj (l'Iran n'étant pas impliqué directement sur place), ils bénéficient au premier semestre 2020 d'une mansuétude américaine qui paraît d'autant plus surprenante que les

Émirats arabes unis et l'Égypte, champions de l'entente opposée dont les États-Unis sont partie prenante, sont les fermes soutiens de Benghazi. L'engagement de Moscou aux côtés du maréchal Haftar, tant par le transfert de mercenaires syriens pro-Assad depuis Damas à bord d'avions russes que par la forte présence des paramilitaires du groupe Wagner, liés au Kremlin et gardant sous clef la plupart des infrastructures du croissant pétrolier, motive le rééquilibrage de Washington vers le gouvernement de Tripoli, reconnu par la communauté internationale. Par ailleurs, les ponts ne sont rompus par la Maison-Blanche ni avec la Turquie, qui appartient à l'OTAN, ni avec Qatar qui héberge sur sa base d'al-Udeid une centaine d'avions de l'US Air Force. Ainsi, le 5 août, le conseiller national de Sécurité de Donald Trump, Robert O'Brien, déclare qu'il « n'y a pas de vainqueur en Libye » – poussant les deux parties à une entente sous les auspices des alliés des États-Unis dans chaque camp afin de marginaliser à travers le maréchal Haftar son parrain russe. Ce jeu complexe des puissances oppose par ailleurs les compagnies pétrolières occidentales, qui exploitent le brut libyen et souhaitent la réouverture rapide des gisements, aux géants des hydrocarbures russes qui préfèrent limiter l'offre mondiale afin de faire remonter les prix. Le *sweet crude* local est extrêmement profitable même au cours d'une quarantaine de dollars auquel s'est stabilisé le marché à l'été après l'effondrement consécutif aux confinements liés à la pandémie : son coût d'extraction de 3 dollars par baril est l'un des plus bas de la planète, le raffinage en est peu onéreux grâce à la qualité légère de son huile, et il constitue le champ d'hydrocarbures le plus proche des consommateurs européens où vont 80 % des exportations.

Avec plus de 40 milliards de barils de réserves prouvées (les premières de l'Afrique), il est assuré de six décennies de production. Son exploitation rationnelle aurait dû donner à la Libye la prospérité d'une pétromonarchie du golfe Persique. La logique rentière couplée à la dictature erratique de Kadhafi puis aux immenses appétits qu'a ouverts la guerre civile depuis 2011 en ont assuré au contraire la plongée dans une spirale infinie de malheur.

Les conséquences économiques désastreuses de l'arrêt de la production en janvier 2020 traduites par l'effondrement du revenu national – le manque à gagner par rapport à 2019 s'élevait à huit milliards de dollars en août – se sont fait sentir aussi bien à l'Ouest qu'à l'Est, et ont déclenché au cours de ce mois des mouvements de révolte d'une « société civile » émergente dont les membres paupérisés ont commencé à s'émanciper des affiliations aux tribus et milices autour desquelles s'étaient cristallisés les affrontements. Celles-ci, à la suite de l'effondrement de la brutale dictature de Kadhafi qui monopolisait pour ses frasques et son aventurisme international les revenus pétroliers, ont eu d'abord pour objet la captation de cette manne – chaque groupe armé tentant d'en contrôler une part pour son usage exclusif. Avec la stabilisation du front autour de Syrte à l'été et la moindre prégnance des opérations militaires dans la vie de tous les jours, la Tripolitaine a été la première touchée par les protestations publiques, dès le 23 août. S'y combinent l'exaspération face aux pénuries d'eau et d'électricité, l'incapacité de disposer de liquidités, une inflation gigantesque et la dégradation des conditions sanitaires et hospitalières, causant la propagation de la Covid-19 la plus élevée du continent africain au début septembre. En dépit des velléités répressives des bandes armées au service d'une myriade de chefaillons de guerre, la popularité du mouvement a dissuadé celles-ci de perpétrer leurs exactions au même rythme, d'autant que les rivalités se sont traduites par le bouleversement du leadership en Tripolitaine comme en Cyrénaïque, jugé globalement responsable de la situation catastrophique du pays et tenu pour le principal obstacle à une forme de réconciliation nationale.

À l'Ouest, Fayez el-Sarraj en a été la principale cible, sur fond de complication des relations avec le parrain turc. Le Premier ministre du GAN en effet, sous la pression des Frères musulmans de son entourage, eux-mêmes dans la main de Doha et d'Ankara, avait dû signer en novembre 2019 un document avec M. Erdogan établissant la démarcation des zones économiques exclusives entre Libye et Turquie qui prétendait couper en biais la Méditerranée orientale entre la Cyrénaïque et l'Anatolie en vue d'un contrôle exorbitant de la mer, au détriment de la Grèce notamment. Ce coup de force s'inscrivant dans la stratégie de « patrie bleue » (*Mavi vatan*) de l'Amirauté turque n'avait été entériné, on l'a vu, par aucun autre des riverains, aboutissant au contraire à une montée des tensions et des incidents militaires maritimes. M. Sarraj, dont le gouvernement était pourtant reconnu par l'ONU, souffrit en conséquence d'un discrédit international majeur – d'autant qu'il avait engagé dans cette affaire la côte orientale libyenne pour border au midi ladite zone de démarcation, sur laquelle il n'exerce aucune souveraineté puisqu'elle se trouve sous le contrôle de son rival le maréchal Haftar. Pour recouvrer sa réputation, le dirigeant de Tripoli exprima plusieurs fois à l'été 2020 son malaise en laissant comprendre qu'il n'avait signé avec M. Erdogan pareil « traité inégal » en novembre précédent que sous l'empire de la nécessité – celui-ci constituant la condition préalable à l'intervention militaire de l'armée turque et de ses supplétifs syriens qui devaient permettre de lever le siège de la capitale et de repousser vers Syrte les troupes d'Haftar. Ankara s'en acquitta et mena à bien l'opération, mais le pesant protectorat qui en résulta rabaissa dès lors M. Sarraj au statut de fantoche, lui interdisant tout rôle de premier plan pour restaurer l'unité et l'indépendance nationales.

Celui-ci tenta donc de restaurer quelque autorité en revenant sur les accords – qu'il avait contractés unilatéralement sans ratification parlementaire et que sa rétractation invaliderait de fait. Cela exaspéra M. Erdogan qui joua sur les dissensions régionales et la concurrence entre les cités de l'Ouest pour susciter la dissidence du ministre de l'Intérieur Fathi Bashaga, homme fort des milices de Misrata, principal port libyen et siège d'une bourgeoisie commerçante pieuse acquise aux Frères musulmans. Dans cette ville, des mercenaires syriens provenant des brigades islamistes Faylaq al-Haqq (« Brigade du Vrai », i. e. de l'islam) et Sultan Mourad (Mourad IV, fameux pour sa violence dans l'application de la charia), connus pour leur cruauté – et dont d'autres membres se préparaient à partir en Azerbaïdjan afin d'envahir le Haut-Karabakh contre l'Arménie –, s'étaient vantés auprès d'une journaliste britannique d'avoir mis au pillage des villas pour y trouver de l'or, compensant de la sorte le non-paiement ou les retards de leur solde mensuelle de 2 000 dollars – à la fureur des Libyens. Des cheikhs de la confédération tribale des Warshafanas, implantée près de Tripoli, dans un pays où le poids des confréries reste important en dépit de l'urbanisation, dénoncèrent la prédation des mercenaires syriens, la complicité de M. Bashaga avec eux, et incitèrent leurs contribules à participer aux manifestations contre la dégradation des conditions de vie. Plusieurs protestataires furent en outre tués par les sbires de ce dernier dans la capitale alors qu'ils approchaient du quartier général des conseillers militaires turcs. Dans ce contexte, le ministre, alors qu'il se trouvait à Ankara, fut congédié par M. Sarraj (avant qu'il ne revienne sur sa décision sous pression de M. Erdogan). *In fine*, l'épreuve de force en Tripolitaine tourna au détriment du chef de gouvernement : il annonça le 16 septembre qu'il quitterait ses fonctions pour céder la place avant la fin octobre à un comité issu des pourparlers entre représentants des diverses factions libyennes qui avaient lieu à Montreux (Suisse) du 7 au 9 septembre et à Bouznika (Maroc) du 6 au 10 – préparant ceux de Hurghada en Égypte les 28 et 29.

Pareil effacement de celui qui avait incarné l'intransigeance de la Tripolitaine, l'intrusion turque, et constitué un obstacle au règlement du conflit eut pour contrepoint la marginalisation en Cyrénaïque de Khalifa Haftar au profit d'Aguila Saleh, président de la Chambre des représentants élue en juin 2014, chef de l'État par intérim *de facto*, établi dans la ville de Tobrouk, près de la frontière égyptienne. Discrédité tant par son insuccès militaire que par sa propension dictatoriale aux yeux de ses compatriotes, et à ceux de l'étranger par la fermeture des puits de pétrole, le maréchal a également été tenu pour responsable par les jeunes issus de la société civile de Benghazi du blanc-seing que cet ennemi des Frères musulmans – et donc hostile en principe à l'islam politique – a en réalité donné aux milices salafistes pour imposer la charia en multipliant les exactions envers les contrevenants – sans oublier sa responsabilité originelle dans la paupérisation massive de la population causée par l'interruption de la production pétrolière. Le 6 juin 2020 le président Sissi annonce l'« initiative du Caire », en présence de M. Saleh auquel il donne la préséance sur le maréchal Haftar : organiser des élections générales dans toute la Libye sous quatre-vingt-dix jours. En dépit d'une faible probabilité de mise en œuvre, cette déclaration crée une dynamique destinée à inverser le cycle des violences depuis le début de l'année. Le 21 août MM. Saleh et Sarraj émettent simultanément un appel au cessez-le-feu, immédiatement soutenu par le raïs égyptien, ainsi que par le président de la compagnie nationale de pétrole libyenne (NOC) Mustafa Sanalla, impatient de la reprise de l'exploitation et des exportations. Quelques jours plus tard, celui-ci apparaît aux côtés du P-DG de Total, Patrick Pouyanné, lors du Forum Moyen-Orient Méditerranée de l'université de Lugano (Suisse italienne) le 29 août où ils réitèrent de conserve l'importance cruciale qu'ils accordent à la réouverture des puits et au redémarrage des raffineries.

Cette nouvelle propension du Caire à reprendre la main traduit d'abord un affaiblissement turc, dont l'offensive militairement victorieuse avec l'aide des mercenaires syriens n'a pu se transformer en succès politique car elle s'inscrivait dans une déstabilisation générale de la Méditerranée orientale initiée par Ankara qui a dressé contre M. Erdogan une large majorité d'États régionaux. De plus, les tensions avec Moscou suscitées par le soutien turc à l'offensive victorieuse azérie du 27 septembre contre le Haut-Karabakh et l'Arménie, dans la zone limitrophe de la Russie au Caucase, ont accru ce malaise.

Cela a offert en contrepartie une ouverture à l'Égypte pour rassembler les acteurs politiques de Tripolitaine comme de Cyrénaïque – en écartant le maréchal Haftar, trop clivant aux yeux des premiers, en contrepartie du retrait de M. Sarraj, ces deux leaders incarnant la responsabilité de la catastrophe que la Libye tout entière a subie au premier semestre de 2020. Pour les États-Unis, la mansuétude accordée à l'offensive de Tripoli appuyée par les conseillers turcs et les mercenaires islamistes syriens contre Haftar était principalement motivée par l'inquiétude face à l'implantation russe en Cyrénaïque, marquée notamment par la présence des paramilitaires du groupe Wagner sur les gisements pétroliers, évaluée entre 1 200 combattants (par le comité des experts de l'ONU sur la Libye) et 3 000 (par le US Africa Command) – bien que les Émirats et l'Égypte, deux piliers de l'entente d'Abraham fussent aussi présents à Benghazi, pour contenir quant à eux la poussée en Libye de leurs ennemis fréristes. Le nœud gordien de l'entrelacs complexe entre les parties prenantes aux diverses alliances régionales formelles comme informelles – accords d'Astana, axe fréro-chiite, entente abrahamique, pacte gazier de l'EastMed, Med 7, etc. – est tranché par Washington en apportant son soutien au président Sissi pour dynamiser le processus de réconciliation nationale. Ainsi le 7 septembre, une délégation de représentants de la Tripolitaine se rend au Caire, la première depuis la signature de l'accord de démarcation maritime avec Ankara en novembre 2019, puis la présidence égyptienne annonce qu'elle va rassembler l'ensemble des représentants des tribus libyennes afin de favoriser un consensus national hors de toute ingérence « étrangère » – visant par ce terme la Turquie, flanquée de ses supplétifs syriens.

Du 11 au 13 octobre, c'est de nouveau au Caire que se rencontrent les délégués de la Chambre des Représentants basée à Tobrouk en Cyrénaïque et du Haut Conseil d'État de Tripoli, sous les auspices du général Abbas Kamel, chef des services de renseignement égyptiens, afin d'aboutir à un référendum constitutionnel permettant la réunification du pays qui sera mis en chantier en novembre lors d'une réunion en Tunisie d'une instance fédérative, le Forum du dialogue politique libyen. Ce processus dans lequel l'Égypte a pris la main a bénéficié du soutien décisif des États-Unis dont l'ambassadeur en Libye, Richard Norland, qui a fait savoir le 29 septembre que « les entretiens en Égypte sont le signe que le processus facilité par les Nations unies fonctionne », rencontre au Caire le 5 octobre le général Kamel pour des entretiens « fructueux », ainsi que le président de la Chambre de Tobrouk Aguila Saleh pour s'accorder sur l'expulsion des combattants étrangers ainsi que des conseillers militaires turcs. Bien que ces « combattants étrangers » incluent tant les mercenaires syriens que les paramilitaires russes du groupe Wagner, Moscou, par la voix de la porte-parole du ministère des Affaires étrangères, n'y met pas obstacle : le consensus, qui inclut l'Union européenne, se fait principalement en opposition à la Turquie, dont l'intrusion a présumé des forces d'Ankara, devenue une force déstabilisatrice régionale qui gêne ses voisins. La réconciliation libyenne est mise en œuvre au moment où les relations russo-turques se tendent à l'extrême dans le Caucase, alors que M. Erdogan qui appuie l'offensive de l'Azerbaïdjan contre l'enclave du Haut-Karabakh et l'Arménie, et y a expédié également des supplétifs syriens islamistes en provenance du canton d'Afrin, interfère dans la suzeraineté que conserve Moscou sur ces anciennes républiques soviétiques, à l'exaspération du maître du Kremlin.

La stabilisation de la Libye et le départ de l'armée turque sont également un enjeu majeur pour l'Union européenne, confrontée à des flux migratoires récurrents en provenance des embarcadères de Tripolitaine. La perspective qu'Ankara en use sur place comme dans la mer Égée ou en Thrace, en se servant de la pression humaine comme moyen de chantage politique, a été envisagée par les États les plus directement concernés comme Malte et l'Italie. On a déjà observé (ci-dessus, pp. 82-83) comment leurs ministres des Affaires étrangères s'étaient rapprochés de leur homologue turc à cette fin, envisageant des concessions en retour – une démarche que la réunion du Med 7 à Ajaccio le 10 septembre a brièvement rendue caduque en appelant à une stratégie européenne coordonnée, mais que le sommet de Bruxelles des 27 États membres de l'UE transforme de nouveau en attentisme le 1er octobre. L'Italie et l'Allemagne, explique à la presse le président du Conseil Giuseppe Conte au lendemain de celui-ci, « cherchent à imposer une approche de dialogue constructif [...] seule à pouvoir conduire à une désescalade. Cela implique de reconnaître à la Turquie un rôle stratégique. Elle a un rôle important à jouer en Méditerranée orientale, au Moyen-Orient, dans les Balkans et aussi en Libye. »

Toutefois, l'accord de cessez-le-feu entre les parties libyennes, signé le 23 octobre à Genève sous les auspices de l'ONU, consacre la marginalisation de la Turquie dans la résolution du conflit au profit d'une perspective euro-américaine soutenant les efforts de l'Égypte, et qui trouve son aboutissement du 9 au 16 novembre lors du « dialogue de Tunis ». Il y est décidé d'organiser les élections dans un délai d'un an. Pour faciliter le processus de transition, M. Sarraj renonce le 30 octobre à sa démission prévue pour ce jour, dans une ultime volte-face.

LE DILEMME MIGRATOIRE : ENTRE HUMANITARISME ET TERRORISME

En septembre 2020, Amnesty International a publié un rapport intitulé *Entre la vie et la mort / Les personnes réfugiées et migrantes prises dans la tourmente des violences en Libye*, qui s'appuie sur des entretiens effarants menés depuis le mois de mai avec 43 victimes d'exactions allant des tortures au viol voire à l'assassinat, afin de racketter celles-ci de manière à ce que leurs familles fassent parvenir à leurs bourreaux le montant de la rançon. Particulièrement concernés sont les *boat people* rattrapés en mer par les garde-côtes libyens qui disposent à cette fin de navires fournis principalement par l'Italie. La plupart de ces violences ayant eu lieu en Tripolitaine, qui est sous le contrôle du Gouvernement d'accord national, le rapport a été envoyé au ministre de l'Intérieur Fathi Bashaga, mais l'homme fort philo-turc de Misrata n'y donne aucune suite. En tout état de cause, Amnesty International, à l'instar de toutes les ONG intervenant en Méditerranée, s'efforce en premier lieu d'influer sur les États de droit de l'UE, afin de les contraindre à accepter les migrants sur leur sol de façon à ce qu'ils soient « débarqués en lieu sûr ». Près de 8 500 personnes, très majoritairement d'Afrique noire, ont été ainsi reprises entre janvier et septembre 2020 par les garde-côtes libyens et subséquemment incarcérées sans qu'aucune décision légale ne leur soit notifiée. Signe de l'avancée du processus de réunification libyen et du rapprochement avec les Nations unies, le GAN procède le 14 octobre à l'arrestation de l'un des principaux suspects du trafic d'êtres humains, et de torture et extorsion de migrants identifié par le Conseil de sécurité de l'ONU, l'ancien commandant de garde-côtes Abd al-Rahman al-Milad.

Le nouveau « pacte migratoire européen » présenté à Bruxelles le 23 septembre par la présidente de la Commission Ursula von der Leyen converge avec la proposition d'Amnesty International en faisant du sauvetage en mer une « obligation légale » et un « devoir moral » à la charge des États littoraux. Les navires de Frontex ont du reste recueilli 600 000 rescapés depuis 2015. Mais les dispositions générales visent à rendre le contrôle, le droit d'accueil ou son déboutement à la fois plus rapides et plus solidaires que celles du traité de Dublin, qui faisait peser l'essentiel de la charge sur les pays de première entrée. Cela témoigne de la volonté politique de l'Union européenne de faire de la question migratoire en provenance de l'Afrique et de l'Asie à travers la Méditerranée une priorité et une urgence, sous peine de briser la cohésion de l'UE. Le mécanisme envisagé, qui permet aux États membres d'opter entre accueil et financement du rapatriement des déboutés s'efforce de combiner la culture politique de chacun et sa contribution budgétaire à la résolution de ce défi – dans un contexte où le vieillissement de l'Europe rend inéluctable un apport migratoire. Le pacte explore également les soutiens aux pays de départ afin de fournir des opportunités d'emploi sur place à des populations dont la venue est jugée inopportune. Or c'est là un problème majeur pour les sociétés du (très) Vieux Continent, dans lesquelles les répercussions de l'islamisme politique – qu'il soit inspiré par les Frères musulmans, par le jihadisme et toutes les formes hybrides et intermédiaires que ces idéologies engendrent – font peser un spectre sur le devenir du projet libéral européen lui-même. L'immigration a-t-elle pour aboutissement une intégration culturelle dans les pays d'accueil dont les nouveaux arrivants ont vocation à partager les valeurs, ou au contraire certains de ceux-ci font-ils peser le risque d'un « séparatisme islamiste » que le président Macron identifie et dénonce comme tel lors d'un discours prononcé le 2 octobre dans un lieu symbolique de la banlieue parisienne, Les Mureaux ? Quatre ans auparavant, un policier et son épouse y avaient été assassinés par un jihadiste d'origine marocaine appelant ses coreligionnaires à poursuivre dans cette voie, tandis que le déroulement, en septembre et octobre 2020, du procès des attentats jihadistes de janvier 2015 contre *Charlie Hebdo*, l'épicerie HyperCacher et une policière en rappelle l'actualité.

Cela d'autant que la republication mémorielle des caricatures du Prophète qui avaient été à l'origine de l'attaque contre l'hebdomadaire suscite une nouvelle vocation lorsqu'un jeune migrant pakistanais arrivé clandestinement en France via l'Iran et la Turquie tente de décapiter le 25 septembre deux personnes qu'il prend pour des journalistes de *Charlie* après avoir vu sur son smartphone des manifestations islamistes de masse dans son pays d'origine appelant à tuer ceux-ci. Le père de l'intéressé a ultérieurement déclaré à la télévision que son fils était un héros et qu'il donnerait fièrement tous les frères de celui-ci pour punir les blasphémateurs du Prophète. Et le 16 octobre, un réfugié tchétchène de dix-huit ans décapite un professeur d'histoire devant son collège, à la suite d'une campagne islamiste sur les réseaux sociaux contre ce dernier pour avoir illustré une réflexion sur le blasphème et la liberté d'expression en montrant une caricature tirée de *Charlie Hebdo.* Plus encore, un immigré clandestin tunisien ayant pris la mer le 20 septembre égorge et massacre trois personnes dans la basilique Notre-Dame de Nice un mois plus tard à peine, le 29 octobre, jour de la Nativité du Prophète Mohammed, aux cris d'*Allah Akbar* [PHOTOGRAPHIE].

« LA MISÈRE DE LA FRANCE EST UN PARADIS POUR NOUS »

La question migratoire est l'une des dimensions principales du rapport à la France des pays d'Afrique du Nord et du Sahel qui furent ses colonies et dont est originaire le groupe d'immigrés et de leurs descendants directs le plus important à s'être implanté sur son territoire [CARTE 15]. En 2018, l'INSEE établit que, sur les 14 millions d'individus concernés (soit 20,9 % de la population française), ils comptent respectivement 6,3 millions de personnes soit 9,4 % de celle-ci. Si l'on y ajoute le demi-million en provenance de Turquie (0,7 %), on peut considérer que le poids de ces habitants de l'Hexagone de confession presque exclusivement musulmane est statistiquement supérieur à 10 % et frôle les 7 millions – un nombre supérieur à celui des citoyens de l'ensemble des Émirats arabes du golfe Persique, ou égal à celui des Syriens réfugiés hors de leur pays depuis le déclenchement de la guerre civile. L'attractivité de la France – et de l'Europe – reste forte, en dépit des protestations récurrentes contre les discriminations, le racisme et autres dénonciations de l'« islamophobie » dont l'axe fhériste a fait sa ritournelle. La dégradation continue de la situation économique et sociale dans les pays d'origine est aggravée par une croissance démographique qui reste soutenue parmi les milieux pauvres où le nombre des enfants est perçu comme un gain financier à court terme – et un bienfait d'Allah. Le flux migratoire répertorié (sans compter les clandestins) vers la France, au cours de la décennie 2010, oscille entre 150 000 et 200 000 entrées par an, avec un sommet en 2013 – après que les printemps arabes ont déstabilisé le marché du travail au « bled ».

Dans ce contexte, les violences subies par les candidats à la migration clandestine en Libye – telles que dénoncées par Amnesty International dans son rapport de septembre 2020 – se sont traduites par un déport vers la Tunisie voisine où les conditions de civilité sont très supérieures, l'État de droit n'y permettant pas l'existence de geôles gérées par des milices, l'extorsion ni la torture des personnes incarcérées arbitrairement. L'île italienne la plus méridionale, Lampedusa, se trouvant à 140 km environ des côtes, les départs de Sfax, Mahdia, du cap Bon se sont multipliés. Fin août, outre les Africains et les Marocains, on dénombrait 6 000 départs de Tunisiens (première nationalité maghrébine parmi l'immigration clandestine devant quelque 3 000 Algériens), dont 4 000 arrivés en Italie pour le seul mois de juillet, profitant de conditions climatiques favorables et d'une réorganisation fonctionnelle du marché du « passage » : tarif stabilisé à 1 700 euros, permettant l'embarquement sur de petits bateaux rigides par des groupes restreints d'interconnaissance, échappant plus aisément à la surveillance des garde-côtes, pourtant dotés d'escadrilles de navires offerts par l'Italie. Parmi eux, le 20 septembre, passe Brahim Issaoui, le futur tueur de la basilique Notre-Dame de Nice. Les menaces de Rome de suspendre l'aide à la Tunisie au cours de l'été ont eu pour conséquence une visite du président Kaïs Saïed dans les ports de départ, entouré de militaires. Mais la dégradation de la situation économique – la Covid-19 et le confinement se traduisant par des prévisions de récession de l'ordre de – 7 % du PNB en 2020 – s'impose comme un douloureux principe de réalité face à la réaffirmation souverainiste qui avait permis au président d'être élu le 13 octobre 2019 avec 75 % des voix, et un vote massif en sa faveur de cette même jeunesse dont une part croissante *harrag* vers l'Europe. Ce terme du dialecte maghrébin, qui provient de l'arabe classique *haraqa* (brûler) et désignait originellement ceux qui prennent la mer en brûlant leurs papiers d'identité, recouvre désormais des connotations plus larges qui englobent toute une jeunesse prête à « brûler ses vaisseaux » – selon cette expression imagée. Le journaliste du *Monde* Mustapha Kessous, lui-même originaire d'Algérie et fameux pour avoir publié à l'automne 2009 dans le quotidien du soir son récit autobiographique de « victime du racisme » dans l'Hexagone, recueille, dans sa série de reportages « Tunisie : le rêve mortel des jeunes migrants » parue fin août 2020, le propos d'un candidat au départ qui, confronté à cette vision négative de l'ancienne métropole coloniale, rétorque : « La misère de la France est un paradis pour nous. »

La Tunisie est louée à l'unisson pour constituer le seul État où le printemps arabe de 2011 a abouti à l'institution d'une véritable démocratie – alors que les cinq autres pays concernés ont basculé dans une guerre civile décennale (la Syrie, le Yémen et la Libye voisine) ou une restauration de l'autoritarisme (l'Égypte et Bahreïn). Mais elle est confrontée en 2020 à l'épuisement d'un modèle où l'indéniable progrès des libertés publiques est remis en cause par une organisation socio-économique dysfonctionnelle marquée par un népotisme et une corruption qui en constituent le socle profond, et dont la rémanence est facilitée par ces libertés mêmes. Dès les dernières années du mandat de l'ancien président Béji Caïd Essebsi (décédé le 25 juillet 2019), des voix nombreuses se faisaient entendre pour comparer les performances économiques du régime dictatorial (novembre 1987 – 14 janvier 2011) de Zine el-Abidine Ben Ali (mort en Arabie saoudite le 19 septembre 2019) aux échecs de l'État démocratique successeur, déplorant un laisser-aller qui enrichit sans limites les élites du pouvoir et de l'argent en appauvrissant continuellement les démunis. Cela a engendré un nouveau « dégagisme » – selon le slogan du printemps 2011 prononcé *digaj !* dans le dialecte local – dont la classe politique et les partis ont fait les frais, incluant même, fût-ce dans une moindre mesure que ses rivaux, le parti islamiste Ennahdha.

M. Kaïs Saïed, enseignant universitaire en droit constitutionnel, rendu célèbre par ses interventions télévisées où il exprimait dans un arabe classique parfaitement grammatical des positions souverainistes se rattachant au nationalisme arabe comme à certaines thématiques de la révolution iranienne de 1979, et dont le train de vie modeste, le refus de faire campagne donnaient une image de droiture en rupture avec les magouilles de politiciens usés et prévaricateurs, fut plébiscité – son score dépassant 90 % chez les jeunes électeurs. Il incarne d'emblée pour ceux-ci, notamment les plus modestes dont la plupart ne maîtrisent pas le français de l'élite dirigeante, et auxquels le dialecte quotidien fournit un accès qu'ils croient plus aisé à l'arabe, un modèle d'identification. Son objectif consiste en une réforme constitutionnelle, qui accroisse les pouvoirs du président, face à la paralysie du Parlement causé par le mode de scrutin proportionnel. Celui-ci avait été choisi par les juristes de la Haute Instance pour la Sauvegarde des Acquis de la Révolution, à la suite du printemps 2011, à la fois pour éviter un raz-de-marée électoral des islamistes d'Ennahdha (à l'instar du parti issu des Frères musulmans en Égypte à la même période qui rafla l'immense majorité des sièges) et pour rompre avec la dictature de Ben Ali dont la résidence était établie au palais présidentiel de Carthage. En installant au Parlement le lieu de la décision politique on mettrait celle-ci en exécution par un chef du gouvernement siégeant au palais de la Casbah, au cœur de Tunis. L'aspiration du président Saïed à un pouvoir exécutif plus fort est accrue par la démission du Premier ministre Elyes Fakhfakh le 15 juillet 2020, moins de six mois après qu'il eut été nommé, sous le coup d'une enquête pour conflits d'intérêts – symbolisant à point nommé les maux structurels du système politique. Il est remplacé le 2 septembre par l'ancien ministre de l'Intérieur Hichem Mechichi, à la tête d'une équipe technocratique composée de juges, universitaires, fonctionnaires et cadres du secteur privé, *a priori* non corrompus, dont la première mission est de reprendre les discussions avec le Fonds monétaire international, interrompues faute de gouvernement, et sans le prêt duquel la Tunisie ne peut boucler son budget.

À la fin de l'été, la saison touristique a accusé une baisse de – 50 % par rapport à l'année précédente, du fait de la Covid-19, du confinement et de la raréfaction des liaisons aériennes, tandis que le chômage a officiellement augmenté de 18 %. Dans cette perspective, le flux des rafiots transportant les clandestins – qui à raison de 200 voyageurs quotidiens dépasse certains jours celui de la compagnie nationale Tunisair en proie à des difficultés de gestion chroniques – persiste, face aux nouvelles mesures préconisées par le Pacte européen sur la migration et l'asile que présente la présidente de la Commission Ursula von der Leyen pour contrôler les arrivées d'immigrés clandestins. Face à quoi le Forum tunisien pour les droits économiques et sociaux (FTDES), l'une des ONG les plus actives du pays, répond : « Les Européens ont démontré à travers ce pacte que la question migratoire ne répond désormais plus à aucune prérogative à part celle d'entretenir une illusion : que l'efficacité administrative et l'expulsion systématique des migrants économiques auront raison de la volonté des femmes et des hommes qui bravent le danger à la recherche d'un avenir meilleur. » Parmi ceux-ci, il y a Hassen K., Zied C., Wassim B., nés respectivement en 1982, 1989 et 1994, qui ont jeté leurs documents sous un tunnel des Alpes-Maritimes (où l'auteur les a trouvés à la mi-octobre 2020 au moment de rédiger ces lignes) [PHOTOS 1] après avoir franchi clandestinement la frontière italo-française. Mais quelques jours plus tard passe Brahim Issaoui, vingt ans, l'égorgeur de la basilique de Nice du 29 octobre, date du Mouloud – l'anniversaire du Prophète.

YETNAHAWOU GA'A !
(QU'ON LES EXTIRPE TOUS !)

En février 2019, à l'annonce que le président Abdelaziz Bouteflika sollicitait un cinquième mandat – ou plus exactement que les différents cercles du pouvoir s'étaient accordés pour que ce vieillard aphasique et paralysé par un AVC fût reconduit *ad vitam æternam* comme figure du régime – prit corps un « mouvement » (*hirak*) de révolte populaire qui rassembla en quelques semaines des millions de manifestants pacifiques défilant le vendredi à la sortie des mosquées (et parfois le mardi pour les étudiants). Il avait mobilisé des Algériennes et Algériens de tous âges, conditions et sensibilités politiques ou religieuses, des Kabyles et des Arabes, des laïques et des barbus autour du sentiment d'une insupportable humiliation qu'on les fît gouverner par une icône – la télévision ne diffusait que le portrait officiel du président, car lui-même n'était plus « montrable » *in vivo*. Contrairement à la Tunisie voisine ou le « dégagisme » s'exprima à l'automne par un vote massif pour Kaïs Saïed lors d'un scrutin démocratique, il n'existe pas en Algérie de processus électoral crédible, et c'est l'ensemble du « système » que les marcheurs du *hirak* voulaient *extirper*, au nom du rejet de la *hogra* (mépris) que leur manifestaient avec un cynisme dénué de scrupule les clans militaro-sécuritaires ayant monopolisé le pouvoir depuis l'indépendance et capté la rente des hydrocarbures. Mais l'ampleur même du mouvement, qui contraignit les « décideurs » à sacrifier Bouteflika, puis à désigner comme victimes expiatoires les membres de son clan condamnés à de longues années de prison, qui pour prévarication, qui pour corruption, avait en contrepartie des objectifs assez flous. Il n'émergea aucun véritable porte-parole, moins encore de structure de gouvernance de la révolte capable de déclencher un processus révolutionnaire afin de prendre le pouvoir, et de contrer des services de renseignement passés maîtres depuis six décennies dans la manipulation des individus comme des foules – selon l'humour algérois : « La seule chose qui marche dans ce pays depuis 1962 c'est la Sécurité militaire. » La hantise d'un retour à la « décennie noire » du jihad des années 1990 avec ses 150 000 morts, qui avait déjà dissuadé les Algériens de s'engager à leur tour dans le « printemps » en 2011, joue peut-être un rôle dans ce mode « gandhien » de protestation huit ans plus tard. Même si celles et ceux qui ont vingt ans et descendent dans la rue en 2019 et au début de 2020 n'ont pas la mémoire d'un drame national précédant leur naissance.

Le mot d'ordre en langue arabe grammaticale des soulèvements de 2011, *ash-sha'b yourid isqat an-nizam* (le peuple veut la chute du régime), identifiait deux blocs antagoniques dans une démarche politique au terme de laquelle l'un aspirait à remplacer l'autre ; rétrospectivement, ces mouvements ont échoué si l'on prend en considération cette finalité proclamée. À l'inverse, le slogan qui s'est imposé « par le bas » au *hirak* traduit le cri du cœur, en dialecte, d'un charismatique pizzaiolo de la rue d'Isly, à Alger-centre, Sofiane, âgé de trente-trois ans : *yetnahawou ga'a* (qu'on les extirpe tous !) – accompagné d'un geste explicite du bras et de la main. L'événement, trivial en apparence, devient instantanément viral sur la Toile. Il a lieu le soir du 11 mars 2019, lorsqu'une journaliste de la chaîne de télévision Sky News Arabia (basée à Abou Dhabi) effectue un micro-trottoir en direct dans lequel elle explique que le président Bouteflika ayant annoncé qu'il ne briguerait pas de cinquième mandat, les Algériens sont descendus dans la rue le soir même pour fêter la victoire. Se trouvant par hasard à côté d'elle et entendant ses propos qu'il désapprouve, le jeune homme s'énerve, pousse le cameraman qui veut s'interposer, et déclare au micro, en dialecte, qu'il ne sert à rien de remplacer un pion par un autre – signifiant que tout le système doit être changé, par son désormais fameux cri du cœur. La journaliste lui enjoint alors de s'exprimer en arabe grammatical, en lui criant : « *'arabiyya ! 'arabiyya !* » (parle arabe !) – ce à quoi l'intéressé rétorque (en algérois) : « Je ne connais pas l'arabe, je m'exprime dans notre dialecte. » Sofiane est arrêté de nouveau le 5 octobre 2020 pour être descendu dans la rue manifester avec quelques centaines de personnes afin de célebrer le 32e anniversaire des émeutes de 1988, qui avaient fait vaciller le régime et déclenché le processus conduisant à la décennie noire, mais il est relâché le soir même, notoriété oblige.

Pourtant, un an et demi après le début du *hirak* en février 2019, celui-ci n'est pas parvenu à dépasser son objectif initial qu'était le départ de Bouteflika, et le « système » a repris la main. Dans un premier temps, la pression populaire constante a permis à l'état-major, incarné par son chef, le général Gaïd Salah, d'éliminer le président et son entourage pour les remplacer par un autre clan gouvernemental – à la manière dont avait procédé le Conseil suprême des forces armées (SCAF) d'Égypte en février 2011, éjectant Moubarak tel un bouc émissaire… pour préparer, après avoir usé les Frères musulmans au pouvoir, son remplacement par le général Sissi. À Alger, la mobilisation persistante de la rue avait été capable de faire reporter trois fois en 2019 un scrutin présidentiel considéré par les manifestants comme truqué jusqu'à ce que, parmi une brochette de candidats choisis par la hiérarchie militaire au sein du désormais fameux *ga'a* – désignant la classe dirigeante honnie –, celle-ci fasse émerger l'ancien ministre et brièvement chef du gouvernement (deux mois et vingt et un jours en 2017) Abdelmadjid Tebboune, soixante-quatorze ans, comme successeur à Bouteflika. Le scrutin qui entérine ce choix se tient le 12 décembre 2019, et compte le plus faible taux de participation depuis l'indépendance. Le général Gaïd Salah, à la manœuvre pour finaliser ce processus, décède quant à lui onze jours plus tard : « Que Dieu le Tout-Puissant puisse accueillir le défunt, parti après avoir accompli son devoir envers son pays, en Son vaste paradis », note *La Gazette du Fennec*, le principal titre sportif, tandis que le président tout juste consacré inscrit le trépassé lors du discours de ses obsèques dans la lignée des *chouhada* (« martyrs » d'Allah tombés contre la France) et des *moudjahidine* (combattants du jihad de la guerre d'indépendance), fidèle aux « valeurs novembristes » (en référence au déclenchement du soulèvement anticolonial le 1er novembre 1954).

« Le pouvoir – note le rapport consacré à l'Algérie en 2020 par l'influent *Crisis Group* – doit gérer cette crise alors que ses deux rentes s'épuisent : celle conférée par la guerre de Libération, et celle conférée par le revenu tiré de la production et de l'exportation d'hydrocarbures. » Pour compléter ce tableau, il serait opportun d'en mentionner une troisième, présente en filigrane dans cette oraison funèbre : l'islam. Si les accents de M. Tebboune dans le thrène de son mentor témoignent que le premier phénomène n'est guère pris en compte, le second s'avère encore plus préoccupant. Quant à la légitimité islamique, qui aurait dû être exacerbée lors de l'inauguration de la gigantesque mosquée d'Alger le jour de l'anniversaire du début de l'insurrection le 1er novembre, elle s'avérera malaisée à mobiliser, la cérémonie étant anticipée et se déroulant en catimini. La crise des hydrocarbures frappe en effet plus durement en Algérie que chez les autres producteurs, et même dans une Libye à l'arrêt, à cause d'une population comptant 44 millions de bouches à nourrir, qui a quadruplé depuis l'indépendance en 1962 (du fait d'une politique nataliste de compétition avec le Maroc, 36 millions d'habitants, pour l'hégémonie sur l'Afrique du Nord). Si le coût d'extraction du brut est aussi faible qu'en Libye – autour de 3 dollars le baril –, le budget est établi sur la base d'un cours prévisionnel de 100 dollars, ce qui représente le différentiel rentier le plus élevé du monde… dans un État officiellement « socialiste ». Les réserves de change en 2020 sont évaluées à 44 milliards de dollars, soit le montant environ d'une année d'importations, et devraient être épuisées en 2023, si les perspectives du marché mondial des hydrocarbures continuent à stagner : le secteur représente 97 % des exportations, 2/3 des revenus de l'État et 1/3 du produit national brut. Les purges dans le BTP, très concerné par les passe-droits et pots-de-vin liés à l'entourage de Bouteflika, avaient conduit, avant même le confinement dû au coronavirus au deuxième trimestre

2020, à la fermeture de 60 % des entreprises, alors que cette branche emploie de nombreux travailleurs du marché informel – 10 millions de personnes, soit la moitié des actifs – selon le *Crisis Group*.

Dans cette situation très préoccupante, les privilèges de l'armée apparaissent d'autant plus exorbitants : avec 28 % du budget, et 6 % du PIB, elle se classe deuxième du monde en valeur relative, derrière l'Arabie saoudite et devant Israël. La logique économique voudrait que celle-ci, très gourmande en deniers publics, soit soumise aussi à l'austérité générale dans la situation de crise où tous les indicateurs passent au rouge : mais elle constitue la colonne vertébrale du système rentier et a assuré la continuité du pouvoir face à la contestation, comme l'a incarnée le général Gaïd Salah – surnommé sur les pancartes brandies par les manifestants en 2019, en un jeu de mots typique de l'humour national : *qa'id* GHAYR *salah* (en arabe classique : chef – caïd, en dialecte *Gaïd* – INutile).

Pour le régime, la Covid-19 a constitué une « divine surprise » car elle a contraint le *hirak* à suspendre ses rassemblements par crainte de la contamination : la 56e et dernière marche du vendredi a lieu le 13 mars 2020, et le pays est graduellement entré en confinement. Avant cette date, le nouveau président avait multiplié les gestes tactiques d'apaisement, qualifiant même le mouvement de « béni » (*hirak moubarak*) (il lui devait effectivement son accession personnelle au pouvoir) le soir de son élection. Le 1er janvier, l'année est inaugurée par la libération de l'homme d'affaires kabyle et modernisateur Issad Rebrab, en butte à l'hostilité récurrente d'une hiérarchie militaire arabiste dont le sabre s'allie de manière croissante avec le goupillon islamique. Il avait été emprisonné huit mois plus tôt au prétexte de « fausse déclaration concernant des mouvements de capitaux de et vers l'étranger », en réalité en tant que l'un des premiers et plus puissants soutiens financiers du *hirak*. Dans les jours qui suivent, des dizaines d'autres activistes incarcérés sont élargis et le 6 février est publié un « plan d'action du gouvernement » qui récupère les principaux thèmes du mouvement, depuis l'organisation des élections jusqu'à la liberté de manifester, l'indépendance de la justice et la promotion de la femme. Mais dès que des coordinations s'efforcent de s'organiser le 20 février pour mettre en œuvre ces thématiques, elles sont immédiatement réprimées et un tour de vis sécuritaire final est donné le 17 mars après que la Covid-19 a contraint à suspendre les manifestations, relâchant la pression populaire et créant, selon certains activistes, un retour à la case départ de l'ère Bouteflika.

Des dizaines d'arrestations ciblent toutes les figures qui, par leur notoriété ou leur expérience politique, pourraient transformer ce mouvement social – marqué par l'informalité et privé soudain de son rendez-vous hebdomadaire du vendredi après la prière – en une opposition structurée : parmi les plus notoires figure le journaliste Khaled Drareni, correspondant de TV 5 Monde et de Reporters sans frontières. Il est fameux entre autres scoops pour son interview d'Emmanuel Macron durant la campagne présidentielle française, le 7 février 2017, durant laquelle le candidat déclara que la colonisation avait commis des « crimes contre l'humanité », et il avait également reçu à son micro… Abdelmadjid Tebboune. Il est arrêté le 7 mars pour avoir filmé une manifestation, et accusé « d'incitation à attroupement non armé et atteinte à l'intégrité du territoire national » (ce dernier chef visant la représentation du drapeau berbère à l'écran). Il sera condamné à deux ans de prison ferme en appel le 15 septembre, la qualité de journaliste lui ayant été refusée... au motif de son « défaut de carte de presse ». C'est dans ce contexte que le pouvoir s'efforce de construire une légitimation populaire en faisant voter le jour de la fête nationale du 1er novembre un projet de révision constitutionnelle, tout en projetant de consacrer simultanément le faramineux lieu de culte au cœur de la baie d'Alger scellant la cooptation de l'islam politique et que l'humour algérois surnommait « la mosquée Boutef' » – événement qui ne pourra se dérouler comme convenu : la salle de prière est finalement inaugurée le 28 octobre, à la veille du Mouloud, la fête de la Nativité du Prophète, par le Premier ministre M. Djerad – bien loin de la pompe et du faste qui auraient dû l'accompagner si « la mosquée la plus monumentale d'Afrique » avait couronné le règne du président déchu Bouteflika dont elle portait le surnom. Quant au référendum, il n'est guère glorieux non plus : le taux de participation officiel s'établit à 23,7 % – un boycott historique qui constitue une véritable « gifle » pour le président Tebboune, soixante-quatorze ans, hospitalisé en Allemagne dès le 28 octobre pour sa contamination par la Covid-19. L'influent constitutionnaliste Massensen Cherbi en conclut : « C'est une véritable invitation de l'armée à entrer en politique, mais aussi un pied de nez aux revendications du "Hirak" qui demande un État civil et non militaire. »

Dans les moments de crise politique, économique ou sociale, le régime algérien recourt habituellement à sa « première rente » : l'incrimination de la France coupable de la colonisation et d'ingérence permanente depuis lors, qui sature l'espace réel, symbolique et imaginaire du discours officiel. Dès son entrée en campagne en novembre 2019, M. Tebboune avait vilipendé le ministre français des Affaires étrangères Jean-Yves Le Drian pour avoir « souhaité une transition en Algérie » et tancé la chaîne internationale francophone France 24 « qui résume l'Algérie à la place de la Grande Poste et à la place Maurice-Audin [principaux lieux de défilé algérois du *hirak*]... Je refuse que France 24 me dicte des consignes politiques ». Le 1er avril 2020, alors que les manifestations viennent de cesser à la suite de la pandémie de la Covid-19, des déclarations du journaliste d'origine anglo-kabyle basé à Barcelone, Francis Ghilès, sur cette même chaîne, évaluant à dix milliards de dollars le coût de la « Grande Mosquée d'Algérie » (dite « Bouteflika ») – construite par la Chine dans la baie de la capitale avec l'objectif que son minaret dépasse celui de la mosquée Hassan II à Casablanca, qui symbolise l'incurie et la mégalomanie du président déchu (l'édifice n'aurait coûté « que » deux milliards de dollars en réalité) – valent à... l'ambassadeur de France d'être convoqué le lendemain au ministère algérien des Affaires étrangères. Le 26 mai, c'est le documentaire diffusé sur France 5 *Algérie, mon amour* du journaliste français d'origine algérienne Mustapha Kessous qui déclenche d'abord une tempête sur les réseaux sociaux – les partisans du *hirak* eux-mêmes étant frustrés par une enquête donnant la parole à l'écran à cinq jeunes gens de la bonne société francophone assez peu représentatifs de la pluralité du mouvement tandis que celui-ci a par ailleurs été réduit au silence dans la rue. Pourtant la dénonciation du « racisme français » dont l'auteur se disait dans les colonnes du *Monde* la victime récurrente (voir ci-dessus, p. 207), et qui lui conféra quelque notoriété, avait suscité des sympathies au sud de la Méditerranée… Le pouvoir en tire immédiatement parti en rappelant en consultation son ambassadeur à Paris, voyant là l'occasion de se faire le défenseur jusques et y compris des manifestants qu'il a réprimés, en faisant reporter le blâme sur la France… et son ressortissant M. Kessous.

Le 4 juillet, à la veille de la célébration des fêtes de l'Indépendance (5 juillet 1962), M. Tebboune exige des « excuses » de l'ancienne métropole pour la colonisation – tirant parti de la vague de réécriture « décoloniale » de l'Histoire au moment où le mouvement Black Lives Matter secoue les États-Unis dans la foulée de la mort du jeune Afro-Américain George Floyd tué par un policier blanc le 25 mai 2020, et amène au déboulonnage de statues de conquérants et autres esclavagistes à travers les États-Unis et l'Europe. Enfin, le 20 septembre, la chaîne française M6 se voit notifier un « refus d'opérer » après la diffusion du documentaire *Algérie, le pays de toutes les révoltes*, blâmé pour « porter un regard biaisé sur le *hirak* ». Pourtant, le 24 juillet, Emmanuel Macron a confié à l'historien renommé Benjamin Stora, issu de la communauté juive constantinoise et peu suspect d'hostilité envers son pays d'origine, une mission de réflexion concernant « la mémoire de la colonisation et de la guerre d'Algérie », dans une tentative « d'apaisement » de conserve avec le président Tebboune. Celui-ci désigne toutefois comme correspondant algérien à M. Stora M. Abdelmadjid Chikhi, qui vient de dénoncer en mai 2020 sur la chaîne arabophone de la télévision « les historiens laïques ayant occulté l'histoire de l'Algérie », expliquant que « ceux qui l'ont retransmise dans la langue française ont adopté l'approche des colonisateurs », et proclamé que « la France combat la langue arabe et l'islam ». Désireux de rétablir une relation plus confiante entre l'ancienne métropole, qui compte quelque six millions de ressortissants d'origine algérienne à des titres divers, et la société comme l'État du pays qui fut sa colonie, le président Macron y nomme ambassadeur le 29 juillet l'arabisant chevronné François Gouyette, connaisseur parfait, de surcroît, du dialecte et de la culture du *bled* profond dans ses multiples expressions artistiques. Ses premières déclarations, saluées par la presse locale, laissent augurer à la fois d'une « déconfliction » qui rendrait inopérantes les caricatures diffusées par M. Chikhi et ses pareils, mais également d'une meilleure compréhension des enjeux internes du pays. L'appauvrissement prévisible en conséquence de l'effondrement des recettes gazières et pétrolières, l'épuisement du modèle rentier, ainsi que la crise politique causée par l'étouffement du *hirak*, laissent en outre présager des échéances difficiles. Le 12 décembre, jour du premier anniversaire de l'élection du président Tebboune, celui-ci a déjà passé 56 jours *incommunicado* dans un hôpital allemand (alors que la population algérienne doit se faire soigner dans des établissements sanitaires dépassés par la pandémie), sans autre information que l'annonce d'un « retour prochain », rémanence stupéfiante du destin de son prédécesseur réduit à l'incapacité par la maladie, qui ouvre de nouveau une vacance de gouvernance. Il lui faut apparaître finalement ce jour-là, affaibli et habillé d'un survêtement, dans sa chambre d'hôpital, pour un « discours au peuple » relayé sur le compte twitter de la présidence, annonçant sa « convalescence » et son retour « dans deux ou trois semaines ». (M. Bouteflika, hospitalisé à Paris dans l'établissement militaire du Val-de-Grâce, avait déjà été l'objet d'une mise en scène comparable le 12 juin 2013 – mais dans un cadre plus cérémonieux). Le « replâtrage » effectué par les décideurs du régime, qui avaient mis à profit la Covid-19 pour éradiquer le *hirak*, s'est retourné contre eux avec une ironie cruelle. L'Algérie n'a plus de constitution – en l'absence de ratification de celle dont le projet n'avait été approuvé le 1er novembre que par un référendum mobilisant moins d'un quart des électeurs – et la « panne du système politique », selon l'expression du sociologue Nacer Djabi cité par *Le Monde*, pose des questions fondamentales sur la nature même du système issu de l'indépendance en 1962 et sa capacité à se perpétuer. Signe habituel de désarroi au sommet, les folliculaires liés à diverses officines lancent une campagne virulente contre l'ambassadeur de France que sa popularité même rend à leurs yeux suspect d'ingérence… Pourtant, c'est le défi porté par le voisin et rival marocain, obtenant le 10 décembre la reconnaissance par Washington de la marocanité du Sahara occidental – en contrepartie de la promesse de relations avec Israël et de l'adhésion à « l'entente d'Abraham » (voir p. 62 ci-dessus), qui met à nu l'affaiblissement d'un pouvoir dont le soutien militaire incessant au front Polisario a constitué l'une des principales ressources politiques. L'armée même, pilier de l'autoritarisme rentier, se voit interrogée sur son rôle. D'autant que la dépendance aux exportations d'hydrocarbures fragilise exceptionnellement une économie qui a perdu un demi-million d'emplois en 2020. Dans ce contexte préoccupant, on assiste à un renouveau des tensions migratoires vers l'Europe en général et la France en particulier.

Comme la Libye, la Tunisie mais aussi le Maroc voisins sur le littoral nord-africain, l'Algérie est prise entre des entrants clandestins en provenance d'Afrique noire, notamment du Niger et du Nigeria, dont des dizaines de milliers de ressortissants ont été expulsés depuis 2018 dans des conditions dramatiques en plein désert, et le regain de ses propres flux d'émigrés dont une route ancienne a été réactivée entre les ports de l'Oranie – Oran, Mostaganem, Arzew ou Ghazaouet – et Almería en Andalousie. Cet itinéraire – emprunté en sens inverse au XVe siècle par les musulmans de la péninsule Ibérique qui fuyaient vers le Maghreb la Reconquista chrétienne – bénéficie d'une « ligne régulière » officieuse et fort profitable de *go fast*, embarcations-taxis de 300 CV voguant selon *El Watan* à 40 nœuds (74 km/h), et réduisant le temps de trajet à moins de cinq heures de navigation, en contrepartie d'un prix double de celui des transferts clandestins entre la Tunisie et Lampedusa, soit 3 500 euros par passager. Pour la première moitié de 2020, les services espagnols ont constaté une recrudescence du nombre d'Algériens, et identifié (sans compter ceux, bien plus nombreux, qui lcur ont échappé) quelque 2 500 personnes – deux fois plus que les Marocains ; ils dépassaient les 5 000 au début septembre, en augmentation de 600 % par rapport à 2019. D'après le quotidien algérois, ce phénomène est lié à l'absence de perspectives de changement due à l'épuisement du *hirak* qui « avait suscité un tel espoir qu'il n'y avait pratiquement plus de départs par la mer. Mais après l'élection présidentielle (du 12 décembre 2019) nous avons observé un nombre important de *harraga* ("brûleurs" de frontière, et de leurs papiers) ». Durant le seul week-end du 24 juillet, note le bon connaisseur du Maghreb Ignacio Cembrero, plus de 800 d'entre eux, massivement des jeunes sans emploi, profitant d'un climat serein, arrivent sur les côtes andalouses, la plupart à destination de la France. Même ceux qui ont déjà été renvoyés lors de tentatives précédentes sont convaincus que « cette fois-ci c'est la bonne » – puisque les autorités ibériques ne les expulseront plus, grâce à la Covid-19 qui sévit en Algérie – selon les journalistes qui les ont rencontrés de Murcie à Carthagène. À peine ont-ils été testés négatifs que la Croix-Rouge espagnole leur offre un billet de transport : destination Barcelone pour passer clandestinement les Pyrénées et venir grossir les rangs de leurs millions de compatriotes déjà installés en France ou en Belgique. Cela suscite une visite à Madrid du ministre français de l'Intérieur Gérald Darmanin le 26 août, dans un contexte où l'augmentation du nombre de mineurs isolés clandestins dans l'Hexagone, l'accroissement de la délinquance forment un creuset explosif combiné avec celui de la violence islamiste et du terrorisme jihadiste. Alors que la France est touchée par une nouvelle vague jihadiste imputable à l'immigration (ci-dessous, p. 250), le président de la République effectue lui-même un déplacement au Perthus, poste frontalier français, le 5 novembre, annonçant un doublement des forces de contrôle.

Comme en écho rimé du *Yetnahawou ga'a* (« Qu'on les extirpe tous ») de Sofiane, slogan d'un *hirak* avorté, les jeunes Algériens se filment souvent sur les embarcations en chantant *Nrouhou ga'a* (« nous partons tous ») – abandonnant le pays car, comme le dit cette autre rengaine dialectale : *Blastak machi fi l'Algérie !* (tu n'as pas ta place en Algérie [CARTE 15]).

RETOUR AUX *BANLIEUES DE L'ISLAM*

Le vendredi 16 octobre 2020, dernier jour de classe avant les congés de la Toussaint, Samuel Paty, professeur d'histoire, géographie et instruction civique au collège du Bois-d'Aulne, à Conflans-Sainte-Honorine, dans les environs de Paris, est décapité devant son établissement par Abdullakh Abouzeidovitch Anzorov, Tchétchène de dix-huit ans né à Moscou et bénéficiant avec sa famille du statut de réfugié politique en France [CARTE 18]. Dans les minutes qui suivent, l'assassin poste sur son compte Twitter la photo de la tête tranchée et ensanglantée de sa victime à même la chaussée, accompagnée du commentaire préétabli suivant :

> *Al Ansâr*
> *@Tchetchenc_270*
> *Au nom d'Allah, le Tout Miséricordieux, le Très Miséricordieux.*
> *De Abdullah, le Serviteur d'Allah, À marcon* [*sic*], *le dirigeant des infidèles, j'ai exécuté un de tes chiens de l'enfer qui a osé rabaisser Muhammad [Sal'am], calme ses semblables avant qu'on ne vous inflige un dur chatiment.* [Verbatim.]

L'enseignant était depuis le 7 octobre l'objet d'une campagne de harcèlement en ligne initiée par le père d'une de ses élèves, Brahim Chnina. Il a, lors d'un cours d'instruction civique sur la liberté d'expression la veille, proposé à sa classe de réfléchir sur le blasphème en montrant une caricature parue dans *Charlie Hebdo* – tout en permettant à ceux qui se sentiraient offensés par celle-ci (elle représente le Prophète nu) du fait de leur appartenance religieuse de s'absenter quelques instants s'ils ne souhaitaient pas la voir. Selon les accusations portées contre lui par le père, il aurait demandé aux musulmans de s'identifier puis de sortir – une interprétation tendancieuse qui veut prouver que ceux-ci auraient été sciemment discriminés, et qui n'est pas basée sur la réalité d'un témoignage, la fille de M. Chnina s'avérant absente ce jour-là. Celui-ci, né à Oran, vivant du RSA et des allocations familiales – il a engendré six filles –, est connu sur la Toile islamiste pour organiser des pèlerinages à La Mecque et des activités caritatives liées aux mosquées. Sa demi-sœur a rejoint en 2014 les rangs de Daesh en Syrie et demeure, au moment des faits, détenue au camp d'Al-Hol, dans le nord-est du pays au Rojava, territoire contrôlé par les forces kurdes, d'où il s'est efforcé de la faire rapatrier. Il compte plusieurs centaines de *friends* sur les réseaux sociaux, parmi lesquels de nombreux activistes connus de la mouvance fériste et islamo-gauchiste, lesquels relaient immédiatement son message. Sa première vidéo sur Facebook, en date du 7 octobre, appelle les internautes à se mobiliser pour que « ce voyou ne reste plus dans l'Éducation nationale », et à protester si d'autres cas similaires se présentent. Elle est retransmise sur la page de la mosquée de Pantin, qui compte près de 100 000 abonnés sur ce même réseau, par son président M'hammed Henniche, ce qui lui assure une très large diffusion – jusqu'en Algérie et dans le reste du Maghreb. Le message est devenu viral – et ce n'est qu'un début.

M. Henniche, qui contrôle la fédération de cette mosquée créée en 2013, ancien étudiant d'origine algérienne dans une université de la banlieue parisienne, fils d'un officier supérieur de gendarmerie de son pays, a fondé en 2001 le premier lobby électoral islamique revendiqué comme tel, l'UAM 93 (Union des associations musulmanes du 93). Le département de la Seine-Saint-Denis, qu'il estime peuplé majoritairement par ses coreligionnaires, lui semble ainsi propice pour créer, sur le modèle du CRIF (Conseil représentatif des institutions juives de France), un groupe de pression sur les candidats et les élus afin de « monnayer » électoralement son soutien en apportant à ceux-ci les voix musulmanes qu'il se targue de contrôler ou d'influencer en contrepartie de prises de position favorables à des causes islamiques variées sur les plans nationaux ou internationaux, de délivrance de permis de construire à des mosquées, de subventions d'associations « culturelles » ou caritatives dûment recommandées, d'ouverture d'écoles islamiques hors contrat, etc. Un « iftar annuel de l'UAM 93 » à l'occasion du Ramadan parachève la mimétique avec le dîner annuel du CRIF. Les politiciens locaux s'y sont pressés dans une sorte de course à l'échalote halal. L'UAM a adopté une position « cynique » envers les idéologies de droite ou de gauche, socialiste, centriste ou communiste – à la manière des partis religieux juifs orthodoxes d'Israël marchandant leurs voix à la Knesset en contrepartie de subventions à leurs yeshivas –, se targuant de faire ou défaire des maires, conseillers généraux ou députés du « département le plus musulman de France ».

La mosquée de Pantin, en octobre 2020, est installée provisoirement dans un ancien gymnase pouvant accueillir jusqu'à 1 300 personnes, mais la première pierre du bâtiment définitif a été posée le samedi 29 février 2020, juste avant les élections municipales du 15 mars où le maire socialiste sortant Bertrand Kern a été réélu dès le premier tour. Entretenant d'excellentes relations avec M. Henniche, il avait signé dès 2013 un bail emphytéotique pour sa mosquée, à la condition que toutes les composantes ethniques de la population musulmane locale y soient fédérées. De fait, l'imam du vendredi Ibrahim Doucouré, dit Ibrahim Abou Talha, est d'origine malienne. Par ailleurs il a été formé à Dammaj, dans le nord du Yémen, une zone occupée aujourd'hui par les rebelles houthis mais où le principal idéologue salafiste du cru, Muqbil al Wadi'i, un zaydite (chiite local) relaps gagné en Arabie saoudite voisine au wahhabisme le plus virulent, avait établi son séminaire, Dar al-Hadith, pour prêcher une doctrine ultrarigoriste avec le zèle du néophyte. Celle-ci a attiré de nombreux étrangers, notamment des convertis francophones. Le mouvement houthi est du reste né en réaction au prosélytisme fanatique de Muqbil ; il a détruit les bâtiments du séminaire et pourchassé les élèves lorsqu'il s'est emparé de la région puis de la capitale Sanaa en 2015 (voir ci-dessus, p. 113). De ce milieu, dont beaucoup de membres francophones sont aujourd'hui réfugiés à Birmingham, centre névralgique des principaux réseaux de pouvoir islamistes au Royaume-Uni, est issu notamment le groupe d'activistes rédigeant le site « islamologues de France » qui expose régulièrement à la vindicte les universitaires français de cette discipline conservant une approche critique de leur sujet. Ainsi, le 9 octobre 2020, soit deux jours après le début de l'affaire Paty, deux d'entre eux sont nommément désignés comme « idéologues de ce nouveau fascisme » que serait l'islamophobie, au service de la « Gestapo laïque » comme ils nomment l'Éducation nationale.

La question de l'école est également au cœur des préoccupations de l'UAM 93. Le 27 août 2018, M. Hassen Farsadou, dauphin de M. Henniche (désormais très investi à Pantin) à la tête de ce lobby, avait défrayé la chronique en postant sur son compte Facebook un message, copié-collé de Davut Pasha, un converti alsacien à l'islam de l'AKP, basé depuis 2019 dans les environs d'Ankara, et principal activiste des réseaux de M. Erdogan et de son parti dans l'islamosphère francophone :

> *En 2004, les laïcistes ont enlevé le hijab de l'école = vous avez laissé vos enfants*
>
> *Entre 2004 et 2015, les laïcistes ont lancé une vendetta contre les bandanas, les jupes longues, les sorties scolaires = vous avez continué à leur laisser vos enfants*
>
> *En 2015, les laïcistes ont mis des gamins de 8 ans devant des procureurs et mis en application les ABCD [de l'égalité contre les stéréotypes de genre] = vous avez continué à leur laisser vos enfants*
>
> *En 2018, les bouquins pour leur apprendre la masturbation sont prêts = vous allez continuer à leur laisser vos enfants*
>
> *Mais vous attendez les sorties scolaires dans les Gay Pride pour vous ressaisir ?*

Davut Pasha – né David Bizet – est devenu après sa conversion l'un des cadres les plus en vue des réseaux européens du Milli Görüş (« vision nationale ») [CARTE 3], la nébuleuse islamiste fririste dont est issu M. Erdogan, très influent dans la mosquée turque Eyüp Sultan de Strasbourg. Candidat sans succès aux élections municipales à Mulhouse en 2014 puis en 2017 aux législatives, il est l'inventeur du « révisionnisme islamique de l'Histoire de France », qui fait de l'invasion musulmane de l'Occitanie à partir de l'Andalousie et des nombreuses razzias qui ont suivi entre les VIIIe et Xe siècles le socle de la création de la France moderne, occulté ensuite par la « falsification » chrétienne – et il en a exhumé les vestiges supposés notamment à Narbonne, siège d'un éphémère émirat. Dès 2015, une vidéo intitulée *Quand l'État islamique était en France*, mise en ligne sur de nombreuses plates-formes, avait illustré ce révisionnisme, à l'époque où Daesh connaissait sa plus grande expansion, inscrivant dans l'« Histoire longue » la prétention à réislamiser l'Hexagone. Davut Pasha se définit comme « caliphaliste » – considérant que M. Erdogan est aujourd'hui le meilleur continuateur du Commandeur des Croyants et l'exhortant à restaurer l'Empire ottoman dans son périmètre le plus étendu en envahissant la Syrie et la Libye. Il a fondé le site « Émigrer en Turquie » pour encourager les musulmans français en butte à l'« islamophobie » à rejoindre cette Terre promise islamiste.

M. Farsadou – qui produisit une justification quelque peu embrouillée de son communiqué, avec le soutien de son mentor – est aussi le président de l'association Espérance musulmane de la Jeunesse française d'Aulnay-sous-Bois, à l'origine de l'école privée hors contrat « Philippe Grenier » : celui-ci était un médecin converti à l'islam, premier député musulman à l'Assemblée nationale, élu de Pontarlier de 1896 à 1898, dont la carrière anecdotique est rituellement mise en exergue par la mouvance islamiste comme un prélude à l'inéluctable conversion des Français, élite politique comprise, à la religion prêchée par le Prophète. L'établissement ouvrait ses portes à cette rentrée scolaire, dans des locaux loués à la municipalité LR-UDF (droite et centre-droit) dirigée par M. Bruno Beschizza, ancien responsable syndical policier, pour lequel MM. Farsadou et Henniche avaient appelé à voter à l'élection municipale de 2014, permettant à celui-ci de battre le sortant socialiste Gérard Ségura, sanctionné par l'UAM 93 pour avoir renié ses engagements en la matière. Cette interpénétration entre politique départementale et lobbyisme islamiste marque un coup d'arrêt, au moins temporairement, lorsque, le 19 octobre 2020, le préfet de Seine-Saint-Denis, M. Georges-François Leclerc, procède à la fermeture administrative de la mosquée pour six mois, sur demande du ministre de l'Intérieur, à la suite du relais par M. Henniche du message de M. Chnina concernant Samuel Paty. Quant à l'imam salafiste Abou Talha, qui avait inscrit certains de ses enfants dans une école islamiste clandestine de Bobigny, fermée par la police le 8 octobre, il annonce le 24 suivant se « mettre en retrait de [ses] activités », tout en « réfutant les griefs articulés dans l'arrêté préfectoral ». La décision préfectorale est confirmée par le tribunal administratif, où M. Leclerc s'est déplacé en personne à l'audience, trois jours plus tard, puis par le Conseil d'État. Celui-ci estime le 25 novembre 2020 que « les propos tenus par les responsables de la Grande Mosquée de Pantin et les idées ou théories diffusées en son sein constituent une provocation, en lien avec le risque de commission d'actes de terrorisme, à la violence, à la haine ou à la discrimination et sont de nature à justifier la fermeture du lieu de culte ».

Pour sa défense, M. Henniche, qui a retiré la vidéo du 7 octobre de M. Chnina face au tollé et déploré la décapitation de l'enseignant, indique à la presse ne pas avoir relayé la seconde, mise en ligne le lendemain. La veille à 23 heures, le père d'élève a de son côté cherché à élargir la mobilisation et à la cibler sur le professeur Samuel Paty en postant deux communiqués successifs appelant à « contacter le CCIF » et diffusant « adresse et nom du professeur pour dire STOP ». Le Collectif contre l'islamophobie en France, créé en 2003, a pour but de souder les musulmans en une communauté définie par la discrimination dont elle ferait l'objet du fait de sa religion : l'islamophobie. Cette notion, qualifiée par les campagnes propagandistes du CCIF de « délit », est construite de manière parallèle à l'antisémitisme – analysé dans la mouvance islamiste comme une stratégie de victimisation des juifs interdisant toute critique envers Israël et sa politique. Toutefois, contrairement à cette doctrine qui prône la haine d'individus en tant que tels, l'usage du terme « islamophobie » – fabriqué pour la circonstance en anglais au Royaume-Uni en 1996 dans la foulée de l'affaire Rushdie (*islamophobia*) – a pour objet d'incriminer et de prohiber toute critique du dogme islamique en soi, et notamment de l'interprétation qu'en font les Frères musulmans, les salafistes voire les jihadistes.

La stratégie de victimisation a été notamment portée au paroxysme par le CCIF pour retourner la charge de la preuve contre la société française lorsque des crimes ou attaques jihadistes étaient commis. Ainsi à la suite de l'attentat de Nice le 14 juillet 2016, où un terroriste islamiste tua 86 personnes avec un camion-bélier parmi la foule célébrant la fête nationale sur la promenade des Anglais, une campagne intense fut menée pour dénoncer la « discrimination » dont faisaient l'objet les femmes musulmanes qui revêtaient un burkini sur les plages de la Côte d'Azur, dans la proximité immédiate de la tuerie commise quelques semaines plus tôt, avec pour objet d'obnubiler celle-ci. Dans l'affaire de Conflans-Sainte-

Honorine, le recours au CCIF permet à l'identique d'assurer la publicité maximale à l'incident du collège, de le construire comme un acte islamophobe autour duquel susciter un réflexe de victimisation communautaire musulmane, dans un contexte politique où l'actualité est dominée par le déroulement de plusieurs procès majeurs incriminant le jihadisme et devant permettre d'identifier les accointances dont celui-ci a bénéficié dans une mouvance beaucoup plus large. Outre le tribunal qui juge les meurtres de janvier 2015 contre *Charlie Hebdo,* le supermarché juif HyperCacher, et deux policiers d'origine antillaise et maghrébine, ayant causé 17 victimes, deux autres chambres voient comparaître des ressortissants algériens. L'un, l'étudiant Sid Ahmed Ghlam, est poursuivi pour le meurtre d'une jeune femme et un projet avorté d'attentat contre des églises à Villejuif commandité par Daesh en avril 2015. L'autre, l'ancien journaliste Farid Ikken, a tenté le 6 juin 2017 de tuer un policier à coups de marteau devant la cathédrale Notre-Dame de Paris. Se déroulera également à partir du 16 novembre le procès de l'attaque terroriste dans le train Thalys Bruxelles-Paris, le 21 août 2015, à la barre duquel comparaît le jihadiste marocain Ayoub al-Khazzani accusé d'avoir tenté de massacrer les passagers par armes à feu, sur instruction du hiérarque de Daesh Abdelhamid Abaaoud, principal orchestrateur des attentats du 13 novembre 2015. Dans ce contexte, le CCIF, informé d'une procédure de dissolution par le ministère de l'intérieur le 19 novembre, prend les devants et annonce le 27 son autodissolution et le redéploiement de ses activités à l'étranger.

Le 8 octobre, M. Chnina obtient un rendez-vous avec la principale du collège en compagnie du vieux routier de l'agitation islamiste Abdelhakim Sefrioui et porte plainte contre M. Paty pour « diffusion d'images pédopornographiques » – ce qui vaudra à ce dernier une convocation au commissariat de police. Cette rencontre entre la responsable administrative et un activiste notoire rappelle la première irruption de la question du port du *hijab* à l'école publique, au collège Gabriel-Havez de Creil, autre petite ville des environs de Paris, en septembre 1989. Elle avait également vu le principal, M. Ernest Chénière (ultérieurement élu député RPR) recevoir une délégation de l'UOIF (Union des organisations islamiques de France, de tendance fériste) qui se faisait l'avocat des élèves mises en cause et de leurs parents, et en retira par la suite une aura considérable dans la mouvance islamiste de l'Hexagone. M. Sefrioui, sexagénaire né au Maroc, a multiplié depuis les années 1980 les actions spectaculaires et provocatrices afin, selon l'imam de Bordeaux Tareq Oubrou, également originaire du royaume alaouite, de « nourrir les esprits les plus fragiles en faisant systématiquement des musulmans des victimes de la République. Ces thèses victimaires parviennent aussi à convaincre les plus téméraires qui, eux, passent à l'acte ». Il a notamment créé le collectif « Cheikh-Yassine » – du nom du fondateur de Hamas tué en 2004 par Israël –, accompagné l'humoriste Dieudonné dans sa candidature à l'élection présidentielle en 2007 ainsi que le conspirationniste Alain Soral, et harcelé l'imam de Drancy Hassen Chalghoumi à cause de sa proximité avec des institutions juives. Il a déjà une expérience de l'agit-prop envers les établissements scolaires – ayant mené la fronde contre l'administration du lycée de Saint-Ouen qui avait tenté d'y prohiber le port du *jilbeb*, une tenue couvrante féminine requise par les musulmans les plus rigoristes (affaire à laquelle font allusion Davut Pasha et M. Farsadou, ci-dessus, p. 229).

Dans un entretien télévisé au sortir du rendez-vous du 8 octobre, filmé dans l'environnement boisé de ce collège péri-urbain, M. Sefrioui se réclame d'un « Conseil des imams de France », une association fondée en 1992 dont le secrétaire général, M. Dhaou Meskine, lui-même prédicateur d'origine tunisienne proche de la mouvance fré-riste, fera savoir que l'intéressé n'a aucune qualité à parler en son nom, invoquant des « divergences de méthode » et indiquant avoir cessé tout contact avec celui-ci depuis un lustre. M. Sefrioui annonce avoir réitéré à la principale l'exigence de « l'exclusion de ce voyou » (M. Paty), appelant à une mobilisation devant l'établissement si besoin était pour faire aboutir cette revendication. Il y présente l'humiliation des « élèves musulmans » comme une politique systématique, qui durerait « depuis cinq ans ». L'implication de cet agitateur connu nationalement dans l'islamosphère, fiché « S », donne à l'affaire une répercussion autrement plus importante que lorsqu'elle était portée par le seul père d'élève, certes actif sur le Web islamiste, mais dont les réseaux d'interconnaissance et la notoriété étaient moins étendus. Le 12 octobre, il fait monter la tension d'un cran supplémentaire en diffusant une vidéo où il se filme devant l'établissement avec la fille de M. Chnina qui livre sa version des faits, et dont l'enquête indiquera qu'elle n'était pas présente aux événements qu'elle relate.

LE JIHADISME D'ATMOSPHÈRE

C'est à ce stade que se met véritablement en place le jihadisme d'atmosphère qui aboutira à la décapitation de l'enseignant et fait de cet assassinat le paradigme d'une nouvelle phase du terrorisme islamiste – de quatrième génération, ou « 4G ». Elle est structurellement liée à la propagation de messages de mobilisation sur les réseaux sociaux déclenchant le passage à l'acte criminel, et ne nécessite plus d'appartenance préalable du meurtrier à une organisation pyramidale – de type al-Qaida – ou d'affiliation à une structure réticulaire – comme Daesh. Elle se cristallise par la rencontre entre une demande d'action, diffusée en ligne par des « entrepreneurs de colère » – selon la formule du Pr. Bernard Rougier –, et une offre terroriste qui répond à celle-ci, sans que la connexion nécessite d'être véritablement formalisée – même si l'enquête a fait état de contacts téléphoniques entre le père d'élève, qui avait communiqué ses coordonnées sur sa page Facebook, et le jeune Tchétchène Abdullakh Anzorov, dont celui-ci a ainsi eu connaissance. Les investigations du quotidien *Le Monde*, qui a compulsé sa messagerie, montrent que ce dernier recherchait avec constance une cible sur les réseaux sociaux pour châtier quelqu'un ayant offensé l'islam, depuis le 25 septembre.

Ce jour-là en effet, un autre réfugié, originaire du Pakistan cette fois, qui s'est fallacieusement identifié comme « mineur isolé » pour bénéficier d'une allocation publique, Zaheer Hassan Mahmood, réagit à la republication à la une de *Charlie Hebdo*, à l'occasion de l'ouverture du procès, des dessins ayant déclenché le massacre de sa rédaction le 7 janvier 2015, sous le titre : « Tout ça pour ça ». Ne parlant pas français et très mal anglais, ce dernier, dont la famille sympathise avec l'une des nombreuses organisations islamistes radicales de masse dans son pays d'origine, a acquis une feuille de boucher semblable aux coutelas brandis par les manifestants de Karachi ou de Lahore défilant pour réclamer la décapitation des caricaturistes de *Charlie Hebdo*, dont les vidéos sont aisément disponibles sur les réseaux sociaux, et saturent alors les sites en langue ourdoue. Disposant de moyens et d'une capacité intellectuelle rudimentaires, il a recherché en ligne l'adresse de l'hebdomadaire satirique, trouvé celle qui était valable en janvier 2015 et où advint l'attentat (la rédaction ayant par la suite déménagé dans un emplacement tenu secret). Il s'y rend et frappe à la tête deux personnes travaillant dans une société de production sise sur les lieux, totalement étrangères à l'affaire – sans parvenir à les tuer et moins encore les décapiter, mais en les blessant grièvement. Il n'a pris aucune précaution pour protéger sa fuite et est aisément appréhendé peu après, comme abasourdi par son acte. Les interpellations conduites dans son entourage parisien, où il réside dans un squat, tandis qu'il est en attente d'un OQTF (ordre de quitter le territoire français), n'ont permis d'identifier aucune complicité ni appartenance à un réseau quelconque.

Par comparaison avec Zaheer Hassan Mahmood, le profil d'Abdullakh Abouzeidovitch Anzorov est plus élaboré dans son appartenance à une ambiance jihadiste. Les témoignages recueillis dans son entourage indiquent en effet que le jeune homme a basculé dans une vision salafiste radicale revendiquée comme telle au moins six mois, voire une année, avant son passage à l'acte – comme l'avère le dépouillement de sa page Facebook et de son compte Twitter. Exprimant son horreur pour toute promiscuité avec l'autre sexe, sa haine des athées, chrétiens, et musulmans « déviants » – tels les mystiques soufis ou encore le prince héritier saoudien Mohammed Ben Salman –, il démontre un intérêt pour les enjeux islamistes internationaux et proclame son admiration pour le président turc Erdogan, nimbé de sa gloire néo-califale après avoir refait de Sainte-Sophie une mosquée le 24 juillet – et qui vient tout juste d'intervenir dans son Caucase d'origine en soutien à l'Azerbaïdjan dans la guerre déclenchée contre l'Arménie chrétienne le 27 septembre –, ainsi que pour les talibans afghans. Il est également assez bien informé sur le milieu islamiste français, et le 7 octobre, le jour où M. Chnina met en ligne sa première vidéo, il manifeste son appui au président de l'association Baraka-City, Idriss Sihamedi, qui sera mis en examen pour avoir formulé des menaces explicites contre l'ancienne journaliste de *Charlie* Zineb El Rhazoui – l'association sera dissoute en Conseil des ministres le 28 octobre. La décision est confirmée par le Conseil d'État le 25 novembre, au motif que « les propos de son président peuvent lui être imputés et constituent des discours incitant à la discrimination, à la haine ou à la violence pouvant justifier une dissolution ». Anzorov ne fait aucune allusion à l'affaire de Conflans, et efface ses messages à compter du 11 octobre. Mais il aurait eu des échanges téléphoniques avec M. Chnina – dont la teneur n'est pas connue. Il est également avéré qu'il est en contact avec deux jihadistes présents dans la zone de désescalade d'Idlib, en Syrie (voir p. 145). Il communique en russe avec l'un d'entre eux entre le moment où il décapite Samuel Paty et celui où il est abattu par la police.

Le basculement dans la volonté de passer à l'acte semble s'être produit à l'émulation de l'attentat perpétré par Zaheer Mahmood. Il piste d'abord des adolescents soupçonnés de s'être moqués du Prophète ou de l'islam sur les réseaux sociaux, mais ne donne pas suite. Selon toute probabilité, c'est par ce biais qu'il découvre les accusations portées contre sa future victime – et mûrit son projet de « venger le Prophète » à son tour, s'appuyant sur les moyens et la tradition culturelle spécifique dont il dispose. Deux faits sont intrigants dans la réalisation monstrueuse de son crime : le soudoiement d'élèves du lycée pour qu'ils identifient leur enseignant afin qu'il le tue (en échange de 300 euros), et le professionnalisme terrifiant de la décapitation, exécutée promptement et suivie du message au jihadiste russophone d'Idlib. Le premier acte rattache le meurtrier à l'univers du banditisme, plus qu'à la pratique mortifère usuelle du jihadisme, le second aux rites de passage des adolescents tchétchènes où couper la tête du mouton (par opposition à son simple égorgement chez les musulmans de manière générale) symbolise l'entrée dans l'âge d'homme, permettant de réaliser de façon routinière les gestes contre-intuitifs de ce mode de supplice. La seule consultation des innombrables vidéos de décollation mises en ligne par Daesh depuis 2014 n'aurait pas suffi à la faire accomplir aussi aisément, même si celles-ci ont créé une accoutumance voire une banalisation de ce type de mise à mort dans la conscience collective islamiste. Ainsi, le jihadiste tunisien Brahim Issaoui qui frappe à Nice treize jours plus tard s'en avérera incapable.

La population tchétchène en France – qui compterait près de 50 000 personnes – est arrivée principalement en bénéficiant du statut de réfugié politique après les deux guerres de 1994-1996 et surtout 1999-2009, opposant les indépendantistes locaux – parmi lesquels les jihadistes ont graduellement pris l'ascendant – aux troupes russes. En dépit du nombre peu élevé de ses membres par rapport aux autres composantes de l'immigration musulmane, certains de ceux-ci – souvent employés dans la « sécurité » – ont défrayé la chronique. Ils ont ainsi, par leur extrême violence, contrôlé le trafic de stupéfiants sur la Côte d'Azur (comme le gardiennage des propriétés d'oligarques russes), l'un de leurs lieux d'implantation majeurs. Ce trafic est passé sous le contrôle de « protecteurs » issus de cette communauté par prédation des filières maghrébines traditionnelles, phénomène dont l'expansion dans l'Hexagone a donné lieu à des affrontements spectaculaires à Dijon pendant quatre jours la semaine du 16 juin 2020. Une expédition punitive a été menée à cet effet dans la métropole bourguignonne contre des Marocains dans le cadre d'un conflit d'honneur, rassemblant des centaines de gros bras tchétchènes venus de toute la France et des pays environnants parader dans de puissantes cylindrées, grâce à la mobilisation sur les réseaux sociaux. Un quartier populaire entier est quadrillé, et la police se tient à distance, à la stupéfaction de la presse et des habitants qui, dans bien des cas, découvrent non sans effarement l'existence de ces mœurs et habitus spécifiques – quatre mois à peine avant la décapitation de Samuel Paty à Conflans-Sainte-Honorine. La médiation entre les deux « communautés » sunnites est finalement assurée à la mosquée locale de la « Fraternité », hors de tout contrôle de l'État français en charge de l'ordre public, par son imam Mohammed Ateb, représentant régional de l'UOIF, et son confrère tchétchène venu de Dole, dans le Jura proche. La réconciliation se solde, dans la perspective de l'Aïd-el-Kébir, par l'offre des Tchétchènes de trois moutons aux Marocains, cadeau transactionnel promis à la lame d'un holocauste expiatoire.

Abdullakh Anzorov, à peine majeur au moment où il commet son crime, a vainement tenté de s'employer comme agent de sécurité (à l'instar de son géniteur), ambition que des antécédents de délinquance ne lui ont pas permis de réaliser. Un de ses compatriotes, Khamzat Azimov, avait déjà commis un attentat jihadiste au couteau à Paris dans le quartier de l'Opéra, le 12 mai 2018, tuant un passant avant d'être abattu. Il était surveillé pour « radicalisation » depuis 2016 et son action fut revendiquée par Daesh, qui disposait encore à l'époque de porte-parole – quelle que fût la réalité de l'affiliation, qui n'a pu être prouvée. En tout état de cause le jihad tchétchène, moins fameux *urbi et orbi* que son pareil afghan, possède des titres de gloire équivalents dans l'hagiographie islamiste. Ayman al-Zawahiri, successeur de Ben Laden à la tête de ce qu'il reste d'al-Qaida en 2020, avait mis sur le même plan, au début de son manifeste *Cavaliers sous la bannière du Prophète,* paru en ligne vers 1997, les talibans et ces combattants du Caucase car tous deux avaient établi selon lui les deux premiers « califats » sur un territoire libéré, amené à s'étendre à la planète…

Les brigades tchétchènes au sein du jihad syrien sont notoires pour leur violence – et c'est à l'un de leurs membres positionnés à Idlib sous la protection des forces turques qu'Anzorov envoie son dernier message avant d'être abattu. La résistance séculaire acharnée aux troupes de Saint-Pétersbourg a nourri dans le folklore russe la légende noire du « méchant tchétchène qui rampe sur la berge, aiguisant son couteau », selon un poème de Lermontov devenu une berceuse célèbre – et la figure des *tchétchènskie golovorezy* (coupeurs de têtes tchétchènes) traverse l'histoire moderne depuis les guerres tsaristes, que décrit Tolstoï dans son roman *Hadji Mourat* (lequel célèbre aussi le caractère chevaleresque du héros éponyme), jusqu'à celles de Poutine, accompagnées d'images effarantes de décapitations de soldats de Moscou postées à profusion sur les réseaux sociaux pour terroriser l'adversaire.

Dans la consternation générale qui frappe de stupeur l'Hexagone après l'assassinat du professeur du collège du Bois-d'Aulne, même le dirigeant de La France insoumise, Jean-Luc Mélenchon, qui a participé à la « manifestation contre l'islamophobie » du 10 novembre 2019 à Paris organisée sous les auspices du CCIF pendant laquelle son ancien directeur Marwan Muhammad galvanisait la foule aux cris d'« Allah Akbar » avenue de la République, fait état d'un « problème tchétchène » – qui lui vaut des reproches de ses adversaires politiques l'accusant d'amalgame. Partagé entre ses députés de Seine-Saint-Denis qui ont besoin des voix islamiques, procurées entre autres par l'UAM 93, et une base électorale parmi laquelle les enseignants du secondaire, collègues de la victime, sont pléthore, il mesure la difficulté à concilier les deux composantes de l'islamisme et du gauchisme dans l'identité de son mouvement et son opposition farouche à Emmanuel Macron.

Le crime du 16 octobre à Conflans vient de fait conforter la vision développée par le président de la République lors du discours prononcé deux semaines auparavant aux Mureaux, dans ce même département des Yvelines, et prônant une refonte de la législation pour lutter contre le « séparatisme islamiste ». La ville des Mureaux est le siège du commissariat dont le policier Jean-Baptiste Salvaing ainsi que son épouse furent poignardés à mort le 13 juin 2016, à leur domicile du bourg voisin de Magnanville et sous les yeux de leur jeune enfant, par le jihadiste d'origine marocaine Larossi Abballa. Récemment sorti de prison, il agissait en lien et en ligne avec l'Oranais-Roannais Rachid Kassim, ancien rappeur et éducateur social basé à Rakka dans le « califat » de Daesh, dont celui-ci gérait les « opérations extérieures ». Par-delà la continuité, jusque dans l'instrument du meurtre, entre les deux assassinats, celui de 2016 – prolongé par un appel de Larossi Abballa à ses « frères musulmans » à tuer un universitaire et des journalistes dont les noms furent livrés à la vindicte sur Facebook live avant qu'il ne fût abattu – et celui du 16 octobre 2020, le mode opératoire s'est transformé. Comme on l'a vu ci-dessus, on est passé du jihad réticulaire dont Daesh représentait l'aboutissement, à un jihadisme d'atmosphère, dont le crime de Conflans fournit le paradigme. Contrairement aux attentats de l'époque précédente, que le public découvrait une fois qu'ils avaient été commis, au terme d'un processus secret que l'enquête de police puis le travail de la justice ultérieurs auraient pour tâche de remonter et d'élucider – le procès des meurtres de janvier 2015, se déroulant à l'automne 2020 en toile de fond des crimes de Zaheer Mahmood, Abdullakh Anzorov et Brahim Issaoui l'illustre –, le jihad de quatrième génération se construit depuis la « rupture culturelle » qui en assigne l'origine en désignant un enseignant à la vindicte des internautes jusqu'à l'assassinat qui en constitue l'achèvement. En ce sens, le combat de la République laïque ne saurait se limiter à la seule justice criminelle qui n'intervient qu'après coup : elle livre une bataille éthique, qui identifie et assigne l'idéologie déchirant le tissu social afin de séparer « croyants » (*mou'minin*) et « mécréants » (*kouffar*), « salafiste » (*salafi*) d'un côté et « infidèle » (*mouchrik*), « apostat » (*mourtadd*), « hypocrite » (*mounafiq*), « déviant » (*mounharif*), etc., de l'autre, catégories figées qui commencent par fulminer l'anathème de l'exclusion, au moyen d'un « séparatisme » doctrinaire qui déshumanise l'ennemi désigné et interdit de faire société avec lui jusqu'à ce qu'il se soumette ou soit mis à mort. Cette volonté de sécession avec une partie des concitoyens fait écho au syntagme fondateur du salafisme, désormais repris – cinq décennies après le bouleversement des valeurs dans le monde musulman initié par la guerre d'octobre 1973 – par un spectre de militants qui va du frérisme au jihadisme et que l'arabe nomme *al-wala wal-bara'a.* Il signifie « l'alliance et la rupture » ou, dans le patois salafisé des *territoires conquis de l'islamisme* – pour reprendre le titre de l'ouvrage de Bernard Rougier paru en janvier 2020 – « l'allégeance et le désaveu ». En d'autres termes, il s'agit de mettre en œuvre la soumission exclusive et totale au dogme dans sa définition la plus stricte et littérale – telle que la définissent les « orthodoxes » se proclamant tels – ou de ne « s'allier » qu'à ceux qui partagent cette idéologie, et de rompre avec tout autre, en se « se désavouant d'avec » lui.

Le discours dans lequel Emmanuel Macron identifie de la sorte le « séparatisme islamiste », tout démontré qu'il fût dans les faits, moins de deux semaines après avoir été prononcé, par le processus criminel de Conflans, suscite une levée de boucliers dans la mouvance de l'islam politique en France et dans le monde musulman, à commencer bien évidemment par M. Erdogan. L'argumentaire de ses opposants et contempteurs consiste à renverser la charge de la preuve, et à accuser le président français d'islamophobie – c'est-à-dire de discrimination envers tous les musulmans, dont les « séparatistes » visés se targuent de figurer les représentants par excellence. Cette opération leur est facilitée par l'usage langagier : le terme « islamiste » comme tel n'existe pas dans les langues arabe ni turque, ou n'y est guère connu – ainsi de *islamawi* en arabe qui n'est compris que par quelques cercles intellectuels. La domination des « islamistes » sur la langue n'a fait que s'affirmer depuis la guerre d'octobre 1973, grâce aux subsides des milliardaires salafistes rentiers du naphte à un champ intellectuel arabe qu'ils ont suborné à force de pétrodollars et réduit à leur fournir des éléments de langage. De la sorte, l'expression usitée par le locataire de l'Élysée a été rendue dans le monde musulman par « terrorisme *islamique* » et aisément transformée en une agression contre l'ensemble des sectateurs du Prophète par ceux qui y trouvent leur intérêt politique. La dynamique de la campagne évoque celle qui fut lancée contre Salman Rushdie en 1989 à l'échelle de la planète. La variation d'intensité réside néanmoins dans le fait que la cible est le chef d'État français, et non un écrivain anglo-indien qui ne représente que lui-même. Et que, en trois décennies, s'est produite une bascule démographique qui a permis à la mouvance islamiste, après un patient travail d'implantation, de contrôler des quartiers où des populations se définissent comme musulmanes à son instigation et selon ses critères.

Dans ce contexte chargé, la dernière semaine d'octobre voit les tensions et l'interpénétration entre enjeux hexagonaux et internationaux atteindre un paroxysme. La Turquie d'Erdogan, qui donne le tempo à la campagne panislamique contre Emmanuel Macron afin de conforter la stature néo-caliphale de celui qui a refait de Sainte-Sophie une mosquée, est en première ligne, et rares sont les dirigeants du monde musulman, même les leaders appartenant à l'entente abrahamique et opposés à l'axe fréro-chiite, qui peuvent se permettre d'aller à contre-courant – de peur d'apparaître à leur tour comme « islamophobes ». Le mercredi 28 octobre, le Conseil des ministres dissout l'association « humanitaire » BarakaCity, accusée de « se complaire à justifier des actions terroristes ». Le 3 septembre, à l'ouverture du procès des attentats de janvier 2015, son président Idriss Sihamedi avait tweeté : « PERSONNE ne peut offenser notre Prophète. Qu'Allah maudisse Charlie et enflamme leurs tombes à la chaleur du soleil » – des invocations qui prennent un sens assez lourd rétrospectivement, un mois et demi plus tard. En réaction à l'annonce de la dissolution, ce dernier poste dans l'après-midi même le message suivant :

> *Suite aux mensonges du gouvernement d'@EmmanuelMacron et la fermeture de l'ONG humanitaire et de défense des droits humains, je demande officiellement l'asile politique de @Barakacity au président @RTErdogan ainsi que celle de mon équipe et moi-même, qui subit menaces de mort.* [Verbatim.]

Le président turc avait auparavant mentionné favorablement l'ONG islamiste à l'appui de son argumentaire accusant son homologue français de « chercher à régler ses comptes avec l'islam et les musulmans », et l'invitant à « faire examiner sa santé mentale ». Originellement imprégné d'une vision salafiste du monde, M. Sihamedi arbore une longue barbe sans moustache et s'exhibe en toutes circonstances vêtu d'une jellaba et l'occiput ceint d'une calotte de prière blanche. Puis BarakaCity est au fil des années devenue un relais d'influence des réseaux de M. Erdogan dans l'Hexagone, évoluant ainsi davantage vers une sensibilité compatible avec le frérisme international. Elle maintenait une succursale dans l'enclave d'Afrin, en Syrie, où il est impossible de pénétrer sans autorisation expresse des services de renseignement turcs, et où la commission récurrente d'exactions, viols, tortures et exécutions sommaires a été dénoncée en septembre 2020 par un rapport du comité des droits de l'homme de l'ONU – comme on l'a noté ci-dessus (p. 134). On ne sache pas que « l'ONG humanitaire et de défense des droits humains » de M. Sihamedi s'en soit saisie.

Ce même 28 octobre, d'autres groupes affidés à la coalition au pouvoir à Ankara, s'inscrivant dans sa composante eurasiste représentée par les Loups gris, organisation paramilitaire du parti d'extrême droite nationaliste MHP (ci-dessus, p. 140), passent à l'offensive sur le territoire français contre les Arméniens, dans la foulée de la guerre déclenchée par l'Azerbaïdjan au Haut-Karabakh, laquelle bénéficie de « tout le soutien » de M. Erdogan. Lors d'une opération de protestation contre l'assaut azéri menée par des Arméniens à un péage autoroutier à Vienne, en Isère, une échauffourée avec des automobilistes turcs se solde par quatre blessés. Le lendemain, la municipalité de Décines-Charpieu, dans la banlieue lyonnaise, siège du mémorial de l'histoire arménienne et où résident de nombreux membres de cette communauté, est investie par une bande de 250 individus brandissant le drapeau turc, qui écument les rues du centre-ville à pied et en voiture en hurlant : « On va tuer les Arméniens », détruisant au passage un véhicule de police. Ils postent des tweets proclamant en français et en turc le message : « Cette nuit, les Loups gris étaient ici » – flanqué de l'émoticône représentant la tête de cet animal (les contenus sont supprimés par Twitter 48 heures plus tard au motif que « *it violates the Twitter Media Policy* » [cela viole la politique médiatique de Twitter]) en dépit des appels au calme du consulat général de Turquie à Lyon. Soixante-cinq interpellations sont effectuées après l'arrivée de renforts de police qui expulsent les séditieux. Les militants de cette organisation paramilitaire, qui saluent en joignant le pouce, le majeur et l'annulaire de la main droite, dressant index et auriculaire, à l'imitation du mufle et des oreilles de leur carnassier éponyme issu de la steppe centre-asiatique, avaient déjà défrayé la chronique locale en lien avec un premier accrochage entre Erevan et Bakou advenu les 12-13 juillet. Le 24, des Arméniens de Décines ayant organisé une manifestation de soutien à l'Arménie devant le mémorial du génocide, qui rassemble 500 personnes, elle est attaquée par une centaine de Loups gris venus de la ville d'Oyonnax, située à une heure de voiture, à coups de pétard d'artifice et de barre de fer, à l'instigation d'un activiste notoire, thuriféraire régulier du président Erdogan, qui fera l'objet d'une procédure judiciaire. Il s'agit du premier affrontement de ce type sur le sol français, qui s'inscrit précisément dans l'« atmosphère » créée par les attaques verbales récurrentes du dirigeant d'Ankara contre son homologue de Paris, exacerbées par les opérations militaires au Haut-Karabakh (qui passeront au stade guerrier à compter du 27 septembre). La territorialisation du conflit, à partir d'une enclave quittée en cortège automobile, pour ravager un territoire adverse, évoque les razzias de la conquête ottomane contre les territoires chrétiens, et, plus récemment, les émeutes des 6-7 septembre 1955 organisées contre les Grecs, Arméniens et juifs d'Istanbul qui précipitèrent leur exode. Un peu plus d'un siècle après les pogroms perpétrés en 1915 contre les Arméniens en Anatolie, et alors que la guerre de Bakou soutenue par Ankara au Haut-Karabakh se nourrit de cette réminiscence, il est significatif que ce soit sur le territoire français – où de nombreux réfugiés du génocide ont trouvé refuge (dès 1920 à Décines, en provenance d'un camp de rescapés de Salonique) et se sont parfaitement intégrés à leur société d'accueil à laquelle ils ont fourni de nombreuses élites – que se rejoue ce drame, à l'initiative d'un groupe de factieux illustrant le problème du « séparatisme » mis dans le débat par le président Macron. Le 4 novembre, le groupement de fait des Loups gris est dissous en Conseil des ministres, au motif que ses membres participent à des camps d'entraînement avec armes, et promeuvent « une idéologie tendant à discriminer, voire à provoquer à la violence contre des personnes d'origine kurde et arménienne ». En réponse, un communiqué du ministère turc des Affaires étrangères souligne « qu'il est nécessaire de protéger la liberté d'expression et de réunion des Turcs de France [...] et qu['il] répliquer[a] de la manière la plus ferme à cette décision ».

Le jeudi 29 octobre 2020 correspond à la fête du Mouloud – comme on nomme dans les dialectes maghrébins la Nativité du Prophète (en arabe classique *al-mawlid an-nabawi*), qui suit le calendrier hégirien (lunaire), et donc advient en décalage avancé d'une dizaine de jours chaque année par rapport à la précédente. C'est une date symbolique très importante dans la spiritualité populaire des populations musulmanes d'Afrique du Nord, la figure du Prophète y étant particulièrement révérée car elle permet une identification de proximité, charismatique et effervescente – en opposition à l'islam scripturaire des savants (et des salafistes, dans sa version désormais numérisée). À 8 h 29 du matin, un immigré clandestin tunisien tout juste arrivé sur le sol français, Brahim Issaoui, vingt et un ans, pénètre dans la basilique Notre-Dame de l'Assomption à Nice, où il va tuer trois personnes [CARTE 15]. Cette bâtisse néogothique du second Empire est située entre l'artère principale de la ville balnéaire et flamboyante du XIXe siècle, l'avenue Jean-Médecin, sur laquelle ouvre son portail – aujourd'hui zone piétonne parcourue par le tramway – et le « quartier islamique » du centre-ville auquel elle a, paradoxalement, donné son nom. C'est vers lui qu'est orientée son abside, devant un square fréquenté principalement par des mères de famille en *jilbeb* accompagnées de leur progéniture. À deux pâtés de maisons fut créée en l'an 2000 la première mosquée au cœur de la métropole azuréenne, sise 12 rue de Suisse (célébrant les villégiateurs helvètes d'antan) dans un rez-de-chaussée d'immeuble, dont le non-renouvellement de bail fut notifié en janvier 2019 par la mairie, propriétaire de l'emplacement, à l'imam de la communauté tchétchène qui en préside l'association gestionnaire. Ce lieu de culte trop exigu pour la foule des fidèles, devant lequel se tenaient des prières de rue, avait fait l'objet de controverses en 2011 lorsque le groupe identitaire niçois Nissa Rebella (dont le dirigeant est régulièrement candidat du Front national aux élections municipales) avait renommé les rues adjacentes « de la lapidation », « de la burqa » et « des Frères musulmans » en apposant des affichettes recouvrant les plaques de voirie. Il fit ensuite, en 2013, condamner la municipalité en justice pour sous-estimation du loyer. En l'an 2020, la salle de prière est fermée, comme l'indique une inscription sur la porte, ayant déménagé non loin. Mais les principales librairies salafistes où sont en vente des ouvrages prônant en arabe et en français « l'alliance et la rupture » ainsi que toute une panoplie de « tenues islamiques » et autre attirail permettant aux adeptes de cette mouvance de marquer leur identité séparée sont présentes dans le quartier. Les Alpes-Maritimes ont été le deuxième département français pour le nombre de départs vers le « califat » de Daesh entre 2014 et 2017, et le plus célèbre idéologue jihadiste local, le Sénégalo-Niçois Omar Diaby (dit « Omsen »), auteur de la vidéo révisionniste islamiste *19 HH : l'Histoire de l'Humanité*, réside toujours en 2020 dans la zone de désescalade d'Idlib contrôlée par le groupe Hay'at Tahrir ash-Shâm et l'armée turque (ci-dessus, p. 145 [CARTE 12]), avec plusieurs dizaines d'adeptes azuréens, qui ont gardé contact grâce aux réseaux sociaux avec leurs proches et leurs familles demeurés dans le département. L'attentat du 14 juillet 2016 sur la promenade des Anglais, qui avait causé 86 morts, perpétré par le ressortissant tunisien Mohamed Lahouaiej-Bouhlel, bien que Daesh l'eût revendiqué mais d'une manière non probante, conserve quatre ans plus tard de nombreuses zones d'ombre. Les liens du meurtrier avec le réseau jihadiste n'ont pu être établis. Enfin, pendant le déconfinement du printemps 2020, la mosquée de Roquebillière, dans le quartier populaire excentré de Bon-Voyage où résidait autrefois Omar

Omsen, proche de la cité HLM de l'Ariane et du principal point d'arrivée des *go fast* chargées de haschich en provenance du Maroc, la cité des Liserons, avait défrayé la chronique par des appels publics à la prière le 18 mai.

La basilique Notre-Dame se trouve à quelques centaines de mètres de la gare où des caméras de surveillance ont filmé Brahim Issaoui en train de substituer ses vêtements préalablement à son départ vers le lieu des crimes, une pratique commune consistant à se « désilhouetter » avant de commettre un méfait, mais qui s'effectue habituellement hors des regards. Il avait dormi la nuit précédente dans une cage d'escalier sur un morceau de carton, emplacement qu'il avait montré à sa mère, jointe au domicile familial dans la banlieue de Sfax sur la vidéo de son téléphone, lui disant avoir trouvé un contact à Nice. Peu après, il pénètre dans le lieu de culte, égorge une sexagénaire, puis frappe à la gorge le sacristain et une jeune mère de famille brésilienne – tous décéderont de leurs blessures. Intercepté par la police municipale, il est blessé par balles en psalmodiant dans un état second « Allah Akbar » et emmené inconscient à l'hôpital. Le certificat fourni par la Croix-Rouge italienne trouvé sur lui indique qu'il a débarqué à Lampedusa le 20 septembre [PHOTOGRAPHIE] – sur un rafiot de *harraga* tel que décrit plus haut (p. 207). L'embarcation en détresse est secourue par un navire italien, et après sa quatorzaine à bord à cause de la Covid-19, il est transporté par le bateau d'une ONG sur le continent, dans le port de Bari, métropole des Pouilles, avec 800 autres clandestins, où il est placé le 9 octobre dans un centre d'identification. Il lui est notifié une obligation de quitter le territoire italien, mais libéré du centre par manque de place, sa trace est perdue. Il y a tout lieu de penser qu'il a pris, comme le font la plupart des clandestins tunisiens, le train pour Vintimille et traversé clandestinement la frontière française à Menton [PHOTOGRAPHIE], et de là procédé jusqu'à Nice.

Les éléments de sa biographie disponibles indiquent que ce jeune homme est issu d'une famille pauvre de onze enfants, originaire d'un village des environs de Kairouan, la métropole islamique de la Tunisie, siège de sa plus prestigieuse et ancienne mosquée. La famille émigre ensuite dans une banlieue déshéritée de Sfax, la capitale économique du littoral sud du pays, où un reportage est effectué par la webradio locale Diwan le lendemain du crime de Nice. Il témoigne à la fois du délabrement du quartier, avec les jeunes en survêtement de contrefaçon siglé de marques de sport qui « tiennent le mur » au milieu de constructions inachevées, tandis que parents, frères, sœurs et amis du tueur s'expriment dans un dialecte très populaire avec un vocabulaire rudimentaire. Il en ressort que Brahim Issaoui travaillait dans le secteur informel, comme tout son entourage, pour gagner médiocrement sa vie, réparant occasionnellement des mobylettes, jusqu'à ce qu'il améliore un peu son revenu grâce à la *tromba* (du français « trompe » [à essence]) – terme qui désigne la contrebande de carburant provenant de la Libye voisine et proposé à la vente au bord des routes dans tout le sud du pays dans un flaconnage de verre ou de matière plastique. Le jeune homme est décrit comme fréquentant assidûment la mosquée, tout en affectionnant le haschich et l'alcool – dans une sorte de schizophrénie culturelle et morale coutumière en milieu populaire. Si son père approuve son départ en France pour qu'il sorte de la misère, sa mère s'en inquiète car il ne « connaît pas le français » – mais celui-ci l'a rassurée lors de leur échange téléphonique la veille du crime en lui faisant état de contacts sur place. Nice est en effet la ville « la plus tunisienne » de l'Hexagone, les immigrés de ce pays y constituant la population majoritaire parmi les ressortissants des États du Maghreb.

Mis à part une revendication le jour du meurtre, rapidement écartée comme farfelue, aucun réseau jihadiste ne se glorifie de l'assassinat. Quelles que soient les complicités éventuelles, ou les déterminants du passage à l'acte, l'attentat de Nice paraît s'inscrire, par sa cible, sa temporalité et son mode opératoire, dans le jihadisme d'atmosphère qui se met en place sur le sol européen après la déprise de Daesh et de son réseau sur les activistes. D'autant que, dans la deuxième semaine de novembre, la police annonce qu'elle a trouvé dans le téléphone de Brahim Issaoui une photo d'Abdullakh Anzorov. Mais ce triple assassinat, perpétré par un individu qui n'avait passé que quelques heures en France, et ne peut donc être lié à une quelconque « discrimination islamophobe » dont son auteur aurait été victime dans l'Hexagone, établit un lien préoccupant entre les dynamiques issues de l'Afrique du Nord – pauvreté portée au paroxysme par la Covid-19 et effondrement des cours du baril, déréliction de l'ordre politique, émigration clandestine, prégnance d'une idéologie islamiste radicalisée par la doctrine salafiste de « l'alliance et la rupture » – et celles qui touchent la cohésion sociale et culturelle de l'Europe.

ÉPILOGUE

Jihadisme d'atmosphère et séparatisme islamiste au miroir géopolitique

Le 2 novembre 2020 au soir, tandis que la planète retient son souffle à la veille de l'élection présidentielle américaine qui va départager Joe Biden de Donald Trump, l'Europe est prise en otage par un nouvel attentat jihadiste, à Vienne. La capitale autrichienne s'apprête à entrer en couvre-feu pour l'automne dès le lendemain face à la pandémie de la Covid-19. Les places et venelles du cœur historique de l'ancien empire des Habsbourg, l'*Innere Stadt* enserrée dans le Ring, sont bondées – pour une dernière soirée conviviale où l'on puisse faire société, et qu'agrémente la douceur du climat. Vers 20 heures des rafales de mitraillette sèment la panique et abattent quatre personnes, avant que le terroriste ne soit neutralisé. Kujtim Fejzulai, vingt ans, issu de la minorité albanaise de la République de Macédoine du Nord, dont il possède la double nationalité avec celle de l'Autriche où il est né, a préalablement prêté allégeance, par une vidéo de quarante-quatre secondes diffusée le matin même sur Instagram, au nouveau « calife » de Daesh, le quasi-inconnu Abou Ibrahim al-Hachimi al-Qoraïchi, successeur proclamé de Abou Bakr al-Baghdadi (tué le

27 octobre 2019 par un commando américain près de la frontière syro-turque). Un communiqué en arabe, modelé sur ceux qui suivaient les attentats des années 2014 à 2019, revendique ultérieurement l'opération dans les termes suivants :

ISLAMIC STATE

> *30 croisés péris* [halak] *et blessés dans l'attaque par un des soldats du califat dans la ville de Vienne en Autriche*
>
> *Autriche, mercredi 17 rabi' al-awwal 1442 de l'Hégire*
> *Grâce à Allah (qu'Il soit exalté), le soldat du califat Abou Doujana al-Albani* [l'Albanais] *(qu'Allah l'accueille) s'est jeté sur un rassemblement de croisés dans la ville de Vienne en Autriche hier, et les a pris pour cible avec ses armes – une mitraillette, un revolver et un couteau – tuant et blessant environ 30 croisés parmi lesquels un officier et des membres de la police (louange et faveur d'Allah).*

Dans la version originale en arabe, le texte commence par le verbe *halaka*, usité dans la tradition islamique pour désigner spécifiquement la mort misérable des infidèles envoyés en enfer pour y subir le châtiment divin. La date donnée selon le calendrier hégirien, suivant l'usage jihadiste, marque l'aspiration dans le temps de l'islam du territoire des impies – dont la dénomination de « croisés » se réfère à la lutte qu'ils mènent contre le jihad, valant *ipso facto* sentence de mort. La *kounia* (surnom arabo-islamique) du meurtrier Abou Doujana quant à elle fait référence à l'un des compagnons du Prophète, sous les auspices duquel se place le terroriste : escrimeur redoutable, il est fameux dans l'Histoire sainte pour exceller dans le massacre des mécréants notamment au cours de la mêlée. Mohammed lui confia même son propre sabre pour mieux leur fendre le crâne. En 2004, le porte-parole d'al-Qaida qui revendiqua l'attentat à Madrid du 11 mars (191 morts) et exigea que l'Espagne se retire de la coalition de la « guerre contre la Terreur » menée par le président George W. Bush en Irak avait choisi cette même *kounia*. Enfin la *nisba* (gentilé) al-Albani désigne l'identité signifiante que se choisit le tueur : disposant des deux nationalités « croisées » autrichienne et macédonienne également méprisables, il les occulte et fait prévaloir sur celles-ci le nom d'un peuple connu dans le monde islamique pour être majoritairement musulman, les Albanais, grâce à la conquête ottomane des Balkans et à la conversion subséquente de la plupart d'entre eux de gré ou de force à la religion prêchée par le Prophète.

À l'instar des trois assassins qui viennent d'ensanglanter la France en septembre et octobre 2020, le Pakistanais Zaheer Hassan Mahmood le 25 septembre, vingt-cinq ans, le Tchétchène Abdullakh Anzorov le 16 octobre, dix-huit ans, et le Tunisien Brahim Issaoui le 29 octobre, vingt et un ans, le terroriste d'origine albano-macédonienne est jeune, tout juste âgé de vingt ans. En revanche, il est né dans le pays où il passe à l'acte. Il a en outre été socialisé par les réseaux de Daesh depuis 2018, alors qu'il a tenté de rejoindre la Syrie, mais a été intercepté en Turquie après un an de séjour puis renvoyé en Autriche, où il est condamné en avril 2019 à vingt-deux mois de prison – dont il ne purge que… huit mois, du fait de son jeune âge. Lors de son procès, il situe sa « radicalisation » à l'année de ses seize ans, entre conflits familiaux et échec scolaire, crise d'adolescence qui trouverait dans l'engagement jihadiste une catharsis. Pareille posture d'une « islamisation de la radicalisation » mystificatrice n'est qu'une palinodie qui se poursuit lorsqu'il fréquente un programme où le repenti présumé abuse son officier traitant des services pénitentiaires en prétendant s'être « réinséré dans la société » – à l'instar de nombreux cas identiques dans l'Hexagone présentés par Hugo Micheron dans son livre paru en 2020 *Le jihadisme français*. En dépit de son « serment d'allégeance » formaté pour Instagram, qui relève de la continuité de sa communalisation préalable auprès du « califat », rien n'indique – au moment où ces lignes sont écrites – que Kujtim Fejzulai, qui a agi seul, ait été activé par un quelconque réseau. Quant à la revendication présentée ci-dessus, que prolonge un récit panégyrique paru dans le n° 259 (5 novembre) de l'hebdomadaire en ligne *Al-Naba* (« l'annonce » – titre de la sourate 78 du Coran), organe supposé de Daesh qui mêle d'insoutenables photographies de supplices à une logorrhée jihadiste, elle se limite à commenter les faits *ex post* sans rien produire de probant. Qu'un internaute s'autorisant de l'État islamique derrière son ordinateur feigne d'être l'organisateur d'événements qui le dépassent a déjà été illustré par les livraisons successives de ce même hebdomadaire depuis la republication des caricatures de *Charlie Hebdo* le 3 septembre, qui rendaient compte des manifestations hostiles à la France ou incitaient à les intensifier tout en s'arrogeant une paternité que rien ne démontrait.

LE RETOUR DU JIHAD À VIENNE

Si l'on inscrit ainsi l'attentat de Vienne du 2 novembre dans la continuité du « jihadisme d'atmosphère » illustré par les trois attaques terroristes à Paris, Conflans-Sainte-Honorine et Nice le mois précédent, il reste à identifier le contexte déclencheur – en parallèle au blasphème du Prophète dans le cas français, explicité par les déclarations des tueurs pakistanais et tchétchène, et coïncidant avec la fête du Mouloud, ou Nativité de Mohamed, le 29 octobre pour le meurtrier tunisien qui n'a rien revendiqué formellement. Curieusement, l'auteur anonyme d'*Al-Naba* livre une clef par une plaisanterie macabre dans son commentaire des faits, en ironisant sur un refrain mythique et nostalgique de la diva et princesse druze Asmahan (« la sublime » en persan) (1912-1944), datant de l'année de sa mort tandis que la capitale autrichienne était sous la botte nazie, *Layali al-ounsi fi Vienna* (« Nuits de délices à Vienne ») : grâce à « unc nuit de sang », « c'en est fini des délices sur lesquelles on chantait pendant des années » car « les rues historiques ont été vidées par la peur et la terreur ». En moquant ainsi de manière grinçante les fantasmes des « mauvais musulmans », l'auteur situe Vienne dans l'imaginaire arabe de l'élite sécularisée des Années folles, pour l'annihiler par la « nuit de sang » et la redéfinir en « capitale des croisés ». Il se trouve en outre que la Seitenstettengasse, où Kujtim Fejzulai a commencé à tirer sur la foule, abrite au n° 4 la principale synagogue de la ville, le Stadttempel, édifiée en 1826, et que sur ces lieux mêmes s'étaient déjà déroulés deux attentats palestiniens.

Le plus meurtrier, le 29 août 1981, mené par deux individus appartenant au Fatah-Conseil révolutionnaire d'Abou Nidal, à l'aide de mitraillettes et de grenades, causa deux morts et trente blessés dans la congrégation célébrant une bar-mitsva.

Si le cœur historique de la cité s'était ainsi déjà inscrit dans la chronologie du terrorisme arabe en Europe vingt ans avant la naissance du meurtrier du 2 novembre, dont celui-ci effectue par son acte une manière de citation, cette ville joue plus globalement, dans la *Weltanschauung* islamiste, un rôle cardinal. Et cela vaut notamment pour les activistes et sympathisants se situant dans la lignée de son legs ottoman, tels les natifs de l'ancienne Roumélie, comme on nommait la partie européenne de l'Empire, dont les Albanais constituaient le fleuron. L'ancienne capitale des Habsbourg fut en effet le point le plus occidental du jihad lancé par Mehmet IV *Avci* (« le chasseur », règne entre 1648 et 1687), contemporain du Roi-Soleil et sultan d'un Empire à son apogée, lorsque le grand vizir Kara Mustafa (adopté par la lignée albanaise des Köprülü) y mit le siège à l'été 1683. Il disposait d'une immense armée de 200 000 hommes dont les contingents venaient de tout le Moyen-Orient jusqu'à la Mésopotamie, et chez qui la perspective du pillage fabuleux de l'Europe du Grand Siècle pesait autant que le zèle religieux. Vienne constituait le verrou à l'invasion et l'islamisation du reste du continent, après les Balkans. La défaite turque fut causée par une mobilisation de forces chrétiennes multinationales, croisées sous le commandement du comte polonais Jean III Sobieski – mais auxquelles ne s'associa pas Louis XIV qui fit prévaloir les bisbilles entre Bourbon et Habsbourg sur la solidarité religieuse et culturelle. Il se contenta de commander à Molière et Lully les turqueries du *Bourgeois gentilhomme*, pour rire du Grand Mamamouchi en l'exorcisant sur la scène du théâtre au lieu de le combattre sur le champ de bataille, en une anticipation rétrospective des caricatures d'aujourd'hui... La victoire militaire des croisés advint le 12 septembre 1683, coup d'arrêt décisif au jihad qui assurait les revenus fiscaux de la Sublime Porte par la mise en coupe réglée des territoires graduellement conquis en Europe, ainsi que la « cueillette » (*devchirmé*) de jeunes garçons chrétiens kidnappés à leur famille pour en faire des janissaires après circoncision et conversion forcées. Ce revers ottoman initia le processus d'un irrépressible déclin puis de la ruine et du démantèlement final dans les lendemains de la Première Guerre mondiale – favorisant la renaissance ataturkienne des années 1920 sur ses décombres. Le folklore européen attribue à cet épisode viennois l'origine du croissant (la dévoration symbolique de l'ennemi vaincu) et du cappuccino (couleur de la robe du capucin fra Marco d'Aviano – béatifié en 2003 par le pape Jean-Paul II – qui prêcha la croisade en résistance au jihad) après la découverte de sacs de café dans le camp ennemi saccagé dont la décoction amère fut édulcorée avec du lait et du miel. En revanche, dans la mémoire islamiste turque, le traumatisme de l'échec à Vienne est aussi tragique qu'est exaltée la prise de Constantinople en 1453 – deux cent trente ans auparavant. Cette déroute en constitue le miroir inversé, incongruité scandaleuse dans le devenir prescrit d'une religion destinée à conquérir la planète, échec imputé à des croyants trop tièdes ou peccamineux, et qu'il revient aux plus ardents de surmonter par la relance des hostilités tous azimuts. En témoigne la tête tranchée du grand vizir défait Kara Mustafa, étranglé et décapité à Belgrade par les janissaires, apportée au sultan et conservée jusqu'à nos jours à Edirne (ex-Andrinople). Cette cité turque frontalière de la Grèce et de la Bulgarie, fameuse par la splendeur de ses mosquées, est devenue le point de passage privilégié des flux de migrants arrivant de Syrie, d'Irak et d'au-delà pour pénétrer sur le territoire convoité de l'Union européenne par la « route des Balkans ». Ce fut aussi la voie empruntée par la plupart des jihadistes de Daesh qui allaient perpétrer les attentats du 13 novembre 2015 à Paris et dans ses environs : leur chef, le Belgo-Marocain Abdelhamid Abaaoud, y séjourne en décembre 2014 et y recrute les passeurs qui mêleront les jihadistes de Daesh aux réfugiés fuyant leurs exactions. Ce sera aussi le chemin du Pakistanais Zaheer Mahmood – bénéficiaire d'une allocation d'aide aux mineurs (sur la base d'une fausse déclaration) avant de passer à l'acte criminel le 25 septembre 2020 contre deux personnes se trouvant devant les anciens locaux de *Charlie Hebdo* à coups de feuille de boucher.

La réislamisation de Sainte-Sophie consacrée en grand arroi par le président Erdogan à Istanbul le 24 juillet, tandis que l'imam guidant la prière du vendredi tenait un yatagan ottoman, les incursions dans les eaux territoriales grecques et cypriotes par un navire d'exploration gazière portant le nom du corsaire Barberousse, accompagnées de propos accablant ces anciens *dhimmis* orthodoxes dans une presse dont une grande partie des journalistes indépendants croupissent en prison, le « soutien total » à l'offensive azérie contre cet autre État chrétien d'Orient qu'est l'Arménie… jusqu'aux exactions des Loups gris à Décines contre les descendants du génocide perpétré en 1915 en Anatolie ont créé en 2020 une atmosphère propice à la mise en œuvre hâtive du jihad par des esprits exaltés. Elle accompagne la mobilisation contre la France, symbole de la laïcité honnie que le maître d'Ankara s'acharne à éradiquer définitivement du pays où Atatürk l'avait implantée, et la campagne déchaînée contre le président Macron couvert d'insultes en réaction à son « islamophobie » présumée et permettant à son contempteur de conforter la figure du héraut des musulmans offensés. C'est celle-là même dont l'ayatollah Khomeyni avait endossé le manteau en 1989 avec la fatwa contre Salman Rushdie, et dont les braises toujours incandescentes trois décennies plus tard sont attisées depuis que, le 3 septembre, *Charlie Hebdo* a republié les caricatures qui avaient fourni le motif à la première des tueries du 7 janvier 2015 au siège de l'hebdomadaire (la seconde, au supermarché HyperCacher, le 9 janvier, s'étant dispensée de ce prétexte en assumant tout naturellement de massacrer des juifs comme tels).

Toutefois, les impulsions erratiques des jihadistes les plus fanatiques nuisent à cette cause globale, car elles suscitent chez l'adversaire un sursaut vital. Ainsi au lendemain de l'attaque de Vienne, l'agence de presse turque Anadolu fait grand cas de deux « héros turcs » ou « austro-turcs » – jeunes gens binationaux à la carrure athlétique dont l'un porte le double prénom de Recep Tayyip en l'honneur de M. Erdogan – qui ont emmené un policier et une passante blessés par le terroriste dans une ambulance. Reçus avec tous les honneurs à l'ambassade d'Ankara, ils sont appelés au téléphone par le président en personne qui leur enjoint de « continuer à les aider [les Autrichiens] », tout en déplorant rituellement islamophobie et racisme en Europe. Ces deux personnes sont notoires en Autriche pour leur appartenance à la mouvance ultranationaliste turque, à la jonction entre le Milli Görüs – les réseaux de l'islamisme politique issus des Frères musulmans anatoliens – et les Loups gris. Dans le pays qui a subi l'Anschluss, le signe de reconnaissance public de ces derniers (la flexion du majeur et de l'annulaire sur le pouce, index et auriculaire dressés) est prohibé par la loi interdisant les salutations nazies, mais des photos sur les réseaux sociaux qui montrent les « héros » participant à des actions anti-kurdes quelques mois plus tôt suscitent quelque malaise – même si le maire social-démocrate de Vienne les traite avec faveur et les accueille solennellement. Le « vote turc » lui a été délivré lors du dernier scrutin par des intermédiaires binationaux proches d'Ankara, selon des modalités proches de celle de l'UAM 93 procurant le « vote musulman » aux candidats à l'élection en Seine-Saint-Denis.

Cinq jours après la tuerie, un communiqué de la police turque rappelle que celle-ci avait arrêté le futur terroriste dans la province du Hatay, frontalière avec la zone de désescalade d'Idlib [CARTE 12], le 18 septembre 2018, après qu'il avait été convaincu de vouloir rejoindre Daesh en Syrie, et l'avait extradé le 1er janvier 2019 au terme de seize mois passés sur son territoire, fournissant aux autorités concernées « les renseignements nécessaires sur son appartenance à un groupe terroriste, ses motivations et ses tentatives ». Des modalités de ce long séjour en Anatolie, on a un témoignage avec la déclaration d'allégeance mise en ligne le matin de l'attentat par Kujtim Fejzulai. Posant avec les trois armes qu'il utilisera le soir même – une mitraillette AK 47 (pour laquelle il avait tenté de se procurer en juin des munitions à Bratislava, faisant l'objet d'un signalement de la police slovaque classé sans suite à Vienne), un revolver et un coutelas cranté –, le jeune homme souriant, coiffé d'un bonnet noir et vêtu d'un tee-shirt de même couleur qui met en relief une impressionnante musculature, fait le serment d'allégeance dans un arabe bien prononcé – y compris la consonne fricative voisée pharyngale *'ayn*, particulièrement difficile à réaliser pour les locuteurs non natifs. La vidéo ne dure que quarante-quatre secondes, de manière à pouvoir la passer sur le réseau Instagram plébiscité par les jeunes qui s'y repaissent de clips – à l'instar de celui du rappeur inconnu Maka, originaire de banlieue parisienne, mais acquérant instantanément la notoriété lorsqu'il poste le 12 novembre, brandissant une machette sur fond de véhicules enflammés, la chanson *S***** P****, scandant le refrain : « On découpe comme Samuel Paty, sans empathie » (plusieurs dizaines de milliers de vues, dans un contexte global où deux cents enquêtes ont été ouvertes pour apologie du terrorisme, notamment après rediffusion, souvent par des élèves, de l'image de la tête tranchée de l'enseignant).

On a ici un exemple emblématique du fonctionnement du « jihadisme d'atmosphère » : des contenus explicites sont mis en ligne sur les réseaux sociaux par des « entrepreneurs de colère », selon l'expression de Bernard Rougier, et deviendront le déclencheur de comportements qui permettent le déport de l'univers virtuel dans le monde réel – sans que la frontière entre l'un et l'autre soit bien claire, d'autant moins chez des sujets jeunes et dont les référentiels culturels proviennent presque exclusivement du téléphone connecté. De même, la latéralité des trois attentats en France passe par une sorte de contagion entre des auteurs contaminés en chaîne à partir d'informations leur provenant directement depuis le flux des réseaux sociaux : le Pakistanais Mahmood achète une feuille de boucher qui est l'instrument tranchant le plus semblable aux larges coutelas brandis par les manifestants de son pays regardés sur son smartphone et appelant à décapiter les « blasphémateurs » de *Charlie Hebdo* ; le Tchétchène Anzorov décide de passer à l'acte après avoir vu les informations sur la tentative semi-ratée du Pakistanais le 25 septembre ; le Tunisien Issaoui, qui parvient à tuer trois personnes à Nice à coups de poignard, avait enregistré dans le dossier d'images de son cellulaire la photo d'Anzorov. Le jour même du 12 novembre, dans un collège des environs de Paris, à Savigny-le-Temple (Seine-et-Marne), un élève de quatorze ans menace de « découper comme Samuel Paty » son enseignante d'histoire-géographie lors du cours d'instruction civique dont le contenu laïque lui déplaît. Interpellé par la police, qui le trouve en possession d'un pistolet taser, il se réfère explicitement, selon l'AFP, aux paroles du rappeur, dont il vient de voir le clip sur son portable.

Le propos « formaté » de l'allégeance de Kujtim Fejzulai en quarante-quatre secondes s'inscrit dans ce même temps instantané d'Instagram. À cette fin il a été vraisemblablement mémorisé par son auteur, soucieux d'efficacité – contrairement à celui d'Amedy Coulibaly, enregistré à la veille de l'assaut contre l'HyperCacher le 9 janvier 2015 et diffusé le lendemain, à la diction arabe calamiteuse, trébuchant sur les mots. Le texte prononcé ici témoigne de l'apprentissage par cœur d'un recueil de *hadith* (dits du Prophète et récits de son histoire sainte), chrestomathie très répandue notamment dans les milieux salafistes et intitulée *Le Jardin des pieux croyants* (*Ryadh as-*

Salihine). Cet ouvrage, best-seller des librairies islamistes du monde entier et traduit dans la plupart des langues de la planète dès la seconde moitié du XXe siècle avant d'être aujourd'hui accessible d'un clic sur Internet, a été compilé au XIIIe siècle par l'ouléma syrien al-Nawawi, et il est adoubé par les principales figures tutélaires du salafisme contemporain, à commencer par Nasir al-Dîn al-Albani – théologien albanais décédé octogénaire en 1999 –, ou les plus importants idéologues du wahhabisme saoudien Abd al-Aziz ibn Baz (1910-1999) ou Muhammad al-Uthaymin (1925-2001). Il fournit le premier compendium enseigné dans les cercles salafistes comme jihadistes, et Kujtim Fejzulai a dû l'apprendre au moins en partie lors de son séjour en Turquie, où le futur meurtrier a vécu près d'une année, socialisé apparemment dans l'une des enclaves jihadistes de réfugiés syriens en Anatolie. Les textes en sont malaisés à comprendre sans lexique, même pour des locuteurs arabophones ordinaires, car il use d'un registre et de tournures médiévales qu'on pourrait comparer à du latin d'Église. Le prononcé en est traduit ci-dessous en distinguant les citations du hadith, provenant du *Livre des discordes* (*Kitab al-Fitan*), recueil de Bukhari n° 6647, et tirées du *Jardin des pieux croyants* (en italiques), et les interpolations (en caractères droits) – dans lesquelles le locuteur effectue une faute de grammaire (omission du génitif) – signalée ci-dessous par (*sic*) :

> Au nom d'Allah, *nous prêtons allégeance* au calife les (*sic*) [des] musulmans Abou Ibrahim al-Hachimi al-Qoraïchi *pour l'écouter et lui obéir, dans l'adversité et la fortune, dans l'allégresse et la tribulation, pour supporter la discrimination sans contester la gouvernance des gens du pouvoir, sauf en cas d'im-*

> *piété patente dont Allah donne la preuve.* Et Allah est témoin de ce que nous disons. Allah est le plus grand, à Allah louange, l'État islamique demeure s'il plaît à Allah, qu'Il soit exalté, que la paix soit sur vous, *miséricorde* et bénédictions d'Allah.

Le texte originel, qui est un serment d'allégeance au Prophète, a été modifié pour se référer à son successeur le calife de Daesh – selon l'interprétation de l'Histoire sacrée que font les ultimes zélateurs de ce personnage fantomatique. De même, l'expression convenue « l'État islamique demeure » – souvent réduite à ce dernier terme seul (*baqia !* en arabe) – a servi de slogan propitiatoire dès que les bombardements de la coalition occidentale, en 2015, ont commencé à menacer sa survie sur le territoire syro-irakien. Par ailleurs, il n'est fourni aucune précision sur la nature de l'« impiété patente » constatée à Vienne, à l'exception de la nature « croisée » des victimes « péries et blessées » selon les termes du communiqué ultérieur prêté à Daesh. Sauf à considérer que le fait même de survivre comme non-musulmans dans la ville qui résista au jihad en 1683 fait de tout passant ou chaland, dans cette dernière soirée du 2 novembre avant l'instauration du couvre-feu face à la pandémie, un descendant de la croisade jadis mise en œuvre par le comte Sobieski et prêchée par fra Marco d'Aviano. Comme si la représentation mentale de la cité de Vienne restait, dans la vision jihadiste contemporaine du monde, celle-là même que l'on peut restituer grâce à un fameux croquis poliorcétique ottoman [CROQUIS], aujourd'hui exposé au Wien Museum – saisi dans les archives du grand vizir lors de la prise de Belgrade par les Autrichiens en 1688. On y reconnaît la cité, sommée par la cathédrale Saint-Étienne déjà conquise symboliquement en anticipation car surmontée du croissant, ceinte des murailles qui correspondent aujourd'hui à l'*Innere Stadt* entourée du Ring où a eu lieu l'attentat du 2 novembre. Elle est palissadée par les assiégeants, avec leurs canons et leurs drapeaux dont celui des janissaires représente le cimeterre à double lame, le Zulfikar (*Dhu al-fiqar*) que le Prophète aurait donné à son gendre Ali, et qui symbolise la victoire inéluctable du jihad sur les infidèles – désignés comme *kuffar* (mécréants) dans la légende en osmanli accompagnant le dessin de leur artillerie.

TÉMÉRITÉ ET LIMITATIONS DE M. ERDOGAN

L'opération de communication diplomatique et sécuritaire d'Ankara consécutive à l'attentat emphatise le contrôle dont se targue M. Erdogan sur des binationaux qui sont aussi ressortissants autrichiens – depuis le cœur de Vienne jusqu'à Antioche. Cette volonté de projection à l'intérieur du territoire européen [CARTE 3] est réaffirmée par la construction d'immenses mosquées que chapeaute le *Diyanet* – le Bureau central des cultes dirigé par M. Ali Erbaş, l'imam qui a conduit la prière sabre en main à Sainte-Sophie le 24 juillet – depuis Cologne jusqu'à Strasbourg, où le complexe immobilier autour de la mosquée Eyüp Sultan doit aussi comporter le consulat général turc et des bâtiments communautaires. Elle crée un mélange des genres entre religieux, politique et social considéré par divers dirigeants européens comme exagérément intrusif. C'est dans ce contexte qu'est agitée en novembre la menace d'une rupture de l'union douanière entre l'UE et la Turquie, qui porterait un coup très dur à une économie lourdement impactée par la gestion de M. Erdogan favorable à la relance et usager immodéré de la planche à billets. Celui-ci a dû limoger le gouverneur de la Banque centrale le 7 novembre tandis que la livre turque touchait son seuil, dépréciée de plus d'un tiers de sa valeur face au dollar et à l'euro, et que l'inflation dépassait le taux d'intérêt. Il lui a fallu aussi se résigner à la démission de son tout-puissant gendre, Berat Albayrak, ministre de l'Économie, et homologue du gendre de Donald Trump Jared Kushner dans la gestion des relations de business entre les deux familles et entourages présidentiels – au lendemain de la reconnaissance de Joe Biden comme « président élu » des États-Unis. Celui-ci, qui a traité M. Erdogan d'autocrate, et dont la longue carrière politique a bénéficié du soutien des électeurs d'origine grecque influents en Nouvelle-Angleterre, ne devrait pas renouveler au maître d'Ankara le soutien indéfectible que manifesta pendant quatre ans Donald Trump à ce *strong leader* auquel le liaient des affinités plus qu'électives. Une enquête fouillée du *New York Times* parue le 29 octobre indique que, durant plusieurs années de son mandat, entre 2015 et 2018, le locataire de la Maison-Blanche a touché au moins 2,6 millions de dollars en provenance de Turquie, s'attirant cette remarque de son ancien conseiller national de Sécurité John Bolton (congédié le 10 septembre 2019) : « Il [Trump] interfère habituellement dans le processus gouvernemental régulier au profit d'un dirigeant étranger. En attente de quoi ? En attente d'une nouvelle faveur de cette personne plus tard. »

La stratégie de M. Erdogan durant l'interrègne tumultueux entre la victoire de Joe Biden à l'élection et sa prise de fonction le 20 janvier 2021, indépendamment des décisions et obstructions du *lame duck* (« sortant ») Donald Trump, a été analysée en termes de *realpolitik* par Andrew Parasitili, directeur du mieux informé des sites en ligne sur le Moyen-Orient, *Al-Monitor*. Elle consiste à prendre précaution autant que possible contre une moindre mansuétude à son endroit du 46e président des États-Unis en créant un certain nombre de faits accomplis qui sont autant de positions de négociation. Mais elle est tributaire de contraintes importantes du fait du caractère ductile des alliances qui se sont structurées avec difficulté tout au long de l'an 2020, et surtout de l'aggravation des ruptures qui l'a amené à multiplier les ennemis – au contraire de la politique voulue par son ancien Premier ministre et désormais rival Ahmet Davutoglu, théorisée par le concept de « zéro ennemi ».

Le maître d'Ankara est en conflit, à la fin de 2020, avec presque tous ses voisins et partenaires, sa seule marge de manœuvre consistant à ne pas nourrir l'ensemble de ses inimitiés simultanément, mais à les utiliser les unes contre les autres à tour de rôle, dans une forme de fuite en avant d'autant plus malaisée à gérer que la situation économico-sociale, otage de ces multiples aventures, ne cesse de se dégrader et nécessite une répression accrue dans le pays, elle-même source d'impopularité électorale, quand bien même le calendrier des scrutins serait bouleversé et les garanties démocratiques pour l'opposition se verraient régulièrement réduites. Le 24 octobre – alors que le succès de Joe Biden n'est pas encore acquis mais déjà envisageable – le dirigeant d'Ankara incrimine la création d'une « nouvelle formation terroriste » dans le Nord-Est syrien – ou « Rojava » comme les Kurdes qui contrôlent ce territoire le désignent dans leur langue – et menace explicitement d'une nouvelle invasion, réminiscence de celle d'octobre 2018, qui s'était déroulée avec la bénédiction du locataire de la Maison-Blanche. Or, l'évocation de pareille opération de force – improbable après la prise de fonctions présidentielle le 20 janvier 2021 à Washington dès lors qu'a été proclamée la victoire du candidat démocrate – vise à prendre des assurances alors même que la situation se dégrade pour les intérêts turcs dans la zone de désescalade mitoyenne d'Idlib [CARTE 12].

La progression au sol des forces de Bachar al-Assad soutenues par l'aviation russe a conduit, après le retrait des observateurs et militaires turcs de leurs garnisons de Moreb et de Qalaat al-Moudiq notamment (ci-dessus, p. 150), à la rétraction comme une peau de chagrin du territoire contrôlé par les derniers rebelles syriens, et notamment les islamistes radicaux du Hay'at Tahrir ash-Shâm (Conseil de Libération du Shâm, ex al-Qaida), bien que ceux-ci eussent, sous pression de leurs mentors à Ankara, présenté une façade ravalée en mettant en retrait les plus extrémistes de leurs leaders, au profit de « jihadistes modérés » supposés occidento-compatibles. La poche d'Idlib évolue à la fin de 2020 vers une sorte de Fort Alamo ou de bande de Gaza (comme la qualifie Fabrice Balanche) pour devenir à terme une zone tampon le long du côté syrien de la frontière turque dans le département de Hatay (Antioche).

Alors que la première partie de l'année 2020 avait vu Turcs et Russes compenser avancées et retraits à Idlib par la progression ou le recul de leurs supplétifs respectifs sur le front libyen entre le territoire de la Tripolitaine (sous contrôle du GAN soutenu par Ankara) et celui de la Cyrénaïque (sous domination de l'ANL appuyée par Moscou), la marginalisation de la Turquie dans le processus de règlement du conflit au profit du Caire, entérinée par Washington (ci-dessus, p. 201), a privé en fin d'année M. Erdogan de cette carte. Parallèlement, son soutien à l'Azerbaïdjan, notamment par la fourniture de drones Bayraktar et l'envoi de supplétifs syriens soldés, a créé un facteur de contentieux avec Vladimir Poutine, par incursion dans le « pré carré » russe au Caucase. Le cessez-le-feu signé dans la nuit du 9 au 10 novembre à Moscou, entériné par le déploiement de Spetsnaz qui consacre des gains territoriaux azéris, satisfait le Kremlin car il fragilise le Premier ministre arménien Nikol Pachinian, jugé trop démocrate et indépendant à l'égard de l'ancienne puissance soviétique. Mais Moscou a dû subir une évolution de la situation militaire déterminée par l'aide d'Ankara à Bakou, ce qui appelle une réaction.

M. Lavrov – qui avait déjà encouru l'ire de M. Erdogan en 2018 en se distanciant de l'occupation de l'enclave syro-kurde d'Afrin – rappelle à ce propos dans une intervention radiodiffusée : « nous n'avons jamais qualifié la Turquie comme notre allié stratégique ». Quelques jours plus tard, son patron remarque, non sans ironie, devant la 17e session annuelle du club Valdaï, le think-tank international officieux du Kremlin, réuni le 22 octobre 2020 : « Quelque dur que puisse avoir l'air le président Erdogan, je sais qu'il est quelqu'un de flexible et qu'on peut trouver un langage commun avec lui. » Les pressions sans aménité exercées dans un passé récent par Moscou sur Ankara donnent tout leur poids à pareils propos tandis que les armes grondent encore dans le Haut-Karabakh…

Mais dans les lendemains du cessez-le-feu, il est clair que l'audace du maître d'Ankara a payé. Les corridors compris dans les accords d'armistice permettraient même d'établir une liaison ferroviaire « eurasiste », voire « pantouraniste » de la Turquie vers la Russie et jusqu'à Bichkek au Kirghizstan, ce qui suscite en retour l'inquiétude de Téhéran, pourtant partenaire d'Ankara dans le processus d'Astana.

FAILLITE DES ÉTUDES ARABES ET IMPÉRITIE OCCIDENTALE FACE À L'ISLAMISME

Tandis que la relation avec le grand voisin du nord se tend à la mesure de pareil avertissement, la condamnation par la Ligue arabe de l'occupation turque dans des territoires situés en Libye occidentale, en Syrie et Irak septentrional, évoquant les heures noires de la colonisation ottomane, fragilise la volonté hégémonique de l'axe fréro-chiite au Moyen-Orient. Dans ce contexte, M. Erdogan s'est employé à briser son isolement en se transmutant à son tour en « entrepreneur de colère », attisant la campagne anti-française qui a enflammé une partie du monde musulman à la suite de la republication des caricatures du Prophète par *Charlie Hebdo* le 3 septembre puis des déclarations du président Macron le 2 octobre aux Mureaux contre le « séparatisme islamiste », ainsi que durant l'hommage à Samuel Paty le 21 octobre dans la cour de la Sorbonne où il déclara que la France ne renoncerait jamais aux caricatures. Cette tâche lui a été facilitée par l'effondrement des études islamiques dans l'Hexagone, confortée par une caste de hauts fonctionnaires persuadés que, selon l'aphorisme d'Olivier Roy, « il est inutile de connaître l'arabe pour comprendre ce qui se passe en banlieue » (et ailleurs). Cela a inhibé toute politique de communication concomitante dans le monde musulman pour expliquer le sens des mesures envisagées, moins encore pour produire quelque traduction des propos présidentiels dans cette langue « inutile » – avant que la décision de s'exprimer sur la chaîne Al Jazeera avec un doublage de qualité en arabe ne vienne du locataire de l'Élysée lui-même, mais à un moment où le procès en islamophobie intenté à la France et sa laïcité stigmatisée comme incongrue et particulariste, aux noms de principes universels dont se targuait un large front de procureurs allant du guide Khamenei au *Financial Times,* gagnait l'opinion internationale. La France a chèrement payé son incapacité à communiquer en arabe, et la politique à courte vue faisant vertu de l'ignorance de cet idiome dans la certitude qu'il fallait tenir éloignés les arabisants de toute contribution aux politiques publiques sur pareil sujet…

Or, le problème occulté par ce consensus de l'inculture entre la haute administration et quelques maîtres aliborons s'est posé avec d'autant plus d'acuité que le terme « islamiste » – qui désigne en français l'islam politique, et en particulier les Frères musulmans, désormais culturellement imprégnés par un salafisme radicalisé – n'a pas d'équivalent en langue arabe – le vocable approchant, *islamawi,* s'avérant peu usité et dénué de connotations signifiantes. Quant à la notion de « séparatisme », dont on peut pourtant trouver des équivalents qui fassent sens en arabe depuis le terme de *fitna* (sédition, notamment à caractère confessionnel, consacrée dans le syntagme *fitna ta'ïfiyya*) jusqu'à celui de *bara'a* (rupture, désaveu d'avec les mécréants) qui constitue justement le socle de l'idéologie salafiste, elle demande un effort d'explicitation resté lettre morte – y compris en anglais ou en allemand. Les ennemis islamistes du président Macron se sont engouffrés dans pareille brèche d'impéritie en transformant l'incrimination qu'il fait du « séparatisme islamiste » lors de son discours des Mureaux le 2 octobre 2020 en une mise en cause des musulmans dans leur ensemble (« islam<u>iste</u> » étant rendu par *islami* [islam<u>ique</u>]). Cette glose controuvée leur en était fournie par des organisations et associations de l'Hexagone à l'instar des « humanitaires » de BarakaCity ou du CCIF serinant l'antienne de l'« islamophobie française ».

Celle-ci a été reprise ensuite par une partie de la presse anglo-saxonne, toujours prompte à dénoncer la laïcité de l'autre côté de la Manche ou de l'Atlantique, en cédant aux délices d'un *French bashing* (dénigrement) qui refuse de voir en cette doctrine l'émancipation des individus de la domination cléricale, mais la perçoit comme la continuité, selon qu'on se réclame d'une superficielle tradition protestante ou juive, des dragonnades de Louis XIV ou de l'antisémitisme de Pétain dont Emmanuel Macron et ses prédécesseurs seraient l'instrument en la transférant désormais sur les musulmans de l'Hexagone. Selon cette vision des choses, la liberté de blasphémer serait devenue une injonction à « cracher sur la religion des faibles ». Ce pharisaïsme se trouve professé à nouveaux frais par nos islamo-gauchistes, « décoloniaux » et autres « intersectionnels » tenant le haut du pavé à l'université, et qui interdisent toute approche critique d'une croyance au sein de laquelle on peut pourtant distinguer, comme dans le christianisme, le judaïsme, l'hindouisme… ou l'athéisme, l'agnosticisme et la franc-maçonnerie, des lectures diverses, des formes de piété mystiques comme politiques, d'affrontement comme d'accommodement. Mais l'ignorance générale, là encore, des langues et cultures arabes et autres idiomes et traditions des aires musulmanes conduit à construire un amalgame qui est de même structure que celui de l'extrême droite à cette différence qu'il est normativement inversé. Là où les uns diabolisent l'ensemble des musulmans et leur religion en une entité ontologiquement négative, les autres se satisfont de retourner le raisonnement en une positivité aussi lénifiante qu'essentialiste. Ces derniers seraient sans doute bien inspirés de méditer ce qui est arrivé à leurs pareils turcs, qui ont fait de M. Erdogan au début de ce siècle le parangon des vertus démocratiques et de l'authenticité culturelle face aux « laïques fascistes » héritiers d'Atatürk, avant de croupir en prison et d'y subir privations et tortures, à l'image des idiots utiles d'antan qui furent les compagnons de route du communisme et que le régime stalinien enferma au Goulag pour toute gratitude de leur cécité volontaire à son endroit.

Le moins affligeant dans pareil jeu de dupes n'est pas que l'emballement d'un processus d'incrimination de la France au tribunal de l'« islamophobie » eût rendu inaudible, de ce fait même, le procès des attentats de janvier 2015 qui s'ouvrait le 3 septembre. Du passage de la justice était attendue, au terme de la comparution des accusés et des parties civiles et du débat contradictoire, la sentence qui permît de commencer le travail de cicatrisation des plaies profondes de la société que le terrorisme de 2015 avait ouvertes, et qui aidât à en comprendre les ramifications. Cela jusqu'au problème social du « séparatisme islamiste » soulevé par Emmanuel Macron dans son discours du 2 octobre dans le lieu emblématique des Mureaux – où se trouve le commissariat dont deux employés furent massacrés à domicile le 13 juin 2016 par un jihadiste tout juste sorti de prison et qui condamna à mort universitaire, journalistes, et chanteur, sur l'application Facebook live durant sa traque et son encerclement. Or ce procès majeur, qui aurait dû constituer toutes proportions gardées une sorte de Nuremberg de cette idéologie et de ses crimes, mais que la Covid-19 puis le confinement contribuèrent à déstabiliser, a été finalement brouillé grâce à la campagne multiforme contre l'« islamophobie française », par ceux-là mêmes qui n'avaient pas intérêt à ce qu'apparaisse le continuum entre les « entrepreneurs de colère » islamistes radicaux et le passage à l'acte jihadiste. Cette occultation est du même ordre que celle qu'avait mise en œuvre avec succès le Collectif contre l'islamophobie en France à l'été 2016 en obnubilant dans l'espace médiatique international – avec le soutien naïf des mêmes titres qui se sont épanchés à l'automne 2020 – le massacre du 14 Juillet sur la promenade des Anglais à Nice et ses 86 morts. Ils avaient préféré instruire le procès en islamophobie de la France à la suite des réactions hostiles aux incursions de baigneuses en burkini sur les plages mêmes au-dessus desquelles la tuerie avait eu lieu.

Ces considérations ne seraient pas complètes si l'on ne s'interrogeait pas sur la source du tumulte et des attentats de cet automne : les caricatures du Prophète. Une fois rappelé que le droit de blasphémer est établi, rien n'interdit de porter un jugement éthique sur un dessin, la liberté de publier ne valant pas adhésion automatique au contenu de la publication, ni ne prohibant sa critique – par-delà la solidarité exprimée à l'équipe de *Charlie Hebdo* décimée par les tueurs jihadistes en 2015 et aux victimes de leurs successeurs en 2020. Lors de la parution originelle du dessin incriminé dans l'affaire de Conflans-Sainte-Honorine, dans le numéro daté du 19 septembre 2012, l'auteur de ces lignes avait exprimé dès le lendemain sur les ondes d'une radio publique, dans un débat avec l'avocat de l'hebdomadaire, la révulsion que lui inspirait cette médiocre pochade – ce qui donna lieu à un échange sans aménité. Bien que l'intitulé « Mahomet : une étoile est née » référât au Prophète, je n'y voyais pas tant pour ma part un blasphème qu'une atteinte à la dignité humaine, dans la représentation obscène et dégradante d'un croyant – quel qu'il fût – dont l'athée que je suis respecte la foi, s'il ne saurait la partager. Huit ans et des dizaines de morts plus tard, je ne retire rien à mes propos radiodiffusés d'alors. Le problème posé à nos sociétés par le terrorisme jihadiste et le terreau du séparatisme islamiste dont il se nourrit est assez grave et complexe pour que ni la sottise ni l'ignorance ne concourent à sa résolution. Tout au contraire, elles l'alimentent. Mais nul n'est prophète en son pays.

APPENDICES

CHRONOLOGIE DE L'AN 2020

1er janvier (Algérie) : Libération de l'homme d'affaires kabyle et modernisateur Issad Rebrab.

2 janvier (Turquie / Libye) : Approbation par le Parlement turc de l'envoi de troupes en Libye, déployées quatre jours plus tard.

3 janvier (Irak / États-Unis) : Liquidation par un drone américain du général iranien Qassem Solaymani, chef de la force al-Qods, au sortir de l'aéroport de Bagdad.

8 janvier (Turquie / Russie) : Ouverture solennelle à Istanbul des vannes du gazoduc TurkStream par Vladimir Poutine et Recep Tayyip Erdogan.
(France) : Parution des *Territoires conquis de l'islamisme* de Bernard Rougier (Presses universitaires de France).

9 janvier (France) : Parution du *Jihadisme français. Quartiers, Syrie, prisons* d'Hugo Micheron (Gallimard).

12 janvier (Libye) : Brève cessation des combats, qui volera rapidement en éclats.

19 janvier (Allemagne / Libye) : Sommet à Berlin réunissant les représentants de onze États et de quatre organisations intergouvernementales, sous l'égide de la chancelière allemande et du secrétaire général de l'ONU, entérinant l'impuissance de la communauté internationale en Libye.

28 janvier (Chine / Éthiopie) : Rencontre controversée à Pékin entre le président Xi Jinping et le directeur de l'OMS le docteur Tedros Adhanom Ghebreyesus, ancien ministre des Affaires étrangères éthiopien.

3 février (Ouganda / Israël / Soudan / Émirats arabes unis) : Rencontre entre Benyamin Netanyahou et le chef du Conseil souverain soudanais, le général Abdel Fattah al-Bourhan, sous les auspices émiriens.

5 février (Qatar / Israël) : Visite du patron du Mossad Yossi Cohen à Doha en compagnie du général Herz Levi pour presser l'émir Tamim de continuer à transférer des fonds à Hamas.

6 février (Algérie) : Publication d'un « plan d'action du gouvernement » qui récupère les principaux thèmes du *hirak*, depuis l'organisation des élections jusqu'à la liberté de manifester, l'indépendance de la justice et la promotion de la femme.

19 février (Espagne) : Compétition de football entre Valence et le FC Atalanta (Bergame), créant le premier foyer de contamination de la Covid-19 en Espagne.

25 février (Égypte) : Décès de l'ancien président Hosni Moubarak (au pouvoir de 1981 à 2011) à l'hôpital des Forces armées du Caire.

27 février (Syrie / Turquie) : Mort de 33 soldats turcs dans la « zone de désescalade » d'Idlib dans une frappe aérienne attribuée à la Syrie – 16 militaires syriens seront tués en rétorsion.

29 février (France) : Pose de la première pierre du bâtiment définitif de la Grande Mosquée de Pantin.

2 mars (Libye) : Démission de l'envoyé spécial des Nations unies pour la Libye, Ghassan Salamé.

6 mars (Autriche / Russie / Arabie saoudite) : Réunion de l'« OPEP + » à Vienne ; le représentant russe annonce la décision du Kremlin d'augmenter significativement la production pétrolière de son pays, que l'Arabie saoudite est contrainte de suivre.

13 mars (Algérie) : 56e et dernière marche du *hirak*, qui a fait descendre dans la rue chaque vendredi depuis le 22 février 2019 des millions d'Algériens, interrompu par la pandémie.

25 mars (Libye / Turquie) : Offensive militaire des troupes de Tripoli et des mercenaires syriens, soutenue par deux frégates turques opérant au large de la côte, et faisant un usage massif de drones Bayraktar.

Mars : De 63,65 dollars en janvier, le baril de Brent tombe à 32,03 dollars.

Avril (Turquie) : Le taux de chômage atteint officiellement 25 % (plus de 50 % selon la principale centrale syndicale).

1er avril (Algérie / France) : Déclarations du journaliste d'origine anglo-kabyle basé à Barcelone Francis Ghilès sur France 24, évaluant à dix milliards de dollars le coût de la « Grande Mosquée d'Algérie » ; l'ambassadeur de France convoqué le lendemain au ministère algérien des Affaires étrangères.

6 avril (Irak / Iran) : Visite à Bagdad du successeur du général Solaymani, Esmaïl Qaani, pour tenter, en vain, d'unifier les milices chiites autour d'un Premier ministre affidé de la République islamique.

9 avril (Yémen / Arabie saoudite) : Cessez-le-feu unilatéral de l'Arabie saoudite.

20 avril : Le baril de pétrole atteint un taux négatif de – 38,94 dollars.

7 mai (Irak) : Nomination d'un nouveau Premier ministre, Moustafa al-Kadhimi, ancien patron du renseignement et considéré comme compatible avec les États-Unis.

18 mai (France) : Appels publics à la prière à la mosquée de Roquebillière, à Nice.

26 mai (Algérie / France) : Diffusion du documentaire *Algérie, mon amour* sur France 5 ; tempête sur les réseaux sociaux, et rappel de l'ambassadeur algérien à Paris.

Juin : Remontée des cours du brut et stabilisation autour d'une quarantaine de dollars.

6 juin (Égypte / Libye) : Annonce par le président Sissi de l'« initiative du Caire », visant à organiser des élections générales dans toute la Libye sous 90 jours.

10 juin (Libye / France / Turquie) : Incident opposant la frégate *Courbet*, qui souhaitait inspecter dans le cadre de l'opération « Sea Guardian » de l'OTAN le cargo turc *Cerkin*, soupçonné de transporter des armes vers le port libyen de Misrata, à la frégate *Oruç Reis*.

16 juin (France) : Affrontements spectaculaires durant quatre jours à Dijon entre des membres de la communauté tchétchène et des Marocains.

17 juin (États-Unis / Syrie) : Mise en œuvre du « Caesar Act », qui sanctionne durement toute entité qui apporterait un concours, notamment financier ou commercial, au régime syrien.

19 juin (Turquie / Italie) : Visite du ministre des Affaires étrangères italien Luigi Di Maio auprès de son homologue Mevlüt Çavuşoglu.

23 juin (États-Unis) : Parution du livre de l'ancien conseiller national de Sécurité John Bolton en 2018-2019, *The Room Where It Happened* (« La pièce où cela a eu lieu »).

4 juillet (Libye / Émirats arabes unis) : Frappe destructrice attribuée à Abou Dhabi sur la base d'Al-Watiya, dans les environs de Tripoli, que venaient d'occuper les forces du GAN.

(Algérie / France) : Demande d'« excuses » de la part de M. Tebboune à l'ancienne métropole pour la colonisation, à la veille de la célébration des fêtes de l'Indépendance (5 juillet 1962).

12 juillet (Iran / Chine) : Adresse au Parlement du Guide suprême Khamenei ; rappel à l'ordre des ultras au sujet de l'accord inégal signé avec la Chine, à la suite de la visite à Pékin le 31 décembre 2019 de Mohammed Javad Zarif, ministre des Affaires étrangères.

12-13 juillet (Arménie/Azerbaïdjan) : Premier accrochage entre Erevan et Bakou.

15 juillet (Tunisie) : Démission du Premier ministre Elyes Fakhfakh.

20 juillet 2020 (Turquie / Malte / Libye) : Rencontre à Ankara entre les ministres de la Défense turc et maltais, ainsi que le ministre de l'Intérieur du gouvernement de Tripoli, afin d'examiner des projets trilatéraux de coopération militaire.

(Égypte / Libye) : Vote du Parlement égyptien autorisant le déploiement des troupes en Libye en cas de menace sur Syrte par les pick-up du GAN et le corps expéditionnaire turc.

21 juillet (Iran / Irak) : Visite à Téhéran du Premier ministre irakien Moustafa al-Kadhimi.

24 juillet (Turquie) : 97e anniversaire du traité de Lausanne. Inauguration par Recep Tayyip Erdogan de la prière du vendredi dans l'antique basilique byzantine Sainte-Sophie, musée depuis quatre-vingt-cinq ans et qu'il vient de rendre au culte musulman.

(France / Algérie) : Attribution à l'historien Benjamin Stora par le président Emmanuel Macron d'une mission de réflexion concernant « la mémoire sur la colonisation et la guerre d'Algérie ».

24 juillet (France/Arménie/Turquie) : Manifestation de soutien à l'Arménie organisée à Décines devant le mémorial du génocide, attaquée par une centaine de Loups gris venus de la ville d'Oyonnax.

29 juillet (Yémen / Arabie saoudite) : Accord signé à Riyad par lequel le Conseil de transition du Sud renonce à son autonomie, en échange d'un partage effectif du pouvoir.

(Algérie / France) : Nomination par le président Macron de l'arabisant chevronné François Gouyette comme ambassadeur de France à Alger.

Juillet (Arabie saoudite) : *Hajj*, grand pèlerinage annuel à La Mecque, réduit à quelques milliers de résidents du royaume dûment éloignés les uns des autres par la « distanciation physique » sanitaire.

(Éthiopie) : Remplissage du « Grand Barrage de la Renaissance ».

31 juillet : Aïd-el-Kébir, dont la célébration se déroule dans la plupart des cas à domicile en raison de la pandémie.

Août (Iran) : Estimation de 18 millions de personnes (près de 20 % des habitants) ayant déjà été contaminées par la Covid-19, et d'un nombre de décès, officiellement établi à 18 000, dépassant en réalité 40 000.

(Turquie) : Parution d'un rapport intitulé « L'islam politique dans la seconde vague des soulèvements arabes » par le centre de recherches stratégiques du « Forum Al Sharq », revenant de façon critique sur les mobilisations de 2019 en Algérie, au Soudan, en Irak et au Liban.

2 août (Israël) : Engagement par Benyamin Netanyahou de 1,76 milliard de dollars pour des subsides de 800 dollars mensuels par famille afin de faire face aux conséquences socio-économiques de la pandémie.

4 août (Liban) : Explosion dans le port de Beyrouth, causant 204 morts et 6 500 blessés, et laissant plus de 300 000 personnes sans abri.

(Syrie) : Rapport de la London School of Economics estimant que 2 millions de personnes seraient contaminées par la Covid-19 à la fin de ce mois.

5 août (États-Unis / Libye) : Déclaration du conseiller national de Sécurité de Donald Trump, Robert O'Brien, selon laquelle « il n'y a pas de vainqueur en Libye ».

6 août (Liban / France) : Arrivée à Beyrouth du président Emmanuel Macron, premier chef d'État à se rendre sur place après l'explosion de l'avant-veille.

(Égypte / Grèce) : Signature par Le Caire et Athènes d'un traité délimitant leurs zones maritimes, en réponse à l'accord de novembre 2019 entre Ankara et Tripoli sur la démarcation des leurs.

8 août (Liban / France) : Conférence internationale des donateurs pour acheminer l'aide humanitaire, coordonnée par le président Macron.

10 août (Turquie) : Centenaire du traité de Sèvres, passé inaperçu.

(Turquie / Grèce) : Entrée de bâtiments de guerre turcs dans une zone économique exclusive revendiquée comme sienne par la Grèce, provoquant un regain de tension avec Athènes.

(Somaliland / Égypte) Visite d'une délégation militaire égyptienne sur la base de Berbera dans l'État autoproclamé sécessionniste de la Somalie.

11 août (Irak / Turquie) : Frappe de drones turcs sur le territoire irakien, visant des membres du PKK réfugiés dans la région montagneuse frontalière de Sidekan, tuant deux hauts gradés irakiens de la police des frontières. Annulation par Bagdad de la visite prévue le surlendemain du ministre turc de la Défense.

13 août (Émirats arabes unis / Israël / États-Unis) : Annonce d'une reconnaissance diplomatique mutuelle des Émirats arabes unis et d'Israël sous les auspices de Donald Trump.

(Israël / Grèce) : Visite du chef de la diplomatie grecque auprès de M. Netanyahou.

(Turquie / France) : Propos de Recep Tayyip Erdogan vilipendant la visite du président français à Beyrouth : « Ce que Macron et compagnie veulent, c'est rétablir l'ordre colonial au Liban. »

(Égypte) : Mort en détention du médecin et dirigeant des Frères musulmans Issam al-Aryan, activiste islamiste de premier plan depuis ses études universitaires.

14 août (Iran / Liban) : Messages de félicitations du ministre des Affaires étrangères iranien, Mohammed Javad Zarif, au chef de la diplomatie libanaise et au secrétaire général du Hezbollah Hassan Nasrallah à l'occasion de « l'anniversaire de la victoire de ce pays dans la guerre des Trente-Trois-Jours contre l'agression israélienne » (12 juillet-14 août 2006).

(Turquie / Israël / Grèce / Égypte) : Recep Tayyip Erdogan, interrogé par la presse « après avoir accompli ses dévotions lors de la prière du vendredi à la mosquée Ayasofia », annonce que « si la Palestine ferme son ambassade à Abou Dhabi, [il] agira à l'identique ».

15 août (Iran / Palestine / Liban) : Entretien de Mohammed Javad Zarif, en visite à Beyrouth, avec le chef de l'Organisation du jihad islamique de la bande de Gaza, et conversation au téléphone avec le « Premier ministre » de Hamas, Ismaïl Haniyeh.

18 août (Émirats arabes unis / Israël) : Visite du chef du Mossad Yossi Cohen à Abou Dhabi, reçu par cheikh Tahnoun, conseiller national de Sécurité de son frère utérin le prince héritier cheikh Mohammed.

20 août (États-Unis / Irak) : Visite à Washington du Premier ministre irakien, Moustafa al-Kadhimi ; signature de 8 milliards de dollars de contrats énergétiques avec Chevron, General Electric ainsi que d'autres compagnies américaines.

(Iran) : Dévoilement par le régime des mollahs des « missiles balistiques du *shahid hajj* [martyr et pèlerin aux Lieux saints] Qassem Solaymani », d'une portée de 870 miles (1 400 km).

21 août (Turquie) : Reconversion en mosquée par Recep Tayyip Erdogan du musée stambouliote de Saint-Sauveur-en-Chora, joyau de l'art byzantin.

(Libye / Égypte) : Appel au cessez-le-feu émis simultanément par MM. Saleh et Sarraj, immédiatement soutenu par le raïs égyptien, ainsi que par le président de la compagnie nationale de pétrole libyenne (NOC) Mustafa Sanalla.

22 août (Turquie / Palestine) : Réception par le président turc d'Ismaïl Haniyeh, chef du bureau politique de Hamas à la tête d'une importante délégation, dans un palais sur les bords du Bosphore.

23 août (Arabie saoudite) : Engagement du ministre de l'Énergie, le prince Abdel Aziz Ben Salman, demi-frère du prince héritier, à investir 500 milliards de dollars dans le projet de *smart* city Neom.

(Libye) : Protestations publiques dans la Tripolitaine contre l'effondrement du niveau de vie.

24 août (Israël – États-Unis) : Adresse depuis Jérusalem du secrétaire d'État Mike Pompeo lors de la convention du Parti républicain intronisant Donald Trump en candidat à la réélection.

25 août (Soudan / États-Unis) : Visite du secrétaire d'État américain Mike Pompeo dans la capitale soudanaise à bord du « premier vol officiel entre Tel-Aviv et Khartoum ».

26 août (Espagne / France) : Visite à Madrid du ministre français de l'Intérieur Gérald Darmanin pour traiter de l'augmentation du nombre de migrants clandestins algériens transitant par l'Espagne vers la France.

26-28 août (France / Italie / Grèce / Chypre) : Lancement de manœuvres navales conjointes.

28 août (Égypte) : Arrestation dans une planque du Caire du guide suprême par intérim des Frères musulmans égyptiens, Mahmoud Ezzat, en charge à la fois de la planification des actions armées et des embryons de négociations avec le régime.

29 août (Suisse) : Forum Moyen-Orient Méditerranée de l'université de la Suisse italienne (Lugano) au cours duquel Mustafa Sanalla (NOC) et Patrick Pouyanné (Total) réitèrent l'importance cruciale qu'ils accordent à la réouverture des puits et au redémarrage des raffineries en Libye.

31 août (Israël / Émirats arabes unis) : Premier vol commercial El Al 971 inaugurant la liaison aérienne entre Tel-Aviv et Abou Dhabi, une importante délégation israélienne à son bord, et des envoyés américains au Moyen-Orient, sous la houlette du gendre présidentiel Jared Kushner.

Septembre 2020 (États-Unis) : Parution de l'article de Richard Haass, président du Council on Foreign Relations, *Present at the Disruption* (« Présent lors de la dislocation ») dans la revue *Foreign Affairs.*

(Libye) : Publication d'un rapport d'Amnesty International intitulé *Entre la vie et la mort / Les personnes réfugiées et migrantes prises dans la tourmente des violences en Libye.*

1er septembre (Liban / France) : Centenaire de la création du Grand Liban par la puissance mandataire française sous l'égide de la Société des Nations. Deuxième visite estivale d'Emmanuel Macron au pays du Cèdre.

(Liban / Palestine) : Début de la tournée libanaise du dirigeant palestinien Ismaïl Haniyeh.

(Israël / Qatar) : Visite officielle de l'ambassadeur Mohammed al-Emadi, chef du « Comité qatarien pour la reconstruction de Gaza », auprès du président israélien Reuven Rivlin qui le remercie pour « son engagement et ses efforts intenses afin d'arrêter l'escalade et calmer la situation ».

2 septembre (Allemagne / Russie) : Déclaration du gouvernement allemand selon laquelle il détient des « preuves sans équivoque » que le dissident russe Alexeï Navalny, hospitalisé à Berlin, a été victime d'une tentative d'empoisonnement.

(Irak / France) : Visite d'Emmanuel Macron à Bagdad.

(Tunisie) : Nouveau gouvernement technocratique dirigé par l'ancien ministre de l'Intérieur Hichem Mechichi et composé de juges, universitaires, fonctionnaires et cadres du secteur privé.

3 septembre (France) : Ouverture à Paris du procès des attentats de janvier 2015 contre *Charlie Hebdo,* l'épicerie HyperCacher et deux policiers. Tweet d'Idriss Sihamedi, président de l'association BarakaCity : « PERSONNE ne peut offenser notre Prophète. Qu'Allah maudisse Charlie et enflamme leurs tombes à la chaleur du soleil. »

(Liban / Palestine) : Réunion au siège de l'ambassade de la Palestine à Beyrouth autour de M. Haniyeh des représentants de l'ensemble des organisations dissidentes – des marxistes des Fronts populaire et démocratique jusqu'aux pro-iraniens du Jihad islamique.

4 septembre (Égypte / Éthiopie) : Annonce par l'Égypte de la construction d'un barrage en Tanzanie.

6 septembre (Liban) : Visite du camp palestinien de Aïn El-Heloué par Ismaïl Haniyeh.

6-10 septembre (Libye / Maroc) et 7-9 septembre (Libye / Suisse) : Pourparlers entre représentants des diverses factions libyennes respectivement à Bouznika et à Montreux.

7 septembre (Égypte / Libye) : Visite d'une délégation de

représentants de la Tripolitaine au Caire, la première depuis la signature de l'accord de démarcation maritime avec Ankara en novembre 2019. Annonce de la présidence égyptienne qu'elle va rassembler l'ensemble des représentants des tribus libyennes afin de favoriser un consensus national hors de toute ingérence étrangère.

8 septembre (Syrie / Russie) : Première visite à Damas depuis 2012 de Serguei Lavrov, accompagné d'une nombreuse délégation.

9 septembre (États-Unis / Irak) : Annonce du commandant du CENTCOM, le général McKenzie, d'une diminution du nombre de soldats américains déployés en Irak de 5 200 à 3 000 avant la fin du mois.

(Grèce) : Incendie dans le plus grand camp européen de réfugiés provenant de Turquie, à Mória sur l'île grecque de Lesbos, où s'entassent plus de 13 000 personnes.

10 septembre (France) : Conclusion à Ajaccio, préfecture de la région Corse, d'un sommet des chefs d'État et de gouvernement des sept membres méditerranéens de l'Union européenne de culture gréco-latine (Med 7) : Mise en garde à la Turquie.

(Égypte) : Déclaration de la Ligue arabe, sur incitation du ministre égyptien des Affaires étrangères Sameh Choukri, approuvée à l'unanimité des 21 membres présents sauf quatre abstentions (Qatar, Libye, Somalie et Djibouti) dénonçant les « interventions turques en Syrie, Irak et Libye ».

(Mali / Turquie) : Envoi par Recep Tayyip Erdogan de son ministre des Affaires étrangères M. Çavuşoglu à Bamako, pour y soutenir les putschistes qui viennent de renverser le président Keïta, considéré comme un allié de la France.

11 septembre (Bahreïn) : Annonce par Manama que le Bahreïn sera le quatrième pays arabe à reconnaître Israël, au lendemain du refus de la Ligue arabe de condamner l'accord entre Israël et les Émirats.

(Turquie) : Dégradation par l'agence Moody's de la note souveraine turque à B2.

12 septembre (Turquie) : Fin de non-recevoir virulente de M. Erdogan opposée à la déclaration finale l'avant-veille à Ajaccio.

(Grèce) : Annonce par le Premier ministre Kyriákos Mitsotákis de l'acquisition de dix-huit chasseurs Rafale, de quatre frégates, d'hélicoptères et du recrutement de 15 000 soldats.

13 septembre (Palestine) : Diffusion par Al Jazeera d'un reportage publicisant l'approvisionnement de Hamas en armes et munitions, dont les détails étaient maintenus secrets, afin de galvaniser la résistance palestinienne en montrant sa résilience militaire.

14 septembre (Turquie) : Déclaration du ministre des Affaires étrangères M. Çavuşoglu rappelant que son gouvernement « a décidé de ne pas empêcher les migrants d'aller en Europe et [que] cette décision est toujours valable ».

(Syrie / Turquie) : Publication du rapport biannuel de la commission d'enquête internationale indépendante sur la République arabe syrienne au Conseil des droits humains des Nations unies, incriminant en détail et pour la première fois l'État turc et ses supplétifs de l'« Armée nationale syrienne » pour de graves violations des droits de l'homme dans les territoires syriens sous son contrôle [canton d'Afrin].

16 septembre (Libye) : Annonce de Fayez el-Sarraj qu'il quittera ses fonctions de Premier ministre pour céder la place avant la fin octobre à un comité issu des pourparlers entre représentants des diverses factions.

19 septembre (République démocratique du Congo / Égypte) : Annonce par Kinshasa de son soutien au Caire dans le contentieux avec Addis-Abeba.

20 septembre (Égypte) : Protestations commémorant l'anniversaire d'une manifestation similaire un an auparavant qui s'était soldée par plus de 4 400 arrestations – un tiers des interpellés restant en détention à cette date.

21 septembre (Turquie / Palestine) : Rencontre à Istanbul entre MM. Haniyeh et Rajoub, secrétaire général du Fatah.

22 septembre (Égypte) : Signature de la charte du Forum

gazier de Méditerranée orientale, lancé le 14 janvier 2019, qui regroupe l'Égypte, Israël, la Jordanie, l'autorité palestinienne, Chypre, la Grèce, l'Italie, la France et les États-Unis.

(France / Qatar) : Communiqué de la Qatar Investment Authority (QIA) qui détient 13 % du capital de Lagardère indiquant « se réserver le droit d'être représentée au Conseil de surveillance compte tenu de sa qualité d'actionnaire de référence ».

23 septembre (Union européenne) : Présentation à Bruxelles du nouveau « pacte migratoire européen » par la présidente de la Commission Ursula von der Leyen qui fait du sauvetage en mer une « obligation légale » et un « devoir moral » à la charge des États côtiers.

(Algérie / France) : « Refus d'opérer » notifié à la chaîne française M6 après la diffusion du documentaire *Algérie, le pays de toutes les révoltes*.

25 septembre (France) : Tentative de décapitation par le jeune migrant pakistanais Zaheer Mahmood arrivé clandestinement en France via l'Iran et la Turquie de deux personnes qu'il prend pour des journalistes de *Charlie Hebdo*.

26 septembre (Liban) : Renoncement de Moustapha Adib à former un gouvernement de « mission » face à l'opposition des partis chiites.

(Irak / Iran) : Lancement de roquettes à côté de l'aéroport de Bagdad par des milices soutenues par Téhéran, causant cinq morts civils.

27 septembre (Arménie / Azerbaïdjan / Turquie) : Envoi par la Turquie de supplétifs syriens au Haut-Karabakh pour soutenir Bakou. L'offensive militaire contre le Haut-Karabakh « bénéficie du soutien total du peuple turc à ses frères azerbaïdjanais », tweete le président Erdogan, « avec tous nos moyens ».

(Israël) : Autorisation du fonctionnement des synagogues lors de Yom Kippour, les 27 et 28 septembre (à la condition que les prières soient effectuées en extérieur), à la suite des protestations des ultraorthodoxes.

28-29 septembre (Égypte / Libye) : Pourparlers entre autorités policières et militaires de l'ouest et l'est de la Libye, représentant respectivement le GAN (Tripoli) et l'ANL (Benghazi) – sous l'égide de la mission de soutien des Nations unies, à Hurghada (Égypte).

29 septembre (États-Unis / Libye) : Selon l'ambassadeur américain en Libye, Richard Norland, « les entretiens en Égypte sont le signe que le processus facilité par les Nations unies fonctionne ».

30 septembre (Irak / États-Unis) : Tir de six missiles visant des troupes américaines cantonnées près de l'aéroport de la capitale du Kurdistan autonome par une brigade des Unités de la mobilisation populaire connue pour ses liens à l'Organisation Badr, émanation des Gardiens de la Révolution iraniens.

(Israël / Émirats arabes unis) : Achat par le club de football al-Nasr de Dubaï du joueur arabe-israélien Dia Saba, premier citoyen israélien à jouer sur un terrain des Émirats arabes unis.

Vote par la Knesset de l'interdiction de tout rassemblement de plus de vingt personnes et déplacement au-delà d'un kilomètre du domicile, alors que des milliers de manifestants réclament la démission de Benyamin Netanyahou et sa comparution devant les tribunaux.

1er octobre (Union européenne) : Sommet des 27 États membres de l'UE consacré notamment à la Turquie. Allemagne, Italie et Malte s'opposent à toutes sanctions.

2 octobre (États-Unis) : Annonce de la contamination de Donald Trump par la Covid-19.

(France) : Discours du président de la République Emmanuel Macron aux Mureaux (Yvelines), qui prône une stratégie politique et juridique contre le séparatisme islamiste sur le sol français.

5 octobre (Égypte / Libye / États-Unis) : Rencontre au Caire de l'ambassadeur américain en Libye, Richard Norland, avec le général Abbas Kamel, chef des services de renseignement égyptiens, ainsi qu'avec le président du Parlement basé à Tobrouk

Aguila Saleh pour s'accorder sur l'expulsion des combattants étrangers ainsi que des conseillers militaires turcs.

(Algérie) : Arrestation de Sofiane, manifestant du *hirak* rendu célèbre par le slogan *yetnahawou ga'a* (qu'on les extirpe tous !) descendu manifester avec quelques centaines de personnes afin de commémorer le 32e anniversaire des émeutes de 1988, et relâché le soir même.

7 octobre (France) : Mise en ligne de la première vidéo de Brahim Chnina marquant le début de la campagne de harcèlement en ligne à l'encontre de l'enseignant Samuel Paty au lendemain du cours durant lequel il avait montré une caricature de *Charlie Hebdo*.

8 octobre (France) : Fermeture de l'école islamiste clandestine de Bobigny. Rencontre de Brahim Chnina et Abdelhakim Sefrioui avec la principale du collège du Bois-d'Aulne. Mise en ligne d'une vidéo de M. Sefrioui, se réclamant d'un Conseil des imams de France.

9 octobre (France) : Désignation par le site Islamologues de France de deux universitaires arabisants comme « idéologues de ce nouveau fascisme » (l'islamophobie), au service de la « Gestapo laïque » (l'Éducation nationale).

10 octobre (Syrie) : Publication d'une déclaration par laquelle le HTS (Hay'at Tahrir ash Shâm) rompt tous rapports avec le théoricien jihadiste jordanien radical Abou Mohammed al-Maqdissi.

11-13 octobre (Égypte / Libye) : Rencontre au Caire entre des membres du Parlement basé à Tobrouk et du Haut Conseil d'État de Tripoli, sous les auspices du général Kamel, afin d'aboutir à un référendum constitutionnel permettant la réunification du pays.

12 octobre (France) : Diffusion d'une vidéo d'Abdelhakim Sefrioui dans laquelle il se filme devant l'établissement avec la fille de M. Chnina qui livre sa version des faits, et dont l'enquête indiquera qu'elle n'était pas présente aux événements qu'elle relate.

14 octobre (Libye) : Arrestation par le GAN de l'un des principaux suspects du trafic d'êtres humains, et de torture et extorsion de migrants identifié par le Conseil de sécurité de l'ONU, l'ancien commandant de garde-côtes Abd al-Rahman al-Milad.

16 octobre (France) : Décapitation de Samuel Paty, professeur d'histoire, géographie et instruction civique devant le collège du Bois-d'Aulne, à Conflans-Sainte-Honorine, par Abdullakh Abouzeidovitch Anzorov, Tchétchène de dix-huit ans né à Moscou et réfugié politique en France.

18 octobre (Iran) : Levée de l'embargo sur la vente d'armes par le Conseil de sécurité de l'ONU.

19 octobre (France) : Fermeture administrative de la Grande Mosquée de Pantin pour six mois, par le préfet de Seine-Saint-Denis sur demande du ministre de l'Intérieur, à la suite du relais par son président M. Henniche du message de M. Chnina incriminant Samuel Paty sur son site.

19 et 20 octobre (Syrie / Turquie) : Évacuation par l'armée d'Ankara de la plupart de ses avant-postes orientaux, dont celui de Morek, pour se replier sur une ligne créant un territoire tampon d'une quarantaine de kilomètres de profondeur en territoire syrien le long de la frontière, où sont envoyés d'importants renforts de troupes, véhicules et matériels.

20 octobre (Azerbaïdjan / Arménie) : Plus d'une centaine des mercenaires syriens des brigades al-Hamza et Sultan Mourad expédiés sur le front sous égide turque ont été tués.

22 octobre (Liban) : Désignation de Saad Hariri, qui avait démissionné le 29 octobre 2019, comme Premier ministre.

(Russie) : 17e session annuelle du club Valdaï, le think-tank international officieux du Kremlin.

23 octobre (Suisse / Libye) : Signature à Genève d'un accord de cessez-le-feu entre les parties libyennes, sous les auspices de l'ONU.

24 octobre (France) : Annonce de l'imam salafiste Abou Talha de Pantin qui déclare se « mettre en retrait de [ses] activités »,

tout en « réfutant les griefs articulés dans l'arrêté préfectoral » ayant fermé sa mosquée.

(Turquie) : Incrimination par Recep Tayyip Erdogan d'une « nouvelle formation terroriste » dans le Nord-Est syrien et menace explicite d'une nouvelle invasion.

28 octobre (Algérie) : Première prière collective dans la nouvelle « Grande Mosquée d'Algérie ».

(France) : Dissolution en Conseil des ministres de l'association BarakaCity présidée par Idriss Sihamedi.

Échauffourée entre des automobilistes turcs et des Arméniens à un péage autoroutier à Vienne, en Isère, quatre blessés.

29 octobre (France / Tunisie) : Assassinat de trois personnes dans la basilique Notre-Dame de Nice le jour de la Nativité du Prophète, par un immigré clandestin tunisien, Brahim Issaoui, ayant pris la mer le 20 septembre et placé dans un centre d'identification le 9 octobre à Bari.

(États-Unis) : Parution d'une enquête du *New York Times* indiquant qu'entre 2015 et 2018, Donald Trump a touché au moins 2,6 millions de dollars en provenance de Turquie.

(France) : Manifestation à Décines-Charpieu, dans la banlieue lyonnaise, de 250 individus brandissant le drapeau turc, écumant les rues du centre-ville à pied et en voiture en hurlant : « On va tuer les Arméniens », détruisant au passage un véhicule de police.

30 octobre (Libye) : M. Sarraj renonce à sa démission prévue pour ce jour.

1er novembre (Algérie) : Vote d'un projet de révision constitutionnelle, affichant un taux de participation officiel à 23,7 %.

2 novembre (Autriche) : Attentat jihadiste à Vienne perpétré par Kujtim Fejzulai, vingt ans, issu de la minorité albanaise de la République de Macédoine du Nord et causant quatre morts.

3 novembre (États-Unis) : Élection présidentielle, Joe Biden en tête.

4 novembre (France/Turquie) : Le groupement de fait des Loups gris est dissous en Conseil des ministres.

5 novembre (France/Espagne) : Emmanuel Macron se rend au Perthus, poste frontière français, annonçant un doublement des forces de contrôle aux frontières.

7 novembre (Turquie) : Limogeage du gouverneur de la Banque centrale et démission du ministre de l'Économie Berat Albayrak, gendre du président Erdogan.

9-10 novembre (Russie / Arménie / Azerbaïdjan) : Signature à Moscou d'un cessez-le-feu dans le Haut-Karabakh entre Bakou et Erevan.

9-16 novembre (Tunisie / Libye) : Forum du dialogue politique libyen à Tunis.

12 novembre (France) : Mise en ligne par le rappeur Maka, originaire de banlieue parisienne, de la chanson *S***** P****, scandant le refrain : « On découpe comme Samuel Paty, sans empathie » visionnée plusieurs dizaines de milliers de fois. Menace par un élève de quatorze ans, dans un collège des environs de Paris, à Savigny-le-Temple (Seine-et-Marne), de « découper comme Samuel Paty » son enseignante d'histoire-géographie.

13 novembre (États-Unis / Iran / Israël) : Le *New York Times* annonce que le numéro 2 d'al-Qaida, Abou Mohamed al-Masri a été tué dans les rues de Téhéran le 7 août 2020 par des agents israéliens.

22 novembre (Arabie saoudite / Israël) : Rencontre de Benyamin Netanyahou et Mohammed Ben Salman à Neom, en Arabie saoudite, en présence du secrétaire d'État américain, Mike Pompeo, et du chef du Mossad, Yossi Cohen, selon des sources israéliennes. Elle est démentie par l'Arabie saoudite.

23 novembre (États-Unis) : Le président élu Joe Biden annonce la nomination d'Antony Blinken au poste de secrétaire d'État.

24 novembre (Arabie saoudite) : Un juge saoudien annonce que la militante féministe Loujain al-Hadhloul est déférée devant un tribunal spécialisé dans les affaires de terrorisme.

27 novembre (Iran) : Assassinat du physicien et haut responsable du programme nucléaire iranien Mohsen Fakhrizadeh.

(France) : Le Collectif contre l'islamophobie en France (CCIF) annonce s'être autodissous et transférer ses activités et avoirs à l'étranger.

2 décembre (États-Unis / Arabie saoudite / Qatar) : Visite infructueuse de Jared Kushner en Arabie saoudite et à Qatar visant à résoudre le conflit entre les deux pays.

7 décembre (France / Égypte) : Visite du président égyptien Sissi à Paris, illustrant le Partenariat stratégique sur la Libye, contre Ankara et en remerciements après la campagne de haine antifrançaise. Critiques des ONG de défense des droits de l'homme.

9 décembre (France) : Présentation en Conseil des ministres du projet de loi confortant les principes républicains.

10 décembre (États-Unis / Maroc / Israël) : Annonce par Donald Trump et le cabinet royal marocain de la normalisation des relations diplomatiques entre le Maroc et Israël. Les États-Unis reconnaissent dans la foulée la souveraineté marocaine sur le Sahara occidental.

10-11 décembre (UE / Turquie) : Conseil européen. Les Vingt-Sept adoptent des sanctions limitées contre la Turquie – contre lesquelles proteste M. Erdogan.

12 décembre (Algérie / Allemagne) : Le président algérien Abdelmadjid Tebboune s'adresse brièvement à la nation, pour la première fois depuis 56 jours, depuis sa chambre d'hôpital en Allemagne où il a été traité pour contamination par la Covid-19 – à l'occasion du premier anniversaire de son élection.

16 décembre (France) : La cour d'assises spéciale prononce un verdict en deçà des réquisitions du parquet national antiterroriste dans le procès des attentats spectaculaires des 7 au 9 janvier 2015 ayant causé 17 morts au siège de *Charlie Hebdo* et au supermarché HyperCacher notamment.

2021

4 janvier : Le ministre koweitien des Affaires étrangères, cheikh Ahmed Nasser Al-Sabah, annonce « la réouverture de l'espace aérien ainsi que des frontières terrestres et maritimes entre l'Arabie saoudite et le Qatar » à compter de ce jour, mettant fin au blocus de l'émirat gazier par ses voisins, qui durait depuis juin 2017. La médiation koweitienne ainsi que celle de Jared Kushner, gendre de Donald Trump, ont joué un rôle décisif – deux semaines avant la prise de fonctions du 46e président des États-Unis Joe Biden.

5 janvier : L'émir du Qatar cheikh Tamim Al-Thani assiste à al-Ula, en Arabie saoudite, au 41e sommet du Conseil de coopération du Golfe, auquel l'accueille par une accolade le prince héritier saoudien Mohamed ben Salman. Les quatre pays qui avaient rompu leurs relations diplomatiques et commerciales avec l'émirat gazier (Arabie saoudite, Émirats arabes unis, Bahreïn, Égypte) décident de les rétablir.

Chronologie établie par Sarah Jicquel

INDEX

ABAAOUD, Abdelhamid : 233, 264.
ABBALLA, Larossi : 243.
ABBAS, Mahmoud : 106, 155-156, 161.
ABD AL-AZIZ IBN BAZ : 269.
ABDALLAH II, roi de Jordanie : 72.
ABDALLAH, Mohamed (cheikh) : 59.
Abdallah (Plan) : 65, 106.
ABOU BAKR AL-BAGHDADI : 30, 36, 54, 146-147, 150, 257.
Abou Dhabi : 39, 53, 60, 64, 66, 71, 119, 158, 165-166, 175, 181, 183, 213.
ABOU DOUJANA AL-ALBANI : 258.
ABOU IBRAHIM AL-HACHIMI AL-QOURAYCHI : 257, 269.
ABOU NIDAL : 262.
ABOU TALHA : 228, 231.
Abqaïq (raffinerie) : 26, 114, 117.
Abraham (accords d') : 67, 69-71, 73, 76-77, 79, 81, 89-90, 103, 108-109, 118, 152, 155, 157, 159, 166, 169, 174, 178, 180, 184-185, 192, 199, 222, 246.
Addis-Abeba : 181-182.
Aden : 116.
ADIB, Moustapha : 101, 154.
Afghanistan : 16-17, 80, 96, 128.
Afrin : 36, 134, 145, 200, 247, 275.
Afrique de l'Est : 89, 104.
Afrique du Nord : 20, 47, 49, 87-88, 186, 205, 215, 250, 254.
Afrique sahélienne : 128.
AHMADINEDJAD, Mahmoud : 92, 96.
Ahrar al-Sharqia (Les hommes libres de l'Orient) : 147.
Aïn El-Héloué, camp d' : 108, 155.
Ajaccio : 127, 130-131, 153, 201.
AL HADHLOUL, Loujain : 112.
Al Jazeera (chaîne qatarie) : 48, 99, 120, 159, 183, 277.

AL-ADEL, Saif : 97.
Alaouites : 51, 98.
AL-ARYAN, Issam : 174.
Alaska : 19.
AL-ASSAD, Bachar : 26, 29-30, 37, 43, 49-52, 73, 96-98, 102, 106, 143, 145-146, 148-149, 161, 186, 193, 274.
Al-Azhar (mosquée et université) : 160, 171.
AL-BACHIR, Omar (général) : 49, 159, 182-183.
ALBAYRAK, Berat : 33, 272.
AL-BOURHAN, Abdel Fattah (général) : 184.
AL-DÎN AL-ALBANI, Nasir : 269.
AL-EMADI, Mohammed : 164-165.
Alep : 143, 152.
Algérie : 48, 50, 62, 64, 87-88, 128, 135, 207, 211, 214-215, 219, 222-224, 226.
al-Hamza (brigades) : 146.
Al-Hol, camp d' : 226.
AL-KADHIMI, Moustafa : 27, 46, 69-71, 95-96, 101-103.
AL-KHAZZANI, Ayyoub : 233.
Allemagne : 82, 201, 218.
Alliance atlantique : 132.
AL-MAQDISSI, Abou Mohammed : 146.
AL-MASRI, Abou Mohamed : 97.
Almeria : 223.
AL-MILAD, Abd al-Rahman : 203.
Al-Monitor : 37, 273.
AL-MUHANDIS, Abou Mahdi : 95, 100.
Al-Naba : 260-261.
AL-NAWAWI : 269.
Al-Nour : 172.
AL-OTHAYMIN, Muhammad : 269.
Alpes-Maritimes : 210.
al-Qaida : 16, 76, 96-97, 116, 118, 145, 177, 183, 236, 241, 259.
AL-SABAH, Nawaf al-Ahmad : 121.
AL-SABAH, Sabah al-Ahmad : 121.
AL-SADATE, Anouar : 174, 177, 185.
AL-SISSI, Abdel Fattah (maréchal) : 24, 71, 121, 152, 156, 161-162, 164, 170-173, 176, 178, 181-182, 185, 192, 198-199, 214.
AL-TAYEB, Ahmed (cheikh) : 172-173.
Alternative für Deutschland : 82.
AL-TOURABI, Hassan : 49, 61, 182.
Al-Udeid : 78, 114, 120, 193.
Al-Ula : 109.
AL-WADI'I, Muqbil : 228.
Al-Watiya : 39.
AL-ZAWAHIRI, Ayman : 97, 241.
Amal (mouvement) : 42.
Amérique du Sud : 89.
Amman : 64, 71.
Amnesty International : 99, 202-203, 206.
Anapa : 179.
Anatolie : 21, 68-69, 120, 137, 141, 143, 191, 195, 249, 265-266, 269.

Andalousie : 223.
Angola : 43.
Ankara : 31, 39, 45, 68, 71, 136, 142, 200, 229.
Antioche : 271.
ANZOROV, Abdullakh Abouzeidovitch : 225, 236-237, 241, 243, 254, 259, 268.
AOUN, Michel (général) : 42.
Aqaba, golfe d' : 110.
Arabie saoudite : 18-19, 23-26, 31-32, 34, 41, 46, 53, 60, 84, 99, 106-107, 110-111, 114-120, 144, 161, 163, 171, 177, 183, 190, 208, 216, 228.
ARAFAT, Yasser : 156-157.
Armée nationale libyenne (ANL) : 34, 275.
Armée nationale syrienne : 133, 145-147.
Arménie : 45, 132, 135, 141, 150, 196, 198, 200, 238, 248-249, 264.
Arzew : 223.
Ashkelon : 66, 162.
ASHKENAZI, Gabi : 77.
Asie du Sud-Ouest : 104.
Asie Mineure : 45.
ASMAHAN (princesse druze) : 261.
Asmara : 182.
Assab, base émirienne d' : 182.
Assouan (barrage d') : 176.
Astana (accords d') : 29-30, 72, 83-84, 98, 132, 135, 143, 145, 179, 199.
ATATÜRK, Gazi Kemal : 21, 23, 36, 68, 136, 141, 265, 279.
ATEB, Mohammed : 241.
Athènes : 127.
attentats du 11 septembre 2001, New York : 16, 89, 184.
attentats du 11 mars 2004, Madrid : 259.
attentats des 7-9 janvier 2015, Paris : 16, 268, 279.
attentats d'avril 2015, Villejuif : 233.
attentat du 21 août 2015 (Thalys Bruxelles-Paris) : 233.
attentat du 13 novembre 2015, Paris : 233, 264.
attentats du 14 juillet 2016, Nice : 16, 232, 251, 280.
attentat du 19 décembre 2016, Berlin : 16.
attentat du 3 juin 2017, Londres : 16.
attentats de mai 2018, Paris : 241.
attentats du 25 septembre 2020, Paris : 264.
attentats du 2 novembre 2020, Vienne : 271.
Australie : 89.
Autorité palestinienne : 156-157, 180.
Autriche : 179, 257-259, 266.
Ayasofia (mosquée) *voir* **Basilique Sainte-Sophie.**
Aydinlik : 44.
Azerbaïdjan : 45, 68, 132, 140-141, 145, 196, 200, 238, 247, 275.
AZIMOV, Khamzat : 241.

Bab el-Mandeb, détroit de : 47, 89, 184.
Bagdad : 26, 42, 47, 69, 71, 95-96, 101, 104.
Baghouz : 54, 150.
Bahreïn : 49, 60, 86, 208.
Bakou : 68, 132, 248.
BALANCHE, Fabrice : 145, 274.
Balkans : 22, 141, 201, 259, 262.
Bamako : 153.
Baraka City (association) : 238, 246-247, 278.
Barcelone : 224.
Bari : 252.
BASHAGA, Fathi : 196-197, 202.
BEL-AIR, Françoise de : 171.
Belgique : 224.
Belgrade : 264, 270.
BEN ALI, Zine el-Abidine : 49, 208-209.
BEN LADEN, Oussama : 49, 61, 96-97, 116, 147, 182, 241.
BEN LADEN, Saad : 96.
BEN ZAYED, Mohammed (cheikh) : 59, 75, 90, 119.
Benghazi : 30, 34-35, 121, 150, 189, 193, 197, 199.
Berbera : 182.
Berlin : 85, 190-191.
BESCHIZZA, Bruno : 230.
Beyrouth : 40, 43-45, 48, 52, 65-66, 100-101, 154-155.
Bichkek (Kirghizstan) : 276.
BIDEN, Joe : 63, 79-80, 111, 118, 257, 272-273.
Birmingham : 228.
Black Lives Matter (mouvement) : 220.
Bobigny : 231.
BOLTON, John : 33, 272.
Bordeaux : 234.
Bordure protectrice (opération) : 78, 160-161.
BOURBON, dynastie des : 262.
BOUTEFLIKA, Abdelaziz : 50, 211-215, 217, 221.
Bouznika (pourparlers de) : 197.
Boycott, Désinvestissements, Sanctions (BDS) : 160.
Bratislava : 267.
Bruxelles : 131, 203.
Bulgarie : 179, 264.
BUSH, George W. : 177, 259.

Caesar Act (loi César) : 102.
Camp David (accords de) : 177.
Canossa : 156.
Cap Bon : 206.
Caracas : 108.
CARLOS (Ilitch Ramírez Sánchez, *dit*) : 49, 182.
CARTER, Jimmy : 177.
Carthage : 209.
Carthagène : 224.
Casablanca : 153, 219.
Caucase : 68, 141, 147, 151, 198, 200, 238, 241, 275.
Cavaliers sous la bannière du Prophète : 241.
ÇAVUŞOGLU, Mevlüt : 82, 108, 133, 153.
CEMBRERO, Ignacio : 223.

CHALGHOUMI, Hassen : 234.
Charlie Hebdo (attentats contre) : 16, 54, 130, 172, 204-205, 225, 233, 236-237, 246, 260, 264-265, 268, 276, 281.
Cheikh-Yassine (collectif) : 234.
CHENIÈRE, Ernest : 234.
CHERBI, Massensen : 218.
Chiite : 26-27, 48-50, 52, 91, 95-98, 100-101, 104, 107, 116, 145, 152.
CHIKHI, Abdelmadjid : 220-221.
Chine : 17-18, 74, 81, 85-93, 219.
CHNINA, Brahim : 225-226, 231, 233, 235, 238.
Chouhada (martyrs d'Allah, algériens tombés contre la France) : 214.
CHOUKRI, Sameh : 134.
Christianisme oriental : 44.
Chypre : 68, 81, 83, 127, 131-132, 139, 163, 180.
CIA : 16, 147.
Cisjordanie : 62, 75-76, 106, 161.
CLINTON, Bill : 65.
CLINTON, Hillary : 80.
Club Valdaï (think-tank) : 275.
COHEN, Yossi : 60, 78, 111.
Collectif contre l'islamophobie en France (CCIF) : 232-233, 242, 278, 280.
Cologne : 271.
Commandement pour la région « centrale » (CENTCOM) : 104, 120.
Conflans-Sainte-Honorine : 225, 232, 238, 240, 242-243, 245, 261, 281.
Conseil de coopération des États arabes du Golfe (CCEAG) : 60, 119-120.
Conseil de sécurité : 102.
Conseil de transition du Sud (STC) : 116-117.
Conseil des droits humains des Nations unies : 133.
Conseil des imams de France : 235.
Conseil représentatif des institutions juives de France (CRIF) : 227.
Constantinople : 25, 54, 263.
CONTE, Giuseppe : 201.
COULIBALY, Amedy : 268.
Council on American-Islamic Relations (CAIR) : 112.
Council on Foreign Relations : 33.
Cour internationale d'arbitrage : 89.
COURBAGE, Youssef : 171.
Covid-19 (pandémie de la) : 15, 17, 22, 41-43, 51, 60, 63, 65, 74, 77, 86, 88, 92, 101, 103, 105, 107-109, 113, 117, 122, 128-129, 133, 167-169, 172, 190, 194, 207, 210, 216-219, 222, 224, 252, 254, 257, 280.
Creil : 234.
Crète : 35, 47.
Crimée : 31, 179.
Croatie : 127-128.
Cyrénaïque : 34, 121, 150, 186,

190, 192, 195, 197, 199-200, 275.

Daesh : 16, 30-31, 34, 36, 53, 70-72, 80, 96, 111, 134, 143, 146-148, 226, 230, 233, 236, 239, 241, 243, 251, 254, 257, 259-260, 264, 266, 270.
Dakhla : 62.
Damas : 97, 160, 193.
Damiette : 178-179.
Dammaj : 228.
Dar al-Hadith : 228.
Dar es-Salam : 184.
DARMANIN, Gérald : 224.
DAVUT PASHA (né David Bizet) : 229-230, 235.
DAVUTOGLU, Ahmet : 273.
Décines-Charpieu : 247-249, 264.
DI MAIO, Luigi : 83.
DIAB, Hassan : 42, 101.
DIABY, Omar (*dit* Omsen) : 251.
DIEUDONNÉ (Dieudonné M'Bala M'Bala) : 234.
Dijon : 240.
DJABI, Nacer : 222.
Djibouti : 87, 89-90, 134-135, 181.
Doha : 120, 160, 164-165, 175.
Dole : 241.
DOUCOURÉ, Ibrahim (*dit* Ibrahim Abou Talha) : 228.
Drancy : 234.
DRARENI, Khaled : 217.
Dubaï : 74, 166, 175.
Dublin (traité de) : 203.

EastMed (projet de gazoduc) : 47, 83, 179, 199.
Edirne (ex-Andrinople) : 264.
Égée, mer : 22, 45, 135, 201.
Égypte : 34, 49, 53, 62, 64, 67, 83, 85, 104, 109, 121, 152-153, 157, 159-162, 164, 170-171, 173-178, 180-182, 185-186, 190, 192-193, 197-201, 208-209, 214, 275.
Eilat : 110, 166.
EL RHAZOUI, Zineb : 238.
El Watan : 223.
ELTSINE, Boris : 140.
Émirats arabes unis : 23, 34, 46, 53, 59-60, 64, 66-67, 71, 73-76, 78, 82-85, 88-90, 99, 103, 106-108, 110-111, 113, 116, 118, 120, 135, 152, 161, 163, 166, 177, 181-186, 193, 199, 206.
Ennahdha (parti islamiste) : 161, 208-209.
Entre la vie et la mort / Les personnes réfugiées et migrantes prises dans la tourmente des violences en Libye (rapport) : 202.
ERBAS, Ali : 271.
Erbil : 104.
ERDOGAN, Recep Tayyip : 20-25, 31-32, 35-37, 39, 44-48, 54, 67-69, 72, 78, 80-82, 94, 108-109, 120-121, 129-131, 134-138, 141-150, 152-154, 156, 173, 176, 179, 181, 183, 192, 195-198, 200, 229-230,

238, 245-248, 264-265, 271-273, 275-276, 279.
Erevan : 68, 248.
Espagne : 18, 127-128, 259.
ESSEBSI, Béji Caïd : 208.
États-Unis : 15, 17-18, 20, 27, 30-35, 38, 44, 61-62, 64, 69-70, 76, 79, 81, 84-86, 88-91, 95-96, 98, 102-104, 106, 109, 111, 114, 117, 120, 142-144, 148-150, 163, 167, 177, 180, 182-183, 193, 199-200, 220, 222, 272, 275.
Éthiopie : 89-90, 180.
Europe : 15, 17, 21, 35, 44, 48, 53, 87, 89, 91, 133, 139, 186, 201, 204, 206-207, 220, 222, 254, 257, 266.
Eyüp Sultan (mosquée turque de Strasbourg) : 229, 271.
EZZAT, Mahmoud : 173.

FAKHFAKH, Elyes : 209.
FAKHRIZADEH, Mohsen : 118.
FARSADOU, Hassen : 229-231, 235.
Fatah : 155-157.
Faylaq al-Haqq (brigades islamistes) : 196.
FEJZULAI, Kujtim : 257, 260-261, 266, 268-269.
Financial Times : 277.
FLOYD, George : 220.
Fonds monétaire international (FMI) : 20.
Force multinationale d'interposition : 103.
Forces al-Qods : 62, 72, 94, 96, 115, 151.
Forces armées arabes libyennes : 189.
Foreign Affairs : 33, 79.
Forum Al Sharq : 48.
Forum du dialogue politique libyen : 200.
Forum Moyen-Orient Méditerranée de l'université de Lugano : 198.
Forum tunisien pour les droits économiques et sociaux (FTDES) : 210.
France : 35, 53, 68, 81-83, 87, 96, 127, 129, 139, 141, 149, 151, 153-154, 173, 178, 180, 186, 204-207, 220, 222, 224-225, 230, 240-242, 245, 247, 253-254, 259-260, 265, 267, 277, 279.
France 24 : 219.
France 5 : 219.
Frères musulmans : 24, 26, 34, 36, 46, 48, 53, 72, 78, 80, 97, 99, 119, 121, 136, 144, 151-152, 161, 164, 171-177, 182, 186, 190, 195-197, 209, 214, 232, 266, 277.
Front national : 140.
Front Polisario : 62, 64, 222.

Galilée : 158.
GANTZ, Benny : 77, 168.
Gardiens de la Révolution iraniens : 104, 115.
Gaza, bande de : 43, 52, 62-64,

66, 78, 97, 106, 108, 151, 153, 156-159, 161-165, 178, 183, 185.
Gazette du Fennec (La) : 214.
Genève (accords de) : 201.
Ghazaouet : 223.
GHEBREYESUS, Tedros Adhanom : 90.
GHILÈS, Francis : 219.
GHLAM, Sid Ahmed : 233.
Gibraltar (détroit de) : 47.
Golan : 73.
Golestan (traités du) : 92.
Golfe persique : 66.
GOUMILEV, Lev : 143.
GOURAUD, Henri (général) : 101.
Gouvernement d'accord national (GAN) : 34, 39, 121, 189, 192, 195, 202-203, 275.
GOUYETTE, François : 221.
Grand Barrage de la Renaissance : 181-182.
Grande Mosquée d'Algérie (*dite* mosquée Bouteflika) : 218-219.
Grèce : 35, 44-45, 68, 81-83, 127-128, 131-132, 139, 152-153, 180-181, 186, 195, 249, 264.
GRÉGOIRE VII : 92.
GRIFFITHS, Martin : 117.
GÜLEN, Fethullah : 28, 138, 142.
GÜRDENIZ, Cem : 44.

HAASS, Richard : 33, 79.
HABSBOURG, dynastie des : 262.
HADI, Abdrabbo Mansour : 116.
Hadji Mourat : 242.
Hadramout : 116.
HAFTAR, Khalifa (maréchal) : 34-38, 83, 121, 189-191, 193, 195-199.
Haïfa : 66, 158, 166.
Hamas : 43, 47, 52, 61-62, 66, 78, 97, 99, 106, 108-109, 132, 151-165, 183, 185, 234.
HAMDOK, Abdallah : 61, 184.
Hanbalisme : 116.
HANIYEH, Ismaïl : 52, 108, 153, 155-157, 159-160.
HARIRI, Saad : 41-42, 154.
Hassan II (mosquée) : 219.
HASSEN K. : 210.
Hatay (province du) : 266, 274.
Haut-Karabakh : 68, 131, 141, 146, 150, 191, 196, 198, 200, 247-249, 275.
Hay'at Tahrir ash Shâm – Organisation pour la libération du Sham/Levant (HTS) : 145-146, 251, 274.
HENNICHE, M'hammed : 226, 228-229, 231.
HENRI IV (empereur d'Allemagne) : 92.
Heritage Foundation (think-tank) : 95.
Hezbollah : 32, 41-43, 50-52, 73, 96-101, 108, 115-116, 151-152, 154-155, 157-158, 160-161.
Hirak : 51.
Hmeimim (base de) : 142.

HOLLANDE, François : 144.
Houthi, rébellion : 113-116, 118, 228.
Houthisme : 115, 228.
Huawei : 75, 88.
Hurghada : 189, 197.
HUSSEIN, Saddam : 69, 178.

IBN SAOUD, Abdel Aziz : 111.
Idlib : 29, 36-37, 121, 145-146, 150, 238-239, 241, 251, 266, 274.
IHH (ONG islamiste turque) : 153.
IKKEN, Farid : 233.
ILITCH RAMÍREZ SÁNCHEZ *voir* CARLOS.
Irak : 17, 27, 30, 46-48, 50, 53, 59, 66, 69-73, 93-96, 100, 102, 104-105, 117, 128, 134-135, 148, 178, 181, 259, 264, 276.
Iran *voir* **République islamique d'Iran**.
Israël : 31-32, 43, 46-47, 52, 59-68, 73-78, 83-84, 89, 92, 97-99, 103, 106-107, 109-111, 115, 152-153, 155-159, 161-166, 169, 177-180, 184-185, 216, 222, 234.
ISSAOUI, Brahim : 207, 210, 239, 243, 250, 252-254, 259, 268.
Istanbul : 23, 32, 48, 108, 130, 136, 143, 153, 156-157, 179.
Italie : 17, 35, 82-83, 127-129, 179-180, 186, 201-202, 206-207.

JEAN-PAUL II : 263.
Jérusalem : 62-63, 162, 170, 185.
Jihadisme français, Le (Hugo Micheron) : 260.
Joint Comprehensive Plan Of Action (JCPOA) : 26, 70, 79, 91-92, 95, 98-99, 105, 111.
Jordanie : 64, 72, 95, 109, 179-180.
Judée-Samarie : 158.

KADHAFI, Mouammar : 30, 34, 36-37, 49, 192, 194.
Kairouan : 253.
KAMEL, Abbas (général) : 163, 200.
KARA MUSTAFA (grand vizir) : 262, 264.
Karachi : 237.
KASSIM, Rachid : 243.
Kastellorizo : 47, 82, 135.
Kazakhstan : 143.
KEÏTA, Ibrahim Boubacar : 153.
Kémalisme : 138.
Kenya : 76, 183.
KERN, Bertrand : 227.
KERRY, John : 79.
KESSOUS, Mustapha : 207, 219-220.
KGB : 31.
KHALAF, Hevrin : 147.
KHALIFA (dynastie des) : 49.
KHAMENEI, Ali : 22, 25, 90-91, 94-95, 106, 132, 277.
KHANFAR, Wadah : 48.
Khartoum : 158, 181, 183-184.
Khartoum (résolution de) : 61, 185.
KHASHOGGI, Jamal : 32, 111.

KHOMEYNI, Rouhollah (ayatollah) : 16, 54, 93, 265.
KHROUCHTCHEV, Nikita : 176.
Khurais (raffinerie) : 26, 114, 117.
KIM JONG-UN : 33.
Kirkourk (base de l'US Army) : 26.
Kiyiköy : 179.
Konya : 137.
KÖPRÜLÜ, lignée des : 262.
Koweït : 121, 144, 176.
Kurdes : 31, 79, 120, 136-137, 144-145, 147-148, 226, 249, 274.
Kurdistan : 54, 104.
Kurdistan irakien : 22.
KUSHNER, Jared : 33, 74, 105, 272.

La Mecque : 18, 24-25, 107-108, 183-184, 226.
La Valette : 39, 130.
Lagardère (groupe de médias) : 166.
Lahore : 237.
LAHOUAIEJ-BOUHLEL, Mohamed : 251.
Lampedusa : 206, 223, 252.
Lattaquié : 142.
Lausanne (traité de) : 21, 45.
LAVROV, Serguei : 102, 275.
Le Caire : 64, 71, 119, 164, 181, 200.
LE DRIAN, Jean-Yves : 219.
Le Jardin des pieux croyants (Ryadh as-Salihine) : 268-269.
LECLERC, Georges-François : 231.
LÉNINE, Vladimir Ilitch : 86.
LERMONTOV, Mikhaïl : 242.
Les Mureaux : 173, 204, 243, 276, 278, 280.
Lesbos : 129.
LEVI, Herz (général) : 78.
LEYEN, Ursula von der : 203, 210.
Liban : 40-42, 45, 48, 50-52, 66, 70, 72-73, 98, 100-101, 103, 108, 115, 117, 152, 154-155, 158-159, 173, 175.
Libye : 16, 22, 30, 34-35, 39, 44, 48-49, 82, 113, 121, 128-129, 134, 145, 150, 152, 161, 186, 189, 191-195, 198-201, 206, 208, 215, 222, 230, 253, 276.
LIEBERMAN, Avigdor : 168.
Ligue arabe : 60, 134-135, 182, 276.
Likoud : 65, 168.
Lod : 155.
Lombardie : 17.
Londres : 16.
LOUIS XIV : 262, 278.
Loups gris (groupe) : 140, 247-249, 264, 266.
LULLY, Jean-Baptiste : 263.
Lyon : 248.

M6 : 220.
MAAS, Heiko : 82.
MACRON, Emmanuel : 23, 32, 40, 45, 95, 101, 108, 130-131, 153-154, 172-173, 204, 217,

220-221, 224, 242-246, 249, 265, 276-278, 280.
Madrid : 224.
MADURO, Nicolás : 108.
Maghreb : 87, 128, 192, 226, 254.
Magnanville : 243.
Mahdia : 206.
MAHMOOD, Zaheer Hassan : 236-237, 239, 243, 259, 264, 268.
MAKA : 267.
Mali : 153.
Malte : 38-39, 127-128, 201.
Manama : 60, 119, 152, 158.
MARCO D'AVIANO (fra) : 263, 270.
Marj az-Zohour : 155.
Maroc : 62-63, 215, 222.
Mashhad : 101.
Mavi vatan (la Patrie bleue) : 44, 139, 195.
McKENZIE, Kenneth F. (général) : 104.
MECHICHI, Hichem : 209.
Med 7 (États de l'Union européenne de culture gréco-latine) : 127-129, 153, 199, 201.
Médine : 18, 107.
MEHMET II (Fatih Sultan Mehmet) : 25, 54, 68, 108.
MEHMET IV *Avci* : 262.
MÉLENCHON, Jean-Luc : 242.
Menton : 253.
MERKEL, Angela : 81-82, 85, 131, 190.
MESKINE, Dhaou : 235.
Mésopotamie : 27, 69-71, 100.
MICHERON, Hugo : 260.
Milli Görüs (réseaux) : 229, 266.
Misrata : 30, 81, 121, 196, 202.
MITSOTÁKIS, Kyriákos : 127, 130.
Mogadiscio : 182.
MOHAMMED (Cheikh) : 60, 75.
MOHAMMED VI : 62.
MOLIÈRE (Jean Baptiste Poquelin *dit*) : 263.
Monde, Le : 222, 236.
Montreux (pourparlers de) : 197.
Moreb : 274.
Morek : 146.
Moria : 129.
MORSI, Mohamed : 24, 119, 152, 161, 173-175, 177.
Moscou : 72, 85.
Mossad : 60, 77-78, 111, 164.
Mossoul : 36, 54, 70.
Mostaganem : 223.
MOUBARAK, Hosni : 49, 175, 177, 214.
Moudjahidine (combattants du jihad de la guerre d'indépendance) : 214.
MOURAD IV : 196.
Mueller (rapport) : 85.
MUHAMMAD, Marwan : 242.
Mulhouse : 229.
Murcie : 224.

Nadjaf : 27, 93.
Nairobi : 184.
Narbonne : 230.
NASRALLAH, Hassan : 52, 108, 155.

NASSER, Gamel Abdel : 97, 174-176.
NAVALNY, Alexeï : 85.
NAZARBAÏEV, Nursultan : 143.
Néguev : 158.
Neom : 109-111.
NETANYAHOU, Benyamin : 31, 47, 59, 61, 75-77, 90, 106, 111, 164, 167-169, 184-185.
Netivot : 63, 66.
New York : 16, 156.
New York Times : 272.
Nice : 205, 207, 210, 239, 250, 252-254, 261, 268.
Niger : 223.
Nigeria : 223.
NIMEIRY, Gaafar : 61.
Nissa Rebela (mouvement) : 250.
NORLAND, Richard : 200.
North Field : 122.
Nubie : 177.

OBAMA, Barack : 16, 79-80, 84, 91, 135, 144, 147, 177.
O'BRIEN, Robert : 193.
Occident : 21, 31, 44, 79, 91-92, 95, 102, 117, 121, 149, 151.
Octobre 1973 (guerre d') : 15, 19, 244-245.
Oman : 60, 153, 177.
OMAR, Ilhan : 81, 112.
One Belt One Road (OBOR) : 88.
OPEP + : 18, 31, 190.
Oran : 223.
Oranie : 223.
Organisation Badr : 104.
Organisation de la Conférence islamique : 62.
Organisation de libération de la Palestine (OLP) : 62, 66, 106, 109, 155-156, 158, 161.
Organisation des Nations unies (ONU) : 29, 34, 62, 84, 113-114, 141, 145, 156-157, 160, 189-190, 195, 199-201, 203, 247.
Organisation mondiale de la santé (OMS) : 89-90.
Ormuz (détroit d') : 47.
Oslo (accords d') : 155, 157, 164.
OTAN : 22, 32, 81, 131-132, 140, 143-144, 193.
OUBROU, Tareq : 234.
Ouganda : 184.
Ouzbékistan : 140.
Oyonnax : 248.

PACHA, Djemal (général) : 45.
PACHINIAN, Nikol : 275.
Pacte européen sur la migration et l'asile : 210.
PAHLAVI, Mohamed Reza : 93.
Pakistan : 96, 147, 236.
Palestine : 53, 155-156, 158.
Pantin (mosquée de) : 226-227, 231.
PARASITILI, Andrew : 273.
Paris : 47, 63, 130, 221, 233, 242, 261.
Paris (accords de) : 23.
Parti d'action nationaliste (MHP) : 138-140, 142, 247.
Parti de Dieu *voir* Hezbollah.

Parti des travailleurs du Kurdistan (PKK) : 47, 69, 144.
Parti justice et développement (AKP) : 82, 138.
Pasdaran : 26.
PATY, Samuel : 205, 225, 228, 231, 234-235, 239-240, 267-268, 276.
Péninsule Arabique : 98, 118, 121, 152, 175-176.
Pennsylvanie : 80.
Perse : 91.
Perthus : 224.
PÉTAIN, Philippe : 278.
Philippe Grenier, école : 230.
Plomb durci (opération) : 160.
POMPEO, Mike : 69, 94, 104, 111, 184.
Pontarlier : 230.
Port-Soudan : 183-184.
Portugal : 127.
POUTINE, Vladimir : 20, 22, 30-32, 37, 84-85, 102, 139-140, 142-143, 145, 148-149, 179, 242, 275.
POUYANNÉ, Patrick : 198.

QAANI, Esmaïl : 69.
Qalaat al-Moudiq : 274.
QASSEM, Hazem : 61.
Qatar : 24, 26, 31, 34, 46, 64, 67, 78, 98-99, 106, 109, 111, 114, 118-123, 134, 136, 151, 156-157, 159, 161-165, 174, 176-177, 182, 186, 192-193, 195.
Qom : 27, 41, 101.
QOTB, Sayyid : 97.

RAJOUB, Jibril : 156.
Rakka : 31, 54, 80, 243.
Ramallah : 155-156.
Ras al-Ayn : 149.
REBRAB, Issad : 216.
REEMA BINT BANDAR AL-SAOUD (princesse) : 112.
Reporters sans frontières : 217.
République de la Macédoine du Nord : 257.
République démocratique du Congo : 182.
République islamique d'Iran : 16, 18, 21-22, 25-27, 29-30, 43, 46, 48, 52-53, 60-61, 66-74, 78-79, 83-84, 89-106, 108, 111, 113-115, 117-119, 121-122, 128, 132, 135-136, 144, 151-152, 155, 157-158, 161, 163, 192, 204.
RIVLIN, Reuven : 165.
Riyad : 41, 71, 175.
ROHANI, Hassan : 92.
Rojava : 31, 36, 226, 274.
Rome : 130.
ROOSEVELT, Franklin D. : 111.
Roquebillières : 251.
ROUGIER, Bernard : 244, 267.
Roumélie : 262.
ROY, Olivier : 277.
Royaume-Uni : 149, 228, 232.
RUSHDIE, Salman : 16, 55, 245, 265.
Russie : 18-19, 22, 29-32, 34-38, 43, 49, 72-73, 81, 83-85, 98, 102, 132, 135, 139, 142, 144, 146, 148-151, 179-180, 186,

190-191, 193, 198, 200, 242, 275.

SABA, Dia : 166.
Sahara occidental : 62-63, 222.
SAÏED, Kaïs : 207-209, 211.
Sainte-Sophie, basilique (mosquée Ayasofia) : 21-23, 25-26, 28, 38-39, 44, 47, 53, 67, 108, 132, 136, 139, 238, 246, 264, 271.
Saint-Jean de Malte (cathédrale) : 39.
Saint-Ouen : 234.
Saint-Sauveur-en-Chora : 67, 108.
SALADIN : 107.
Salafiste : 169, 171-172, 197, 232, 247, 250-251, 268-269, 278.
SALAH, Gaïd (général) : 213-214, 216.
SALAMÉ, Ghassan : 191.
SALEH, Aguila : 197-198, 200.
SALEH, Ali (président) : 49.
SALMAN, Abdel Aziz ben (prince) : 109.
SALMAN, Mohammed ben (prince héritier) : 24, 106, 109-113, 119, 171, 238.
SALMAN, roi : 71, 106, 156.
SALVAING, Jean-Baptiste : 243.
Sanaa : 113, 115, 228.
SANALLA, Mustafa : 198.
SARRAJ, Fayez al- : 34-35, 37, 39, 121, 192, 195-199.
Savigny-le-Temple : 268.
SCHIFF, Adam : 112.
Sea Guardian (opération) : 81.
SEFRIOUI, Abdelhakim : 234-235.
SÉGURA, Gérard : 231.
SETA (think-tank islamiste d'Istanbul) : 183.
Sèvres (traité de) : 21.
Sfax : 206, 252-253.
Shâm : 96.
Shangai : 88.
Sibérie : 139.
Sidekan : 47.
SIHAMEDI, Idriss : 238, 246-247.
Sinaï : 157, 159.
Sir Bani Yas (colloque de) : 59.
Siwa : 192.
Sky News Arabia : 213.
Slovénie : 127-128.
SNOWDEN, Edward : 85.
SOBIESKI, Jean III : 262, 270.
Société des Nations : 154.
Socotra, île de : 117.
SOLAYMANI, Qassem (général) : 26-27, 29, 66, 69, 72, 94-97, 100, 103, 115, 117, 151.
SOLIMAN LE MAGNIFIQUE : 38.
Somalie : 134, 182.
Somaliland : 182.
SORAL, Alain : 234.
Sotchi : 148, 179.
Soudan : 48-49, 61, 76, 87, 159, 174, 182, 184-185.
South Pars : 122.
STORA, Benjamin : 220.
Suakin (île de) : 183-184.
Suez (canal de) : 184.

Sultan Mourad (brigade) : 146, 196.
Sunnisme : 16, 22, 24, 48-50, 52, 61, 72, 91, 97-98, 101, 116-117, 151.
Syrie : 16, 22, 26, 30-31, 49, 66, 72-73, 96-99, 102-104, 106, 113, 117, 120, 122, 128, 133-135, 143-145, 148-151, 158, 161, 176, 181, 208, 226, 230, 238, 247, 259, 264, 266, 276.
Syriza (parti) : 127.
Syrte : 37, 191-192, 194, 196.

Taëf (accords de) : 42.
TAHNOUN, Cheikh : 60.
Talibans : 80, 238, 241.
TAMIM BEN HAMAD AL-THANI, émir : 78, 121, 156, 161.
Tanzanie : 76, 182-183.
Tatarstan : 140.
Tchétchénie : 140.
TEBBOUNE, Abdelmadjid : 214-215, 217-221.
Téhéran : 42, 66, 71, 92, 118.
Tel-Aviv : 66-67, 78, 111, 158, 162, 164, 184.
Tell Abyad : 148-149.
Territoires conquis de l'islamisme : 244.
Texas : 19.
The Economist : 32.
The Room Where It Happened : 33.
Thrace : 201.
TIMTIK, Ebru : 138.
Tobrouk : 197, 200.
Tokyo (jeux Olympiques) : 123.
TOLEDANO, Nissim : 155.
TOLSTOÏ, Léon : 242.
Tombouctou : 153.
Triplice fréro-chiite : 26, 67-69, 72, 77-78, 81, 84, 89, 98-99, 108, 118, 120-121, 135, 151, 154, 156-157, 164, 174, 178, 180, 184, 192, 199, 246, 276.
Tripoli : 35, 39, 121, 150, 161, 189-190, 196, 199-200.
Tripolitaine : 34, 36-37, 39, 135, 150, 186, 192, 194-195, 197, 199, 201-202, 274.
TRUMP, Donald : 16, 22, 26, 29, 31, 33, 36, 38, 44, 46, 59, 61-63, 69, 71, 79, 81, 85-86, 90-92, 98, 105-106, 111-112, 114, 118-119, 121, 132-133, 135, 147-149, 163, 167, 184, 193, 257, 272-273.
Tsahal : 43, 78, 98, 152, 160, 163.
TSÍPRAS, Aléxis : 127.
Tunis : 161, 209.
Tunisie : 49, 128, 135, 200, 206-208, 210-211, 222-223, 253.
Turkmantchaï (traité de) : 92.
Turquie : 20, 24, 26, 28-30, 32-37, 39, 46-47, 50, 59, 67, 69-70, 72, 78-79, 81-85, 98-99, 108, 120-122, 127-135, 137, 142-146, 148-149, 151-157, 161, 174, 176, 179-182, 186, 191-193, 195-201, 204-205, 230, 246-247, 249, 259, 265-266, 269, 271-272, 274-275.
TV5 monde : 217.

Ukraine : 179.
Union des associations musulmanes du 93 (UAM 93) : 227, 229, 231, 242, 266.
Union des organisations islamiques de France (UOIF) : 234, 241.
Union européenne : 17, 22, 28, 30, 35, 37-38, 73-74, 81, 83-84, 127-131, 133-134, 179, 200-203, 264, 272.
Union soviétique *voir* **URSS**.
Unités de la mobilisation populaire (*al-Hashd ash-Sha'abi*) : 71, 104.
URSS : 15-16, 31, 84, 140, 176.

VALETTE, Jean de : 39.
VELAYATI, Ali Akbar : 25.
Vénétie : 17.
Venezuela : 108.
Vienne (accord de) : 26, 91.
Vienne (Autriche) : 18-19, 190, 257-258, 261-263, 265-267, 270-271.
Vienne (Isère) : 247.
Villejuif : 233.
Vintimille : 253.

Wagner (groupe) : 37, 193.
Wahhabisme : 24, 107, 228.
Warshafanas (confédération tribale des) : 196.
Washington : 16, 61, 64, 70-71, 92, 95, 105, 112, 274.
Washington Post : 111.
WASSIM B. : 210.
Wisconsin : 80.
Wuhan : 17, 44, 86, 88.

XI JINPING : 90-91, 94.

Yémen : 16, 48-49, 87, 113-118, 182, 208, 228.
YPG : 134, 148.

ZARIF, Mohammed Javad : 52, 92.
Zaydisme : 116.
ZIED C. : 210.
Zohr (gisement) : 178.

REMERCIEMENTS

Ce livre n'aurait pas vu le jour sans le soutien de mes collègues et collaborateurs à la chaire Moyen-Orient Méditerranée de l'École normale supérieure, dont l'aide précieuse m'a permis de le rédiger quasiment en temps réel tandis que se déroulaient les événements qu'il décrit – et de tenter leur mise en perspective. Pour son dévouement et son efficacité exceptionnels, sans lesquels je n'aurais jamais pu relever pareil défi, ma gratitude va en premier lieu à Sarah Jicquel, chargée de mission à la chaire de 2018 à 2020, qui mène désormais une brillante carrière à la mesure de son talent. Mes collègues Jean-Pierre Milelli et Héla Ouardi ont bien voulu vérifier les citations arabes et m'ont fait de très utiles suggestions. Bernard Rougier et les doctorants et chercheurs de la chaire ont régulièrement échangé des idées et des hypothèses avec moi, ainsi que dans le cadre de notre séminaire « Violence et dogme » à l'ENS – où j'ai testé certaines des idées contenues dans ces pages. Fabrice Balanche, outre la superbe cartographie qui lui est due, a été un interlocuteur permanent, exigeant et fécond. Enfin je remercie mon ami Jamal Daniel, concepteur et patron de l'excellente revue en ligne *Al-Monitor*, dont la lecture quotidienne a fourni l'indispensable matière première à une grande partie de ce travail.

Liste des cartes, photographie et croquis 11

EXORDE 13

L'an 2020 : la pandémie, le pétrole et le Prophète

La réislamisation de Sainte-Sophie, p. 21 – Le processus d'Astana, p. 29 – Le paradoxe libyen, p. 34 – Apocalypse à Beyrouth, p. 40

I. La fracturation du Golfe 57

Du *Grand Jeu* au *Monopoly* : axe fréro-chiite contre entente d'Abraham, p. 65 – Effets induits et effets pervers de l'entente d'Abraham, p. 69 – Les puissances globales au chevet de *Mare Nostrum*, p. 79 – Le grand bond en avant chinois, p. 86 – Le rancissement du croissant chiite, p. 91 – De l'énergie fossile à l'hydrogène vert : la voie étroite de l'Arabie saoudite, p. 105 – Yémen : la guerre sans issue, p. 113 – Qatar : la résilience de l'émirat gazier, p. 119

II. Le Très-Proche-Orient 125

Populisme islamiste et splendide isolement d'Erdogan, p. 133 – L'eurasisme, d'Ankara à Moscou, p. 139 – Entre islamisme et irrédentisme, p. 142 – La réactivation de Hamas, p. 151 – Immixtion de Qatar et contradictions d'Israël, p. 159 – L'État juif entre impasse palestinienne et boulevard arabe,

p. 165 – Le surpoids égyptien, p. 170 – Le Caire dans l'entente d'Abraham, p. 178 – Le contrôle du Nil, p. 180

III. De l'Afrique du Nord aux banlieues de l'Europe 187

La Libye entre marteau turc et enclume égyptienne, p. 189 – Le dilemme migratoire : entre humanitarisme et terrorisme, p. 202 – « La misère de la France est un paradis pour nous », p. 205 – *Yetnahawou ga'a !* (Qu'on les extirpe tous !), p. 211 – Retour aux *Banlieues de l'islam*, p. 225 – Le jihadisme d'atmosphère, p. 236

ÉPILOGUE 255

Jihadisme d'atmosphère et séparatisme islamiste au miroir géopolitique

Le retour du jihad à Vienne, p. 261 – Témérité et limitations de M. Erdogan, p. 271 – Faillite des études arabes et impéritie occidentale face à l'islamisme, p. 276

APPENDICES

CHRONOLOGIE DE L'AN 2020 285

INDEX 305

REMERCIEMENTS 321

Composition : Nord Compo
Achevé d'imprimer sur Timson
par Normandie Roto Impression s.a.s.
61250 Lonrai en janvier 2021
Dépôt légal : janvier 2021
Numéro d'imprimeur : 2005321

ISBN : 978-2-07-292312-8 / Imprimé en France

373642